"十三五"职业教育国家规划教材

金融基础知识

(第九版)

主编 朱战平

中国财经出版传媒集团
中国财政经济出版社

图书在版编目（CIP）数据

金融基础知识 / 朱战平主编. --9 版. --北京：
中国财政经济出版社，2021.1
"十三五"职业教育国家规划教材
ISBN 978 - 7 - 5223 - 0317 - 8

Ⅰ.①金… Ⅱ.①朱… Ⅲ.①金融学 - 中等专业学校
- 教材 Ⅳ.①F830

中国版本图书馆 CIP 数据核字（2021）第 002673 号

责任编辑：王佳欣　　　　　　　责任校对：徐艳丽
封面设计：育林华夏

金融基础知识

JINRONG JICHU ZHISHI

中国财政经济出版社 出版

URL：http://www.cfeph.cn
E - mail：cfeph@ cfeph.cn

（版权所有　翻印必究）

社址：北京市海淀区阜成路甲 28 号　邮政编码：100142
营销中心电话：010 - 88191522
天猫网店：中国财政经济出版社旗舰店
网址：https://zgczjjcbs.tmall.com
北京密兴印刷有限公司印刷　各地新华书店经销
成品尺寸：185mm×260mm　16 开　12.25 印张　290 000 字
2021 年 1 月第 9 版　2022 年 1 月北京第 2 次印刷
定价：33.00 元
ISBN 978 - 7 - 5223 - 0317 - 8
（图书出现印装问题，本社负责调换，电话：010 - 88190548）
本社质量投诉电话：010 - 88190744
打击盗版举报热线：010 - 88191661　QQ：2242791300

编写 说明

本教材是为满足中等职业学校财经类相关专业金融基本知识与基本技能的教学要求和实现专业人才培养目标而编写的,也可供岗位培训及金融初学者选用。

本教材编写遵循思想性与科学性相结合、基础知识与专业技术相结合、理论与实践相结合的原则。

本教材的特点是:

(1) 目标定位明确。围绕以就业为导向、以学生为主体、以素质教育为基础、以能力为本位的教学目标,服务于专业技能课学习与学生职业发展,注重自主探究学习和个性化教学。

(2) 教学内容丰富。按照岗位需求、课程目标、职业标准,充分考虑系统知识、基本理论、专业前沿,及时反映和吸收金融领域的新知识、新业务、新技能和新方法,有利于构建学生基本的专业知识体系,训练基本的思维判断能力。

(3) 结构形式灵活。教材分项目、任务排列,由易到难、梯度明晰、结构合理,符合学生认知规律。设有案例导入、学习目标、任务导入、知识准备、项目小结等栏目,插入小贴士、案例启示、相关链接等栏目,形式灵活多样,交互性较强。教材配有"练习与实训"供学生复习使用。

本教材由三门峡社会管理职业学院朱战平担任主编并设计教材框架、编写教材大纲和总纂定稿,杭州财税会计学校徐金霞参与编写,其中,项目一、项目二、项目四、项目五、项目六由朱战平编写,项目三、项目七和项目八由徐金霞编写。教材编写中参考了相关教材、专著及有关资料,在此深表谢意!

由于编者水平有限,书中疏漏之处在所难免,敬请广大读者和同行专家批评指正!

本教材建议课时为72学时,具体分配如下:

课时分配表

序号	内容	教学时数		
		课堂授课	讨论或实训	合计
1	项目一　金融概述	3	1	4
2	项目二　货币与货币流通	8	2	10
3	项目三　信用与利率	6	2	8
4	项目四　金融机构	7	3	10
5	机动与复习			2
6	项目五　金融工具与金融市场	5	1	6
7	项目六　金融业务	11	3	14
8	项目七　国际金融基础	6	2	8
9	项目八　金融风险与金融监管	6	2	8
10	机动与复习			2
11	总　　计	52	16	72

本教材为用书学校任课老师提供了课后练习的答案，用书学校任课老师若需要习题答案，请以电子邮件的形式向中国财政经济出版社索取（请注明：学校、全书名、版次），E－mail：caijingjiaocai@163.com，亦可登录如下网址下载：http：//jiaocai.cfeph.cn。

编　者

2021 年 1 月

目 录

项目一 金融概述 1

- 任务1 知晓金融 2
- 任务2 了解金融与经济的关系 6

项目二 货币与货币流通 12

- 任务1 知晓货币 13
- 任务2 知晓货币制度 19
- 任务3 熟悉货币流通 23
- 任务4 了解货币供求关系 26
- 任务5 知晓通货膨胀与通货紧缩 30

项目三 信用与利率 40

- 任务1 知晓信用 41
- 任务2 了解信用形式 45
- 任务3 掌握利息与利率 50

任务4 了解现代信用体系和社会征信体系 57

项目四 金融机构 63

任务1 知晓金融机构 64

任务2 熟悉银行与非银行金融机构 72

任务3 掌握我国金融机构体系 79

项目五 金融工具与金融市场 94

任务1 知晓金融工具 95

任务2 熟悉金融市场 98

项目六 金融业务 108

任务1 知晓中央银行业务 109

任务2 掌握商业银行业务 113

任务3 掌握保险业务 125

任务4 知晓证券业务 132

任务5 了解信托投资业务 138

项目七 国际金融基础 146

任务1 熟悉外汇与汇率 147

任务2 了解国际收支与国际储备 ■ 154

任务3 掌握国际结算 ■ 158

任务4 熟悉国际信贷 ■ 161

项目八 金融风险与金融监管 ■ 168

任务1 知晓金融风险 ■ 169

任务2 了解金融调控与监管 ■ 173

参考文献 ■ 186

项目一
金融概述

【案例导入】

很久很久以前，曾经有过一个没有货币、更没有纸币的时代。那时，人们以物换物，就是用自己的一件物品换取别人的一件物品。后来，大家发现这样很不方便。于是，大家开始使用黄金、白银这些贵重的金属作为交换的中介与计价的工具。因为交易是通过使用黄金、白银来进行的，我们把黄金、白银这样让交易得以进行的东西称为"货币"。

后来，为了解决黄金、白银不够用的问题，就用铁、铜来铸造货币，称为铜钱。

不久，聪明的人们发明了用纸张印刷的货币，这就是纸币。中国在北宋真宗年间（998—1022年）就有了纸币，当时叫"交子"。"交子"可能是世界上最早的纸币。不过，"交子"是四川富商私人发行的，不是由朝廷发行的。再到后来，纸币统一由政府发行，并且政府下令，大家都用政府统一发行的纸币来进行交换。这种由政府统一发行并强制流通的纸币称为"法币"。中国元朝忽必烈当皇帝时，就由政府统一发行纸币并代替铜钱和银两流通，这可能是世界上最早的"法币"。

与此同时，随着经济发展，社会积累了越来越多的财富。当然，这些社会财富的分配并不均匀，有人开始变得比较富有起来。同时，社会经济的发展创造了更多的投资与消费机会。于是，就有人向别人借钱，从事生产或者消费活动，而另一些人则愿意把钱借给别人，收取利息，让自己的钱生出更多的钱。这样，就出现了借贷，即"信用"。

为什么称为"信用"呢？因为借入的一方是以自己的"信誉"作为担保的，而将钱借出的一方也相信借入方的信誉，相信借入方到了规定的时候一定能还本付息。

有了信用，就自然会产生信用机构。有些人有多余的钱，而另一些人需要用钱，于是就有人创建银行，作为中间人，帮助有钱的人将钱借给需要钱的人。这对大家都有利：有钱的人将钱借出去，收取利息；需要钱的人获得了资金，可以创办工厂，从事生产……银行则为提供这种牵线搭桥的中介服务而收取佣金。银行收取的佣金就是利差。

有了银行，借贷活动就很不一样了。个人之间的借贷虽然常见，但规模一般都比较小。通过银行进行的借贷常常是大规模的，涉及金额动辄上百万元。因此，银行在更大规模的基础上从事借贷活动，创造信用。这样，就有了大规模的资金流动，即资金的融通，这就是金融。借贷就是最基本、最原始的金融活动。

现代社会中，金融已经远不限于借贷行为。买卖股票、购买保险等活动都涉及资金的融通，因此，都是金融活动。经济的发展导致人们对商品需求的增加，于是就有人创建企业，从事大规模的商品生产和贸易流通。创建企业、从事大规模的商品生产或贸易需要资金。那么，怎么筹集资金呢？一个方法就是到银行申请贷款，另一个方法就是发行股票、债券。发行股票、债券这样筹集资金的融资活动也是金融活动。

经济的发展又导致跨国贸易与国际投资，也就有了商品与资金在全球范围内的流动，并因此而产生了汇率、国际收支等国际金融问题。

虽然最初的时候金融是随着经济的发展而产生的，但是，当经济发展到一定阶段的时候，没有稳定而发达的金融，经济就很难进一步发展了。

资料来源：李国平．推开金融之窗．经济日报出版社，2010.

思考：1. 什么是金融？上述资料中哪些属于金融范畴？
　　　2. 结合上述资料说明金融是怎样随着经济的发展而产生和发展的。

【项目目标】

本项目讲述金融、金融与经济的关系，让您初识金融、走进金融

知识目标

掌握金融概念，熟知金融的构成要素、特征与功能；理解金融与经济的关系，明确金融的地位与作用

技能目标

学会从不同角度认识与理解金融，能分析金融与经济的关系

素养目标

培养学生的金融理财与风险意识和分析金融与经济关系的能力

任务1　知　晓　金　融

【学习目标】

☐　掌握金融的概念，熟知金融的构成要素、特征与功能
☐　学会从不同角度认识与理解金融
☐　具有金融理财意识

任务导入

古人云，开门7件事，"柴米油盐酱醋茶"。现代人，再加1件事——"理财"。

如今，人们的消费与投资欲望增强了，投资理财正在升温，对金融活动的参与已拓展到贷款上学、买车、买房，动用储蓄买保险、买基金、炒股、炒汇、炒黄金……金融活动正使我们的世界丰富多彩，金融与我们息息相关，生财、理财、用财是人人都要面对的。金融，并不只是企业家、大老板、经济学家才要打交道和学习的。现代人再不懂金融，就会错过最快的赚钱方法、会让财富随着时间而缩水、会因资金不足失去创业腾飞的翅膀、会被金融大潮无情地冲走！因此，我们需要学习和掌握金融方面的知识与技能。学习金融，首先要知道什么是金融。

本任务的学习内容是：金融的含义与要素，金融的特征与功能。

知识准备

提到"金融"，就想到银行，就想到"金融危机"。其实，金融远不止这些。

一、金融的含义与要素

中国古代有"金""融"二字，却没有"金融"一词。但近代的银号、钱庄常有金融融通之说，其义与金融相近。正式用"金融"一词表达事物的是我国近代银行业，所以一提金融就想到银行。其实，银行只是个金融机构。

（一）金融的含义

金，即金子（货币），融，即融通；传统意义上的金融就是货币资金的融通，亦即融资。

案例分析

现代企业经营活动涉及面广。如，一方面，要考虑企业生产什么、生产多少，怎么生产、怎么降低成本、怎么销售产品，才能获得收入与利润。另一方面，要考虑企业在组织生产经营中需要多少资金，从哪里以何种方式获得资金，从事生产经营活动能不能赚钱，赚的钱要不要分给股东。某企业在不断扩大规模的经营中需要大量的资金，但公司内部资金有限、发生了资金周转的困难。该企业设想用两种不同方式从外部筹措资金：一是吸收其他企业用资金直接投资入股；二是企业直接向商业银行申请借款。

问题：1. 企业的生产、销售活动是不是金融？

2. 上述两种方式筹措资金（融资）是不是金融活动？有何不同？

提示：企业各项经营活动不都是金融活动，只有涉及资金的才是。上述中的生产、销售与筹资是不是金融问题，要看是不是属于资金融通活动。筹措资金（融资）方式是可以不同的、多种方式的。

金融，就是以货币或与货币相关的交易工具形式存在的资产的流通，是社会经济生活中一切与货币流通、信用活动以及与其相联系的经济活动的总称。

金融，广义上是指一切与信用货币的发行与回笼、保管与兑换，银行信贷与结算，各种票据和证券的发行与买卖，金银、外汇的买卖以及保险、信托、租赁等有关的经济活动；狭义上专指信用货币的融通。

> **相关链接**
>
> 货币发行、流通、回笼、保管、兑换，存款的吸收和提取，贷款的发放和回收，银行会计、出纳与结算，国内外资金的汇兑与结算，金银、外汇的买卖与输出输入，有价证券的发行与转让，贴现市场、同业拆借市场的资金运作及保险、信托、租赁等，都是金融活动，属于金融范畴。

资金融通按其有无媒介作用（或以融资对象为标准）可划分为直接融资和间接融资（见图1-1）。

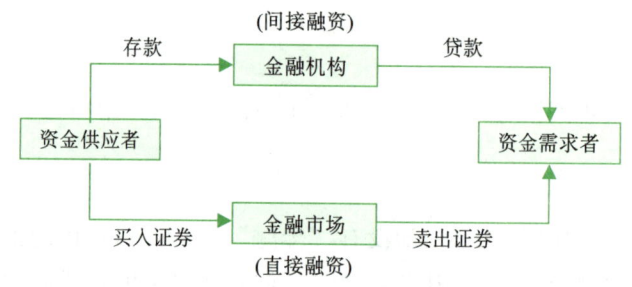

图1-1　直接融资与间接融资

直接融资（直接金融），是指没有金融中介机构作为媒介的融通资金方式，如，融资双方直接协商买卖有价证券、赊销商品和预付货款、直接的货币借贷等。

间接融资（间接金融），是指以金融中介机构作为媒介的融通资金方式，如，银行通过吸收存款来发放的贷款、保险公司把投保人缴纳的保险金融通给需要资金的单位等，它形成多重的信用（债权债务）关系。

直接融资和间接融资都是金融的一种方式，为资金供求双方融通资金。在我国，间接融资是主要的，随着资本市场的开放，直接融资也在不断增加。

想一想：

企业融资方式有很多，如，发行债券、股票来筹集资金，向商业银行、信用社申请借款，等等。其中，有哪些属于直接融资方式？

在原始社会没有商品买卖，也就没有金融活动。如今，所有的经济行为都已经打破时空的限制，普遍存在的透支、借贷、异地及跨国消费与投资等现象，都在不同的时间、地域进行货币交易，与金融的核心发生了关系。金融的核心，是一种跨时间、跨空间的价值交换活动。金融交易本身并没有创造价值，而只是在交换价值，让很多人在金融交易中获得巨额利益。

金融是商品货币经济发展的产物。从历史角度来看，货币、信用是金融最古老的范畴，金融随着商品经济的发展，现在已形成了紧密联系的银行、证券、保险等三大主要领域，即以银行信用为主导的间接融资领域，以证券交易为主导的直接融资领域，与金融市场紧密联系的保险领域。从发展趋势来看，金融领域里已呈现出银行、证券投资、保险等金融运作方式之间相互渗透交叉的结合走势。

金融是跨时间、跨空间的大规模的资金融通，它为整个经济体系创造一种动态化的风险传递机能。现代金融是一种分散风险、转移风险的机制。

> **小贴士**
>
> 金融的基本内涵是资金融通，现代金融的本质内涵是转移风险。

（二）金融的构成要素

（1）金融对象，即金融交易的客体，是货币（资金）。货币是最早出现的金融范畴，离开了货币就没有货币资金的融通。

（2）金融方式，金融方式多种多样，最典型的是信用方式。货币归属于不同所有者，其融通应是有偿的。信用是金融的基础，金融活动也由此产生。

（3）金融机构，即金融交易的主体，是银行和非银行金融机构。银行是最早出现的金融机构，银行是全国的信贷中心、结算中心和现金出纳中心。

（4）金融场所，即金融交易活动的场所，也称金融市场，包括具体（有形）的、无形的场所。

（5）金融监管，即对各种金融交易活动进行监督、管理，各国都有专门的机构负责监管。

从事各种经济活动的企事业单位、个人和政府部门等，也都参与了金融活动。

> **小贴士**
>
> 货币、信用和银行是金融最基本、最传统的三个构成要素。
> 现代的金融活动主要是通过银行和非银行金融机构的各种业务活动实现的。

二、金融的特征与功能

（一）金融的主要特征

（1）金融是一种信用交易。信用是金融的基础，金融最能体现信用的原则与特征。在发达的商品经济中，信用与货币流通已经融为一体。信用交易是金融的基本特征。

（2）金融原则上必须以货币为对象。金融不是实物交易，货币是金融交易对象，离开了货币就没有货币资金的融通。

（3）金融交易可以发生在各种经济成分之间。从事各种经济活动的企业、单位、个人和政府部门等，都是有货币资金往来的，都参与了金融活动。

知识拓展

现代金融还呈现出金融工具多样化、金融机构多功能化、金融体系多元化、金融服务扩大化、金融信息化、融资证券化、金融全球化、金融作用深化的特征。

（二）金融的功能

金融的功能发展经历了融通资金、信用创造、转移风险三个阶段，这是一个不断升级的过程。现代金融主要有以下功能：

（1）配置资源和融通资金。金融通过改变对资源的实际占有权和使用权，实现资金融通，改变对资源分配格局，实现社会资源的重新组合。

（2）提供和创造货币。金融提供货币，一方面由中央银行发行货币，另一方面是金融工具发行与流通形成"准货币"；金融创造货币，一是通过存贷款增加货币供应量，二是整个银行系统能创造出"派生存款"。

（3）提供服务与信息。金融作为第三产业部门，为经济发展提供各种金融服务。金融活动渗透社会再生产全过程，反映经济、提供信息，是经济的"晴雨表"。

（4）管理与调控经济。金融部门是经济管理部门，承担着各种管理工作。金融调控是国民经济宏观调控的主要方式之一，通过实施经济政策调控经济。

> **小贴士**
>
> 现代金融，其基本功能是融通资金，即满足经济发展中的投融资需求；其核心功能是转移风险，即为整个经济体系创造一种风险传递机能。

任务2 了解金融与经济的关系

【学习目标】
- ☐ 理解金融与经济的关系，明确金融的地位与作用
- ☐ 能分析金融与经济的关系
- ☐ 具有金融风险的意识、分析金融与经济关系的能力

> **任务导入**
>
> 金融时刻影响着我们的生活。中国老百姓中多达40%的钱存在银行，如果银行提高或降低存款利率，会产生什么影响？
>
> 现代经济已经越来越金融化。金融业产值在各国经济中的比重越来越大，没有发达的金融，就不会有发达的经济。美国纽约的华尔街不过是弹丸之地，但它是全球金融中心，所以2008年华尔街上几家公司的倒闭引发的冲击波就像海啸一样，排山倒海般冲击全球各国。金融危机的杀伤力基本上能深入经济生活的各个方面，影响经济运行，甚至可能导致国家破产，2008年美国金融危机正说明了这点。对此，需要了解金融与经济的关系。
>
> 本任务的学习内容是：金融与经济的关系，金融的地位与作用。

🔍 知识准备

金融是经济发展的产物，资金是经济的血液并渗透于经济生活的每个细胞，直接关乎大众生活与经济发展。金融安危，不仅关系到金融机构的安危，而且关系到整个国民经济的安危。我们应当正确认识金融与经济的关系。

一、金融与经济发展的关系

金融与经济发展的关系：经济发展决定金融发展，金融反作用于经济。

经济发展决定金融发展，表现为经济发展对金融起决定性作用，经济的发展水平决定金融的发展水平。金融反作用于经济，主要表现在：一方面，金融在现代经济发展中起着积极的促进作用；另一方面，金融对现代经济也可能会产生负面作用。

> **小贴士**
>
> 邓小平同志早在1991年1月视察上海时就指出："金融很重要，是现代经济的核心。金融搞好了，一着棋活，全盘皆活。"这段话精辟地说明了金融在现代经济生活中的重要地位，深刻地揭示了金融在我国改革开放和现代化建设全局中的重要作用，阐明了金融与经济的本质联系。

二、金融的地位与作用

（一）金融在现代经济中的地位

市场经济越发达，金融在社会中的地位就越重要。现代金融活动已经渗透到社会经济生活的各个领域，成为现代经济的核心。这种核心地位主要表现在：

(1) 经济货币化程度加深。
(2) 以银行为主体的多元化金融体系已经形成。
(3) 经济主体的持币动机发生转移。
(4) 金融调控已经成为主要的宏观经济调控方式之一。

实例启示

2008年，以雷曼兄弟公司破产为标志，美国爆发华尔街"金融海啸"并引发全球金融危机。

雷曼兄弟公司是美国第四大投资银行，已有158年历史。2008年9月15日，由于股价下跌近95%，严重资不抵债，收购谈判破产，美国政府拒绝救援，雷曼兄弟宣布破产。随后，华尔街主要投资银行在两周内或被收购或转型为银行控股集团，以投行业务为代表的传统意义上的"华尔街"从此消失。

金融危机爆发使麦道夫骗局浮出水面。纳斯达克股票市场公司前董事会主席伯纳德·麦道夫，在过去的20年里，以高额回报引诱投资者，同时用后来投资者的资金偿付前期投资者，吸纳客户投资超过500亿美元，制造了史上最大的"庞氏骗局"。从2008年12月开始，投资者要求其返还资金，骗局终于走到尽头。2009年6月，纽约南区联邦法院做出裁决，麦道夫因证券欺诈等被判150年监禁。

美国的花旗集团曾经是全球市值最大的银行，在金融危机中花旗损失惨重。据有关方面2009年年初公布的数据，2008年一年里，花旗股价累计跌去93%。2009年2月，花旗集团与美国政府就债转股达成协议，花旗集团被"临时性国有化"。

为应对这场百年一遇的金融危机，美国政府对金融业的干预程度也达到了空前规模。2008年9月底和10月初，美国政府出台了总额为7 000亿美元的金融救助计划。11月25日，美国政府宣布再拨8 000亿美元，用于解冻消费信贷市场、住房抵押信贷以及小企业信贷市场。

金融危机导致美国股市剧烈震荡。2009年3月9日，美国道·琼斯工业平均指数跌到6547点，创10多年来新低，如果从2007年历史最高点14 000点计算，市值蒸发了53%。由于股市触底后开始逐步反弹，截至9月14日，道指已回升至9 600多点。

一年来，经过金融风暴的洗礼，以华尔街为代表的美国金融业发生了巨大变化。目前，摩根大通银行成为美国最具实力的商业银行，美国银行和富国银行成为美国房贷市场最主要的两家金融机构。另外，为了防止金融危机再次发生，奥巴马政府计划强化金融监管，各金融机构在政府的干预下也开始强化风险控制。

华尔街金融危机暴露了美国金融监管系统的漏洞，随着金融危机波及全球，美元在国际货币体系中的信用严重受损，国际社会关于改革国际货币体系的讨论随之增多。

资料来源：阎月凡. 美国金融危机周年回顾. 人民网，2009年9月15日.

启示：金融危机是多因素影响的、具有隐蔽性的。金融危机一旦爆发，涉及面广、影响时间长，不仅影响到金融业自身，还影响到人们的生活、企业经营、国内国际经济运行。

（二）金融在现代经济中的作用

1. 金融在现代经济发展中的积极促进作用

（1）筹集融通资金。金融机构通过吸收存款、发放贷款，充当"信用中介"，在资金供、需双方之间进行资金融通。

（2）优化资源配置。金融市场的运作中，通过各种金融工具收益率差别来了解资金使用效益，引导资金流向，从而推动生产要素的重新优化配置。

（3）调控国民经济。金融是国民经济的"晴雨表"，为经济决策提供重要信息，同时运用金融政策，调节社会资金供求量、调控国民经济。

（4）促进经济增长。金融作为市场经济的神经中枢，具有启动和运载经济的特殊作用，通过聚集资金、积累资本、扩大投资，从而推动社会再生产、促进经济增长。

知识拓展

金融主要通过以下途径实现对经济发展的积极促进作用：
1. 通过金融的运作为经济发展提供条件。
2. 通过金融的基本功能为经济发展提供资金支持。
3. 通过金融机构的经营运作节约交易成本。
4. 通过金融业自身的产值增长直接为经济发展做贡献。

2. 金融对现代经济的负面作用

在货币信用高度发达的现代市场经济中，金融对经济也可能出现不良影响和负面作用，阻碍甚至破坏经济发展。主要表现在：

（1）金融总量失控，会引发通货膨胀、信用膨胀，导致社会总供求失衡，危害经济发展。

（2）金融业经营不善将加大金融风险，一旦风险失控，不仅导致金融业的危机，而且将破坏经济发展的稳定性和安全性，引发经济危机。

（3）信用过度膨胀，产生金融泡沫，剥离金融与实质经济的血肉联系，刺激过度投机，并可能引发经济危机。

相关链接

信用膨胀，是指信用活动过度扩张，超过了生产、流通的实际需要。

信用危机，是指在全社会由于普遍发生的公民和组织的经济违约、跌破道德红线，但不足以构成违法行为的恶意欺诈等行为而发生的信任危机。

次贷危机，又称次级房贷危机，也译为次债危机。它是指一场发生在美国，因次级抵押贷款机构破产、投资基金被迫关闭、股市剧烈震荡引起的风暴。

金融危机，又称金融风暴，是指一个国家或几个国家与地区的全部或大部分金融指标［如，短期利率、货币资产、证券、房地产、土地（价格）、商业破产数和金融机构倒闭数］的急剧、短暂和超周期的恶化。

正确认识金融与经济发展的关系和金融在经济发展中的地位与作用，充分发挥金融应有的功能与作用，防范金融风险，具有十分重要的现实意义。

项目小结

（1）金融就是货币资金的融通，是以货币或与货币相关的交易工具形式存在的资产的流通，是社会经济生活中一切与货币流通、信用活动以及与其相联系的经济活动的总称。资金融通方式有直接融资和间接融资。现代金融已形成了银行、证券、保险三大主要领域，是一种分散风险、转移风险的机制，基本内涵是资金融通，本质内涵是转移风险。金融的核心是一种跨时间、跨空间的价值交换活动。

（2）金融主要由金融对象、金融方式、金融机构、金融场所、金融监管五要素构成，货币、信用、银行是最基本、最传统的三要素。

（3）金融具有配置资源和融通资金、提供和创造货币、提供服务与信息、管理与调控经济等功能，经过了融通资金、信用创造、转移风险三个发展阶段，其基本功能是融通资金，核心功能是转移风险。

（4）信用交易是以货币为对象，在各种经济成分之间发生金融交易，是金融的主要特征，其中信用交易是金融的基本特征。

（5）金融在现代经济中居于核心地位。经济发展决定金融，金融又反作用于经济。金融的作用既有积极的促进作用，也可能会出现负面作用。金融安危，不仅关系到金融机构的安危，而且关系到整个国民经济的安危。

练习与实训

一、填空题

1. 金融就是货币资金的_____，资金融通有_____和_____两种方式；金融的基本内涵是_____，本质内涵是_____；现代金融已形成了_____、_____、_____三大主要领域。
2. 金融最基本、最传统的三要素是_____、_____、_____；金融交易的主体是_____，客体是_____。
3. 金融的核心是_____交换活动，基础是_____，基本特征是_____，基本功能是_____，核心功能是_____。
4. 金融在现代经济中居于_____地位，金融与经济发展的关系是_____，_____。
5. 金融是一把"双刃剑"，金融在现代经济发展中的作用既有_____，也可能会有_____。
6. 金融机构通过吸收存款、发放贷款，充当_____。金融调控已经成为主要的_____调控方式。

二、选择题（不定项）

1. 下列行为中，属于金融活动的有（   ）。
   A. 货币发行 B. 资金借贷
   C. 银行结算 D. 购买证券与保险
2. 下列中，（   ）是最早产生的金融范畴。
   A. 货币   B. 信用   C. 银行   D. 股票与债券
3. 金融功能发展经历了（   ）阶段。
   A. 融通资金 B. 信用创造
   C. 转移风险 D. 服务经济
4. 下列表述中，正确的有（   ）。
   A. 经济发展决定金融，金融在与整体经济的关系中居于主动地位
   B. 金融在现代经济中居于中心地位，是人们经济生活的中心
   C. 经济发展决定金融，但金融会反作用于经济，而且可能有着正、负两方面的作用
   D. 金融服务于经济，是不会有风险的
5. 金融主要通过（   ）途径实现对经济发展的积极促进作用。
   A. 金融的运作为经济发展提供条件
   B. 金融的基本功能为经济发展提供资金支持
   C. 金融机构的经营运作节约交易成本

D. 金融业自身的产值增长直接为经济发展做贡献

三、判断题

1. 金融就是银行，银行、证券、失业保险、信托都是金融范畴。（　　）
2. 金融是资金融通，是创造信用、分散与转移风险的一种机制。直接金融与间接金融的区别在于资金融通中有无金融中介机构作为媒介。（　　）
3. 金融是商品货币经济发展的产物，是现代经济的核心。（　　）
4. 在一、二、三产业的划分中，金融属于第二产业。（　　）
5. 信用是金融的基础，金融不是实物交易。（　　）
6. 金融调控是国民经济宏观调控的主要方式之一。（　　）
7. 虚拟资本膨胀、投资过度、信用过度膨胀，可能产生经济泡沫、金融泡沫，引发信用危机、金融危机。（　　）
8. 银行是全国的信贷中心、结算中心和现金出纳中心。（　　）
9. 企业、单位、个人和政府部门等并不参与金融活动。（　　）
10. 金融危机可以分为货币危机、债务危机、银行危机等类型。（　　）

四、简答题

1. 什么是金融？金融由哪些要素构成？
2. 金融有哪些功能？金融在服务于经济发展中有何作用与影响？

五、案例分析题

国家统计局 2013 年统计公报显示：金融市场运行总体平稳。年末广义货币供应量（M_2）余额为 110.7 万亿元；狭义货币供应量（M_1）余额为 33.7 万亿元；流通中现金（M_0）余额为 5.9 万亿元。全年社会融资规模为 17.3 万亿元。年末全部金融机构本外币各项存款余额 107.1 万亿元。全部金融机构本外币各项贷款余额 76.6 万亿元。年末主要农村金融机构（农村信用社、农村合作银行、农村商业银行）人民币贷款余额 91 644 亿元。全部金融机构人民币消费贷款余额 129 721 亿元。全年上市公司通过境内市场累计筹资 6 885 亿元，其中，A 股再筹资 2 803 亿元；上市公司通过发行可转债、可分离债、公司债筹资 4 082 亿元。全年发行公司信用类债券 3.67 万亿元。全年保险公司原保险保费收入 17 222 亿元，支付各类赔款及给付 6 213 亿元。

问题：

1. 上述资料中涉及哪些金融术语？
2. 分析说明金融与我们的生产、生活息息相关。

六、技能实训题

个人或分组（建议 5 人为一组、推选 1 名组长），通过走访所在城区的金融机构进行实地调查（学校地处偏远、条件不便的，也可以通过网上查询），了解金融活动的情况。

要求：人人参与调查或查询，最后以个人或小组（组长召集组员汇报、交流、讨论）的名义写一篇关于当地金融活动情况的调查报告。

项目二
货币与货币流通

【案例导入】

　　一天晚上,在一个小镇边上的一幢屋子里,三十多岁的女主人正在和一位来访的中年男子谈着话。在两个人之间的一张桌子上放着一叠纸币。男子说道:"不管怎么样,还债日期已经到了,我必须拿到钱以后才回去。"

　　可是,女主人也愁眉苦脸地说道:"如果还给您的话,孩子就没钱看病了!"

　　光靠磨嘴皮子是不能解决问题的。男子狠了狠心,伸出手去准备拿桌子上的那叠纸币。女主人哭哭啼啼地扑到桌子上,死死地捂住那叠纸币,苦苦哀求着对方,千万不能拿走。

　　这番情景被从塞夫星球上来的外星人看到了。他们决定研究这是什么珍贵的东西。于是,两位塞夫星人便闯进了屋里。正在争夺纸币的两个人抬起头来一看,不禁吓得昏倒在地上,不省人事了。可是,塞夫星人却不顾这些,伸手把桌上的那叠纸币拿了起来。走进了宇宙飞船里,并且把纸币放进了复制机内,这种特殊的装置能够迅速地查明被放进去的物体的成分,并且照原样复制出来,无论是内部组织还是外表形态都跟原物一模一样。然后把这复制品和原物都放到老地方去,看那两个人的表现。

　　过了一会儿,那位中年男子和女主人苏醒了过来。他们突然发现多了一叠纸币。两个人把纸币抢到了手里,对着灯光仔细地看了看,一点不错,是真正的纸币。

　　两个人各拿了一叠,不约而同地松了一口气,脸上浮现出了满意的笑容。

　　两个塞夫星人回到宇宙飞船里以后也感到非常奇怪。

　　"实在是难以理解。那两个家伙居然会从心底里感到高兴。那明明是毫无价值的废物一样的东西,可以说是没有丝毫实用价值的呀!"

　　"那么,你看怎么样?既然那些家伙对这种东西爱不释手,而且与这种东西的成分相同的材料附近有的是,我们不妨大量地复制出来,给他们留在这儿。"

　　"是啊,虽然我们以后不会再到这个星球上来了,但是我们的头脑里将永远留下一种美好的回忆,因为我们为这个星球上的居民们做了一件好事。"

　　塞夫星人又开动了复制机,转眼之间就复制出了一大堆纸币,少说也有几百亿张。接着,他们便驾驶着宇宙飞船腾空而起,并准备把那几百亿张纸币从空中撒下去……

　　资料来源:谷山.理财与国策.科学出版社,2010.

思考： 1. 这部小说中外星人为什么会认为货币没有丝毫实用价值？

2. 结合上述资料说明货币是怎么产生的，发展到了现代社会，货币有哪些表现形式？

【项目目标】

本项目讲述货币、货币制度、货币流通、货币供求、通货膨胀等，让您认识货币、理解货币流通的相关问题

知识目标

了解货币的起源与形式，掌握货币的概念、本质与职能；理解货币制度的含义，掌握我国货币制度的内容；理解货币流通的含义，了解货币流通的形式与渠道，知晓货币流通规律；理解货币供求的含义与货币层次划分，了解货币供求均衡的含义与调节；理解通货膨胀（与紧缩）的经济现象

技能目标

学会用客观、联系、发展的观点看问题，能理论联系实际，正确认识、分析、判断经济发展中的货币供求关系问题

素养目标

培养学生具有商品交换、劳动价值与风险防范意识，遵循经济规律，正确对待社会财富分配

任务1　知晓货币

【学习目标】

- ☐ 了解货币的起源与形式，掌握货币的概念、本质与职能
- ☐ 学会从发展角度去认识货币及其形式、看清货币的本质
- ☐ 具有商品交换意识，树立劳动价值观念，正确对待财富价值

任务导入

在日常生活中，我们几乎每天都要和钱打交道，钱即是货币的俗称。大多数人看来，货币就是通货，有时货币还被用作财富的同义词。那么货币究竟是什么？货币又是如何出现的呢？

任何事物都有一个产生和发展的过程，货币也不例外。因此，我们的学习首先要从货币的起源开始，了解货币的产生和发展，进一步深刻理解货币的本质、职能与形式。

本任务的学习内容是：货币的本质与职能，货币的形式。

知识准备

货币是社会经济生活中接触最多的经济范畴。那么，货币是怎么出现的呢？

一、货币的本质与职能

（一）货币的起源

在日常生活中，我们看到的物品琳琅满目，食品、衣服、牲畜等。这些物品不是凭空想象出来的，而是耗费了人的体力和脑力劳动生产出来的；这些物品不是供生产者自己消费的，而是供社会和别人消费的，只有通过交换才能到达别人手中。我们把这种用来交换的劳动产品，称为商品。商品具有两个因素，即商品的使用价值和价值。

> **小贴士**
>
> 商品的使用价值是指商品能够满足人们某种需要的属性。商品的价值是指凝结在商品中的无差别的人类劳动。

在现实生活中，人们在市场上购买商品时，都离不开货币。货币是商品交换发展到一定阶段的产物。

在原始社会末期，最初的商品交换是物物交换。随着生产力和社会分工的发展，交换越来越广，参加交换的商品种类也越来越多。当交换双方不一定恰好都需要对方的商品时，交换就会发生困难，这种现象经常出现。

想一想：

一位美国人到了非洲原始丛林旅游，看到水天一色，便想租用部落的独木舟泛游于湖上。当他拿出美元去租船时，船的主人拒绝了，提出要用陶器交换。这位美国人于是来到另外一个有陶器的部落用美元购买陶器，不料又遭到拒绝，主人提出要用纱布交换。于是他又来到一个有纱布的部落，用美元购买纱布，不想也遭到拒绝，主人提出要用针来交换。他猛然想起帽子上别了几根针，于是他用针换回了纱布，又用纱布换回了陶器。当他拿着陶器来找船主时，船主已经回家了。这位美国人十分郁闷。

那么，号称"世界货币"的美元为什么在非洲的原始部落里会"寸步难行"？

人们在长期的交换过程中发现，市场上某些商品是大家普遍乐于接受的。为了方便商品交换，人们逐渐把大家普遍接受的某种商品作为通用的交换媒介，用它来表现其他商品的价值。可以和其他一切商品进行交换的商品称作一般等价物。

> **小贴士**
>
> 我国夏、商、周时期，贝壳充当一般等价物，今天许多与商品交换有关的汉字，都用贝字做部首，如，货、赔、赚、贩等。在古希腊、古罗马，曾用牛羊等牲口充当一般等价物。

一般等价物的不固定、不统一使商品交换仍有许多不便。金、银由于具有体积小、价值大、便于携带、久藏不坏、质地均匀和容易分割等自然属性，被逐步从商品中分离出来，固定地充当了一般等价物。真正意义上的货币就出现了。

想一想：

货币完全等同于社会财富吗？

（二）货币的本质

在现实生活中，人们往往把"财富""金钱"作为货币的代名词，其实，它们与货币有着很大的不同。马克思对货币的本质表述为：货币是从商品世界中分离出来的，固定充当一般等价物的特殊商品。货币是商品，但货币不是普通的商品，而是固定地充当一般等价物的特殊商品。这是货币的本质性规定。

> **知识拓展**
>
> 现代经济学家的观点认为货币是在商品或劳务的支付或债务的偿还中被普遍接受的任何东西。在现代社会，不仅可以使用钞票和硬币，还可以使用支票、汇票、银行卡等作为货币。

（三）货币的基本特征

1. 货币是商品

在原始社会末期，货币随着社会分工和商品交换的发展，自发地从商品界分离出来。而作为一般等价物的货币固定于哪种商品，一般带有偶然性。货币的前身是商品，是在商品交换过程中逐渐演变成货币的，仍然具有商品价值和使用价值的属性。这是货币与普通商品的共性。

2. 货币是一种特殊的商品

货币是商品，但不是普通的商品，而是一种特殊的商品，作为一般等价物的商品应具有以下两个特征：①货币是表现和衡量一切商品价值的材料。在货币出现前，商品的价值是物与物直接交换来体现的；货币出现后，商品的价值是直接通过与货币的比较来体现的。于是货币就成为表现、衡量一切商品价值的材料。②货币具有和所有商品直接进行交换的能力。一种普通商品只能满足人们的某种需要，不可能与其他一切商品直接进行交换，但货币却可以，因为它是人们普遍能接受的一种商品，是价值的直接体现，谁拥有了货币，谁就占有了价值，就可以用它去换取所需要的使用价值。

想一想：

小明被体育运动学校录取，每天都要和同学们参加足球训练，每次足球比赛后，都需要购买一些饮料。正值盛夏，学校的小卖部大促销，小明看到 1 500 mL 的大瓶饮料只标价 7 元，小瓶的橙汁标价 2.5 元，还赠送礼品，小明高兴地为全班同学购买了一箱饮料。

小明看到的饮料标价表明什么？你认为货币有哪些职能？

（四）货币的职能

货币的职能是指货币作为商品的一般等价物发挥作用的固有功能，是货币本质的具体表现。

货币表现和衡量其他一切商品价值大小的职能，称为价值尺度。货币之所以能够充当价值尺度，是因为货币本身是商品，也有价值。

为了用货币来衡量商品价值量的大小，必须给货币确定一种计量单位。历史上金银充当货币时一般采用的是重量单位，如，斤、两等；纸币产生后采用了专有的计量名称，如，人民币的元。

通过一定数量的货币表现出来的商品的价值，称为价格。货币执行价值尺度职能，就是把商品的价值表现为一定的价格。

想一想：

从职业高中食品专业毕业的小芳在农贸市场做起了豆腐生意，她利用自己所学知识开发出的"彩色豆腐"比一般豆腐要贵两角钱，但依然很抢手。一天能卖5斤，获得1 000元收入。小芳将一半钱存起来，另一半又买回了黄豆等原料。

1. 在小芳卖"彩色豆腐"、买黄豆等原料的过程中，货币起到了什么作用？
2. "彩色豆腐"为什么比普通豆腐更好卖，并且能卖出好价钱？

在商品交换中起媒介作用的货币，执行的是流通手段职能。通过货币的流通手段职能，就使物与物的直接交换变成以货币为媒介的间接交换。货币可以证明商品的价值大小，这是货币价值尺度的职能体现；而要体现商品的价值，最终要靠货币的流通手段来实现。

> **小贴士**
>
> 货币作为价值尺度不需要现实的货币，而执行流通手段职能时必须是现实的货币。

随着商品经济的发展，货币在价值尺度和流通手段这两个基本职能的基础上，逐渐派生出支付手段、贮藏手段和世界货币等职能，它们共同构成货币的五大职能。

货币的支付手段职能就是货币被用来清偿债务或支付税金、租金、工资等所表现出来的职能。支付手段的产生源于商业信用，即赊买赊卖的商品交换。当货币用于偿还赊购商品的货款时，它就不再作为商品流通的媒介，而是充当了支付手段。货币支付手段职能出现的最大好处是促进商品流通的进一步扩大，但增大了买卖双方因买卖与支付在时间上分离即延期支付而产生支付中断的可能性，严重的会导致信用危机。

货币暂时退出流通领域处于相对静止状态时即执行了价值贮藏手段职能。也就是说，当商品出售后换回的货币在一个相对较长的时间内又没有进行购买另外的商品时就会暂时退出流通而处于一个相对静止的状态，这时货币就发挥了贮藏职能。人们贮藏货币的目的有二：一是贮存购买力；二是贮存财富。

当商品的流通范围从国内市场扩大到世界市场范围时，货币也就相应地从国内市场扩大到国际市场流通。在世界市场上流通的货币就执行着世界货币的职能。如今一些发达国家的信用货币，成为世界各国普遍接受的硬通货，实际上发挥着世界货币的职能，比如，美元、欧元、日元等货币。

想一想：

1. 书的封底都有个定价，表明这本书的价值。这里的货币充当何种职能？
2. 农民王某卖掉了自己养的一头猪，得到了2 000元，然后他马上用这2 000元买了农具。请问：

(1) 这个过程反映了什么经济现象？货币执行了什么职能？

(2) 如果王某并没有用得到的货币购买其他任何商品，而是把货币放在家里存了起来。货币在这里执行的又是什么职能？

二、货币的形式

人类发展史上的货币形态十分庞杂。在古代作为货币的有牲畜、皮革、铜、铁、贝壳、银、金等。而今，我们熟悉的是纸币、硬币、银行存款和信用卡等。

相关链接

中国是世界上最早使用货币的国家之一，使用货币的历史长达五千年之久。中国古代货币在形成和发展的过程中，先后经历了多次重大的演变。

你知道世界上最早由政府制定的法定货币是什么吗？

秦统一六国后，秦始皇统一文字、度量衡的同时，也统一了货币。规定以"黄金"为上币，以镒（20两）为单位，以圆形方孔铜钱为下币，以半两为单位。钱文"半两"与实重相符，这种方孔圆钱从此成为中国货币的主要形式，一直沿用了两千多年，也成为世界上最早由政府制定的法定货币。

货币从产生至今大致经历了以下几种形式：

1. 实物货币

实物货币是指以某种商品实物作为货币，这是最早出现的货币形式。在人类历史上，有许多商品做过实物货币，如，牛、羊、盐等。这些特殊商品在充当货币使用时存在着：体积笨重、不能分割、值小量大、不便于携带；各种实物的质量不一，不适合作为价值标准，容易磨损、容易变质、不易保存等缺陷。因此，实物货币注定不可能成为理想的交易媒介，不适合作为价值标准和价值贮藏手段。随着社会的发展，实物货币就逐渐被相对适合充当交易媒介的金属货币所替代了。

2. 金属货币

凡是以金属为币材的货币都可以称为金属货币，主要指贵金属货币。它经历了由称量货币到铸币的演变过程。称量货币主要是通过检验成色、称重量来确定其价值。铸币则是由国家铸造的具有一定形状、成色、重量并标明计价单位的金属铸块。金、银、铜等金属材料都曾充当过金属铸币的币材，这些金属具有充当货币材料的天然优良属性，表现在：同质易于分割、便于携带、不易磨损、不易腐烂变质、体积小而价值大等。它的这些优点正好克服了一般实物货币的缺点，使其逐步排挤了一般实物货币而独占货币地位。

> **知识拓展**
>
> 400多年前，英国经济学家格雷欣发现了一个有趣现象，两种实际价值不同而名义价值相同的货币同时流通时，实际价值较高的货币，即良币，必然退出流通——它们被收藏、熔化或被输出国外；实际价值较低的货币，即劣币，则充斥市场。人们称之为格雷欣法则，亦称之为劣币驱逐良币规律。

实物货币尤其是金属货币的出现是人类社会的一大进步，但是由于金属货币存在数量有限、不易开采，在清点、保管、运输、铸造方面流通成本较高，携带不够便利且不安全等缺陷，因而随着社会的发展代用货币逐渐替代了金属货币。

 **想一想：**

我们日常中流通使用的硬币属于金属货币吗？

3. 代用货币

代用货币是指在贵金属货币流通制度下代替金属货币流通的货币符号。其特点是代用货币本身所含的价值小于它所代替的货币价值，甚至其本身没有价值，但可以和所代表的金属货币自由兑换。随着社会经济的发展，金属货币的缺陷，人们越来越不能忍受，这就要求有一种代替品，于是代用货币就出现了。

代用货币通常是纸制的，相当于一种可流通的实物收据。它可由政府、银行发行，也可由企业或个人发行，发行时必须要有足够的贵金属作为保证，以满足代用货币随时兑现的需要。其中，政府发行的称其为纸币，银行发行的称其为银行券。

代用货币较金属货币有明显的优势，如，制造成本和流通费用较低，在清点、保管、运输、携带方面也较方便等；但也存在一定的缺陷，如，发行量受金属货币准备量的限制，储存作为代用货币储备的贵金属会造成财富的闲置浪费，易于仿造，易被水火毁坏，等等。

4. 信用货币

信用货币是以信用作为保证、通过一定信用程序发行、充当流通手段和支付手段的货币形态。目前世界各国流通的货币基本上都是信用货币。信用货币是代用货币的衍生形态，其产生与商品经济的发展以及信用制度的完善有直接关系。信用货币完全割断了与贵金属的联系，其发行不以黄金作为准备，实际上是一种信用凭证，它除了纸张和印制费用外，本身没有任何内在价值，也不能与实物货币按某种平价相兑换。信用货币之所以可以流通和被接受为价值尺度，是依靠政府信用和银行信用，使各社会经济主体对它拥有普遍的信任。

目前信用货币的主要形式有纸币、存款货币等。

 **想一想：**

1. 为什么说信用货币取代金属货币是历史的必然？（提示：可从效率和节约方面考虑）
2. 人民币是信用货币吗？为什么？

5. 电子货币

电子货币是信用货币与计算机、现代通信技术相结合的一种最新货币形态，它通过电子计算机运用电子信号对信用货币实施贮存、转账、购买与支付，比纸币、支票更快速、方便、安全、节约。美国经济学界把电子货币称为"第三代货币"。实质上，电子货币是新型的信用货币形式，是高科技的信用货币。电子货币具有发行主体多样化、发行成本和交易成本低、流通使用方便等优点。但目前也存在电子货币在法律制度和安全保障等方面的完善问题，同时还存在公众接受程度、消费习惯等的适应问题。随着社会经济的发展、科学技术的进步、法律法规的日益健全和信用制度的日趋完善，电子货币必将逐步取代信用货币。

> **相关链接**
>
> 电子货币具有以下特点：
> 1. 以计算机和网络技术为依托，进行储存、支付和流通。
> 2. 电子货币具有使用简便、安全、迅速、可靠的特征。
> 3. 现阶段电子货币的使用通常以银行卡为媒体。

任务2　知晓货币制度

> **【学习目标】**
> ☐ 理解货币制度的含义、构成要素和类型，掌握我国货币制度内容
> ☐ 认识世界主要货币，能识别人民币真假
> ☐ 具有金融法律与防范意识和识别假币的能力，爱护人民币

> **任务导入**
>
> 世界各国都有自己的法定流通货币，那么，为什么社会上流通的货币必须由国家通过法律形式来加以确定？一个国家的货币制度又包括哪些构成要素？当前我国的货币制度是什么样的？这些与我们的生产、生活密切相关，是我们学习金融首要学习的知识。
> 本任务的学习内容是：货币制度及其类型，我国的货币制度。

🔍 知识准备

一、货币制度及其类型

（一）货币制度及其构成要素

货币制度简称"币制"，是指一国以法律和制度形式规定的货币流通结构和组织形式。具体包括由谁发行货币、发行什么货币以及货币单位的确定、发行程序、发行准备等内容。

货币制度构成主要包括以下要素：

1. 规定货币材料

规定货币材料是指一国规定用何种金属充当本位货币的制作材料。这是货币制度的首要因素，是确定货币制度性质的基础。但如今世界各国广泛实行的是不兑现信用货币制度，在各国法律中都没有规定用什么商品来充当货币材料。因此，货币材料的规定已经基本上不存在了。

> **小贴士**
>
> 确定不同的货币材料就构成不同的货币本位，如把黄金规定为本位币材料，于是确立了金本位制度。

2. 规定货币单位

货币单位是指货币的价格标准，是国家以法律形式规定货币单位的名称与货币单位所含的货币金属重量。如，美国的"美元"，英国的"英镑"等。

3. 本位币和辅币

本位币和辅币即本位币和辅币的铸造、发行和流通程序。

（1）本位币。本位币又称主币，是一个国家的基本通货，是法定的计价、结算货币。在金属货币制度下，本位币是按照国家法律规定的货币金属和货币单位所铸成的铸币，是一种足值的铸币。它有两个主要特点：一是可以自由铸造。一方面，由国家按照货币单位铸造；另一方面，每个公民都有权把货币金属请求铸成本位币，公民还可以把铸币自由熔化。二是具有无限法偿的效力。本位币具有无限的法定支付能力，即无限法偿。国家法律规定，在用本位币支付时，无论每次支付的金额有多大，收款人都不得拒绝接受。

（2）辅币。辅币是本位币以下的小额货币，供日常零星交易与找零之用。辅币通常是用较贱的金属，如铜、镍等铸造的。辅币和本位币不同，不具有无限法偿的效力，是有限法偿货币，即在每次的支付行为中，如支付的辅币超过一定金额，对方可以拒绝接受。但在用辅币向国家交税或用辅币向国家兑换主币等情况时，是不受数量限制的。另外，辅币不能自由铸造，只能由国家垄断铸造。

4. 货币发行准备制度

货币发行准备制度又称金属准备金制度，是指国家货币当局规定发行货币必须保有一定比例的贵金属，作为发行准备金。

5. 规定货币的对外关系

规定货币的对外关系就是规定本国法定货币同国外货币是自由货币还是不自由货币，即管制货币。

想一想：

我国的货币名称、货币单位、辅币是什么？

（二）货币制度的类型

货币制度最早是伴随着国家统一铸造金属货币产生的，随后各国货币制度构成趋于一致。货币制度主要经历了两大阶段、四种类型，即金属货币制度和不兑现的信用货币制度两大阶段：银本位制、金银复本位制、金本位制和不兑现的信用货币制度四种类型。

1. 银本位制

银本位制是以白银作为本位币的一种金属货币制度，这是最早的金属货币制度之一。在银本位制下，以白银为本位币币材，银币是无限法偿货币，银币可以自由铸造和自由熔化，白银或银币可以自由输出和输入国境。我国古代是最早以白银为货币的国家之一。

2. 金银复本位制

金银复本位制是以金和银同时作为本位币的金属货币制度。在这种货币制度下，金银同为法定币材，都可以自由铸造为金币和银币，两种货币都可以自由兑换，自由输入和输出，都具有无限法偿能力。

3. 金本位制

金本位制是以黄金为本位币的金属货币制度。它有三种形式：

（1）金币本位制。金币本位制是以黄金作为货币金属的一种典型的金本位制。主要特点：金币可以自由铸造、自由熔化，其他铸币则被限制铸造，保证了黄金的主导地位；流通的辅币和银行券等价值符号可以自由兑换金币；黄金可以自由输入输出国境。

> **小贴士**
>
> 最早实行金币本位制的国家是英国，于1816年开始实行。之后欧洲其他国家纷纷效仿，美国是到1900年才实行金币本位制的。

（2）金块本位制。金块本位制是指没有金币的铸造和流通，只通过中央银行发行的以金块为准备的纸币进行流通的货币制度。主要特点：以银行券或纸币作为流通货币，不再铸造和流通金币，但是金币仍然为本位货币，货币单位仍规定含金量，银行券和纸币的发行仍以黄金为基础，居民只有用一定数额的银行券或纸币才能按法定的含金量兑换金块。

（3）金汇兑本位制。金汇兑本位制是指以银行券作为流通货币，通过外汇间接兑换黄金的货币制度。主要特点：国内流通的银行券或纸币是规定得有含金量的，但无黄金可兑换，中央银行将黄金存于国外，以存入国的外汇作为发行准备，并规定本国货币与该国货币的法定比价，允许本国居民以外汇间接兑换黄金。

4. 不兑现的信用货币制度

不兑现信用货币制度就是以不兑换黄金的银行券或纸币为本位币的货币制度。这是当今世界各国普遍实行的一种货币制度。其主要特点是：不兑现的信用货币一般是由中央银行发行的，并由国家法律赋予无限法偿的能力；货币不与任何金属保持等价关系，也不能兑换黄金，货币发行不以金银保证，不受金银数量的限制；货币币值的稳定与一国对内和对外经济发展的状况密切相关。

由于上述货币制度与国家主权密切相关，因而属于国家货币制度范畴。国家货币制度主要是指一国政府以法律形式对本国货币的有关要素、货币流通的组织与调节等加以规定所形成的体系。

另外，还出现了与国家主权没有直接关系的非国家主权货币制度，即国际货币制度、区域性货币制度。

> **小贴士**
>
> 国家货币制度是一国货币主权的一种体现，由本国政府或司法机构独立制定实施，其有效范围一般仅限于国内。

二、我国的货币制度

（一）人民币货币制度

我国大陆实行的是人民币制度，主要内容是：

（1）人民币是我国的法定货币。人民币（包括纸币、硬币）是由我国的中国人民银行发行的信用货币，是无限法偿货币（即国家以法律赋予其购买与支付能力的货币），并且没有规定含金量。

（2）人民币的单位为"元"，元是本位币（即主币），辅币的单位为"角"和"分"。人民币元缩写为￥，1元等于10角，1角等于10分。

（3）人民币是我国唯一合法的货币。在我国国内市场上，人民币是一般等价物，只准许人民币流通，国内一切有关货币收付、结算等均应以人民币为价值尺度和计算单位。严禁外币在中国境内计价流通。

（4）中国人民银行是唯一发行人民币的银行。

（5）人民币是信用货币。我国人民币是信用货币、债务货币，是根据商品生产的发展和流通的扩大对货币的需求而发行的，这种发行的保证是以国家手中的丰富的商品物资为基础的。

目前，我国已发行五套人民币（第五套于1999年10月1日起陆续发行）。

为提高第五套人民币的印刷工艺和防伪技术水平，经国务院批准，中国人民银行于2005年8月31日发行了第五套人民币2005年版100元、50元、20元、10元、5元、1元6种面额的纸币和1元、5角、1角3种面额的硬币。

（二）中国港、澳、台地区的货币制度

1. 中国香港地区的货币制度简介

中国香港的法定货币是港币（港元），港币缩写为HKD（HK＄），是不兑现的信用纸币，具有无限的法偿能力。港币实行与美元联系的汇率制度，且不实行外汇管制，可以自由兑换。港币单位为元，纸币面额有1 000元、500元、100元、50元、20元和10元，硬币面值有10元、5元、2元、1元、5角、2角和1角。

2. 中国澳门地区的货币制度简介

中国澳门法定货币是澳门元，澳门元缩写为（MOP），是不兑现的具有无限法偿能力的货币。澳门元的发行与美元间接挂钩。澳门的官方货币单位是澳门币，纸币面额有10元、20元、50元、100元、500元及1 000元，硬币有1毫、2毫、5毫、1元、2元、5元和10元。

3. 中国台湾地区的货币制度简介

新台币是台湾的法定货币，货币代号为（TWD）。其基本单位为圆，一般写成元，1元 = 10角 = 100分，目前发行的硬币单位有5角、1元、10元、20元、50元，纸币单位则有100元、200元、500元、1 000元、2 000元。新台币于1949年6月5日开始发行。中国台湾的汇率制度是管理式浮动利率。

知识拓展

国际货币与人民币国际化

国际货币是指在国际商品流通中发挥一般等价物作用的货币。当商品交换超出国界发展到国际市场时，商品在世界范围内展示自己的价值，而作为表现其价值形态的货币，也就成为世界范围内商品的一般等价物，即国际货币。国际货币发挥着价值尺度、国际支付手段、国际购买手段、财富国际转移手段的职能。

国际货币制度也称为国际货币体系，是支配各国货币关系的规则以及国际间进行各种交易支付所依据的一套安排和惯例，包括国际储备资产的确定、汇率制度的安排、国际收支的调节方式。

一国的信用货币成为国际支付手段和储备货币的必备条件：一是发行国要有强大的经济实力并占有重要或统治地位；二是货币必须具有相当大的稳定性；三是必须得到所有国家的确认。

人民币国际化是指人民币能够跨越国界，在境外流通，成为国际上普遍认可的计价、结算及储备货币的过程。尽管目前人民币境外的流通并不等于人民币已经国际化了，但人民币境外流通的扩大最终必然导致人民币的国际化，使其成为世界货币。

任务3　熟悉货币流通

【学习目标】

☐　理解货币流通的含义和商品流通与货币流通的关系，了解货币流通的形式与渠道，知晓货币流通规律

☐　学会用理论联系实际的方法去认识货币经济现象

☐　具有客观意识和自觉遵循经济规律办事的能力

任务导入

现代人们越来越离不开各种卡了，口袋里一卡通、公交卡、信用卡……各种卡最少有四五种，无论在餐厅吃饭、还是到超市购物，甚至去医院看病，都能刷卡。卡支付已经在不知不觉中深深地渗入人们的生活。现金结算能钱货两清，转账与刷卡也方便安全。信用卡透支多了、银行发行货币多了，好不好？

无论是传统的商店销售，还是时尚的网购，都离不开商品流通和货币流通。我们的学习首先从商品流通与货币流通二者之间的关系开始，在此基础上了解货币流通的形式和渠道，并进一步掌握货币流通规律。

本任务的学习内容是：货币流通与商品流通，货币流通形式与渠道，货币流通规律。

知识准备

一、货币流通与商品流通

商品流通是指以货币为媒介的商品交换过程。它的运动形式是商品—货币—商品，公式为 W—G—W。商品流通分为卖的过程（W—G）和买的过程（G—W）。

货币流通是指在商品交换或流通过程中，货币作为流通手段和支付手段所形成的连续不断的运动过程。其运动形式是：货币—商品，货币—商品，……公式为：G—W，G—W，……货币流通是由商品流通引起的，并为商品流通服务的。在商品交换过程中，货币不断地在不同所有者手中转移，就形成了货币流通。

总的来说，货币流通与商品流通的关系为：商品流通决定货币流通，货币流通影响商品流通。具体来说，商品流通是货币流通的基础和前提，货币流通会对商品流通起反作用。

想一想：

第二次世界大战期间，国际红十字会向纳粹集中营里的战俘提供一些食品、衣服、香烟等物品。战俘之间进行物品交换或用劳务换取物品的行为经常发生，交换中，香烟逐渐成为大家乐意接受的物品。例如，一件衣服值 80 支香烟，为他人洗 1 件衣服可以换 2 支香烟……

请运用所学经济常识简要回答：
1. 在这个故事中，香烟充当了什么角色？执行了哪些功能？
2. 为什么香烟从普通消费品变成了具有特殊功能的物品？

二、货币流通形式与渠道

（一）货币流通形式

1. 现金流通

现金流通是指用国家规定的法定通货进行货币收付的行为。适用于小额零星交易，现金结算灵活方便。现金流通是整个货币流通的基础。

2. 非现金流通

非现金流通也称转账结算，是指通过银行账户划转款项而进行的货币收付过程。非现金流通是以存款货币为前提条件的。它适用于大额和批发交易。非现金流通可以大量减少现金流通量，有效节约社会流通费用，加快货币的流通速度，是目前各国货币流通的主要形式。

现金流通和非现金流通两者之间不是孤立进行的，它们构成了货币流通的统一体，现金与存款之间存在相互转换关系。

想一想：

您要通过银行转账支付一笔款项，要具备什么条件？

(二) 货币流通渠道

货币流通渠道是指货币进入流通和退出流通的途径。与两种货币流通形式相对应，也有两种货币流通渠道，即现金流通渠道和非现金流通渠道。

1. 现金流通渠道

现金流通渠道是指直接用现金进行收支转移的方向和途径。现金投放渠道是指现金货币从银行流出的渠道，主要有：工资支出及对个人其他支出；采购支出；行政管理费支出；农副产品收购支付等。现金回笼渠道是指现金从社会流回银行的渠道，主要有：销售商品回收现金（即实现商品销售收入）；提供服务收取劳务费回笼现金（即实现服务事业收入）；国家向个人单位征税回笼现金（即实现财税收入）；银行吸收储蓄存款回收现金（即实现信用收入）等。

2. 非现金流通渠道

非现金流通渠道是指通过银行进行各种货币收支转移的方向和途径。各单位通过银行转账的货币收支，只是在各单位存款账户上此增彼减。非现金流通渠道主要有：商品价款收付、劳务费用收付、财政货币资金拨缴的收付、银行信贷资金的发放和回收等。

> **小贴士**
>
> 自动取款机（Automatic Teller Machine，ATM），是一种高度精密的机电一体化装置，利用磁性代码卡或智能卡实现金融交易的自助服务，代替银行柜面人员的工作。持卡人可以使用信用卡或储蓄卡，根据密码办理自助取款、查询余额、转账、现金存款、更改密码等业务。

三、货币流通规律

货币流通规律就是货币必要量规律。货币必要量是一定时期内流通领域对货币的客观需要量。货币流通规律包括金属货币流通规律和纸币流通规律。

（一）金属货币流通规律

金属货币流通规律是指流通中对金属货币需要量的规律。马克思货币理论认为，金属货币需要量是由商品数量、商品价格和货币流通速度三个因素决定的。它们之间的关系可以用公式表述为：

流通中货币必要量 $M = $（商品总量 P × 商品价格 Q）/同一单位货币平均流通次数 V

从上式可以得出以下结论：①货币需要量和商品价格总额之间是存在着正比例关系的。假定其他因素不变，如果商品价格总额增大，对货币的需要量就会增加；反之，就会缩小。商品价格总额的变化取决于商品价格和商品数量的变化。②货币流通速度与货币需要量呈反比例关系。所谓货币流通速度，就是货币在一定时期内平均周转的次数。在其他因素不变的情况下，货币流通速度加快，流通过程对货币的需要量就会减少；货币流通速度减慢，流通过程对货币的需要量就会增加。

> **算一算**
>
> 假定某地区在计划年度内进入商品流通的总额为100亿元,货币流通速度约为4次,则货币必要量为多少?如果货币流通速度约为2次,又是多少?

(二) 纸币流通规律

纸币本身是没有价值的,它只是作为金属货币的代表和象征发挥流通手段和支付手段的职能。因此,纸币的流通规律就是流通中应该投入的纸币数量取决于流通中所需要的货币数量的规律。公式为:

单位纸币所代表的货币金属量 = 流通中所必需的货币金属量/流通中的纸币数量

上述公式说明:当一个时期社会所需要的货币数量相对确定后,则纸币的发行量要与流通中的货币金属的客观需要量一致。这样,单位货币才能代表相应的贵金属量在流通中发挥作用。

单位纸币代表的金属货币数量的多少,直接影响着纸币所表示的商品价格的高低。如果单位纸币代表的金属货币量多,则其表示的商品价格就低;反之,其表示的同一商品价格就高。因此,商品的价格是随着纸币数量的增减而升降的,即纸币数量多则商品价格高;反之,则商品价格低。造成以上现象是由于纸币与金属货币的一致关系被破坏,使纸币贬值引起的。

纸币数量及纸币的贬值与物价的高低是正相关关系,若流通中的纸币数量过多,纸币就会贬值,则商品价格就高;反之,则商品价格就低。纸币由于没有内在价值,不具有贮藏手段职能,一旦退出流通领域,就会成为一张废纸,因而纸币流通不具有自我调节的能力。若纸币发行量过多,物价就会上涨。

> **小贴士**
>
> 纸币贬值就是纸币发行量超过流通需要量而导致单位纸币代表的金属量减少的现象。

任务4 了解货币供求关系

【学习目标】

☐ 理解货币供求含义与货币层次划分,了解货币供求均衡的含义、影响货币供求的因素与货币供求失衡的调节

☐ 学会分析思考,能从全局的角度初步分析经济与货币关系问题

☐ 具有宏观全局意识,能正确看待货币供求关系

任务导入

一般而言，一国居民对现金的需求应与该国国民经济规模成正比。美国国家经济实力领先于中国，相应美国的现金流通也应高于中国，但是中国却是世界上现金流通最多的国家。这是为什么呢？其中不仅有传统历史文化与支付习惯等原因，更重要的原因是我国金融体系和信用制度还不发达，支票、银行卡等交易方式还很不完善。

人人都有不同的需求，商品、货币需要进行交换、各易其手。这一手进一手出，有需求、有供给，其间又有着怎样的关系呢？因此，我们有必要学习有关货币需求和供给方面的知识，正确理解货币供求的关系。

本任务的学习内容是：货币需求、货币供给、货币供求关系。

知识准备

一、货币需求

（一）货币需求与货币需求量

各经济主体必须持有一定的货币量，才能进行有关商品交换、支付费用、偿还债务等经济活动，于是各经济主体就产生了对货币的需求。

货币需求是指在一定时期内各个经济主体对货币（现金和存款）的需要。

货币需求量是指经济运行中按货币流通规律需要的货币量。

相关链接

凯恩斯的货币需求理论

凯恩斯是20世纪上半叶英国著名的经济学家。他认为，货币需求量是指一定时期内公众能够而且愿意持有的货币数量。人们不同的货币偏好会产生不同的货币需求动机，最终影响货币需求量。人们愿意持有货币，出于三种原因：

（1）交易动机。是人们为了应付日常的购买交易需要而产生的持有货币需要。该动机主要受收入多少的影响。

（2）预防动机。是个人或企业单位为了应付意外支出或准备用于事先未料到的有利进货机会而愿意持有货币的动机。货币预防性需求同收入成正比。

（3）投机动机。是人们为了在将来某一适当时机进行投资活动而愿意持有的货币。这主要是为了获得更高的利润，而愿意持有货币以供将来投机之用。

（二）决定和影响我国货币需求的主要因素

1. 收入状况

人们的收入增加了，货币的交易需求也相应增加；居民储蓄存款的提高，会使人们产生投资的需求。企业单位也因为收入增加，扩大生产经营规模，使货币交易需求增大。

2. 预期物价变动率

物价的预期变化会直接影响人们的持币行为。若预期物价上涨，人们就会抢购实物商品、投资证券，从而减少对货币的需求；预期物价下跌，人们就会转向储蓄等，从而增加对货币的需求。

3. 利率水平

利率的变化会直接影响到人们对货币的需求动机。当利率水平较低时，人们更愿意用货币购买商品，从而增加了对货币的需求。当利率水平较高时，人们更愿意使货币以银行存款、股票、债券等形式存在，从而减少货币流通，形成持有，最终减少了货币需求。

4. 货币流通速度

货币流通速度与货币总需求是反向变动关系。货币流通速度减缓会增加货币需求总量。

> **小贴士**
>
> 生产技术发展状况、信用制度发达程度、金融资产收益率，人们的习惯、预期、偏好等都会影响到货币需求。

二、货币供给

（一）货币供给与货币供给量

货币供给是相对于货币需求而言的，没有需求就无所谓供给。

货币供给是指银行体系通过自己的业务活动向社会提供和创造货币的过程。它强调的是货币供给的机制。

货币供给量是指银行体系通过其资产业务注入流通的货币量，即流通中的现钞货币量和存款货币量。货币供给量强调的是供给的结果，是一定时点上持有的货币存量。

货币供给量源头是中央银行初始供给的基础货币，经过存款货币银行的业务活动可以出现数倍的货币扩张。货币供给的主体是中央银行和商业银行（包括接受活期存款的金融机构），即存款货币银行系统。

中央银行在货币供给中的作用——创造基础货币，调节货币扩张能力。调节货币供给量的主要措施：一是调节存款准备金率；二是调节基础货币供应量。

商业银行在货币供给中的作用——创造存款货币，向社会投放货币。商业银行创造派生存款、扩大信用规模，最终扩大了流通中的货币供应量。

商业银行创造存款货币的基础是中央银行提供的基础货币，并且始终受制于中央银行，因此，中央银行在整个货币供给过程中始终居于核心地位。

（二）货币层次的划分

货币层次划分是指把流通中的货币，主要按照其流动性的大小进行排列、分成若干层次并用符号代表的一种方法。

实践证明，货币供求的变化会对国民经济的运行产生重大的影响。当今各国中央银行的主要任务就是调节货币的供给量以适应经济的发展需要。因此，对货币供给量层次的划分具有重要的意义。

货币层次的划分依据主要是金融资产的流动性。资产的流动性是其转换为现实购买力的能力。中国人民银行参照国际通用原则，根据实际情况将我国的货币划分为四个层次。

M_0 = 流通中的现金，即在银行体系以外流通的现金。

M_1 = M_0 + 企事业单位活期存款，即狭义货币供应量。

M_2 = M_1 + 企事业单位定期存款 + 居民储蓄存款 + 外币存款 + 信托 + 其他类存款，即广义货币供应量。

M_3 = M_2 + 金融类债券 + 回购协议 + 商业票据 + 大额可转让定期存单。

其中，M_1 是通常所说的狭义货币，流动性最强；M_2 称为广义货币；M_2 与 M_1 的差额就是准货币；M_3 是考虑到金融不断创新的现状而设立的，目前还没公布。

> **小贴士**
>
> 货币层次的划分不是固定不变的，随着金融产品的创新、经济环境的改变、需要对货币层次进行重新划分。

（三）影响货币供给的因素

1. 国有商业银行的信贷收支

国有商业银行的资产质量不高、资产结构也不合理等原因，使国有商业银行的资金紧张局面短期内很难改观，迫使人民银行突破信贷总量，扩大基础货币供应量的现象还时有发生。

2. 财政收支

近年来，我国财政一直有赤字。由于财政结余早已用完，债券收入早已列入预算，弥补赤字只有靠在中央银行透支和借款，这无疑会导致货币供应量的过度增加。

3. 国际收支

一国国际收支的状况最终会体现在黄金外汇储备的变化上。如果国际收支出现顺差，则官方储备增加，基础货币供应量增加；反之，则相反。

总之，一国的信贷收支、财政收支、国际收支对货币供应量有决定性的影响，这是决定货币供给的内生变量。中央银行必须重视这些因素，并根据货币政策的要求适当灵活地加以调节，以保证货币供应量与货币需求量相适应。

> **知识拓展**
>
> 内生变量是在经济体系内部受纯粹经济因素的影响而自行变化的变量，通常不被政策因素所左右，如，市场经济中的价格、利率、汇率等变量。
>
> 外生变量是在经济机制中受外部因素主要是政策因素的影响，而非由经济体系内部因素决定的变量。

三、货币供求关系

（一）货币均衡的含义

货币的需求与供给既相互对立，又相互依存，货币的均衡状况是这二者对立统一的结果。

货币均衡，即货币供求均衡，是指在一定时期经济运行中的货币需求与货币供给在动态上保持一致的状态。货币均衡是用来说明货币供给与货币需求的关系，货币供给符合经济生活对货币的需求则达到均衡。

我们可以从以下几个方面来理解货币均衡：

（1）货币均衡是货币供求作用的一种状态，使货币供给与货币需求大体一致，而非货币供给与货币需求在价值上的完全相等。

（2）货币均衡是一个动态过程，在短期内货币供求可能不一致，但在长期内是大体一致的。

（3）货币均衡不是货币供给量和实际货币需求量一致，而是货币供给量与适度货币需要量基本一致。

（二）货币供求失衡

货币供求失衡，又称货币供求的非均衡，是指在货币流通过程中，货币供给偏离货币需求，从而使二者之间不相适应的货币流通状态。

货币失衡的原因大致有以下三个方面：

（1）货币供给量小于货币需求量。生产规模扩大后货币供给没有跟上；货币供给正常状态下，央行收紧银根；经济危机时，信用失常，货币需求急剧膨胀，而央行货币供给没有跟上。

（2）货币供给量大于货币需求量。政府财政赤字面向中央银行透支；经济发展中，银行信贷规模的不适当扩张；扩张性货币政策过度；经济落后、结构刚性的发展中国家，货币条件的相对恶化和国际收支失衡，在出口换汇无法满足时，由于汇市崩市、本币大幅贬值造成货币供给量急剧增长。

以上两类货币失衡又可合称为货币供求的总量性失衡。

（3）货币供求的结构性失衡。即货币供给与货币需求在总量上大体保持均衡状态，却由于货币的供给结构同与之相对应的货币需求结构不相适应，造成货币市场上货币短缺与局部货币供给过剩并存。

> **小贴士**
>
> 货币供求失衡往往是经济不稳定的重要因素，尤其是在经济过热或过冷条件下，甚至会表现为通货膨胀或通货紧缩。

任务 5　知晓通货膨胀与通货紧缩

【学习目标】

☐ 理解通货膨胀与通货紧缩的含义与特征，了解通货膨胀与通货紧缩的原因、影响与治理

☐ 能透过现象看本质，学会分析通货膨胀（与紧缩）的经济现象

☐ 具有发展观点与辩证思想，树立正确的金融价值观

任务导入

纸币是一种纯粹的货币符号，没有价值，只是代替金属货币执行流通手段的职能；纸币的发行量应以流通中需要的金属货币量为限度，如果纸币的发行量超过流通中需要的金属货币量，纸币就会贬值，物价就要上涨。反之，如果纸币的发行量小于流通中需要的金属货币量，纸币就会升值，物价就要下跌。这两种经济现象，前者称为通货膨胀，后者称为通货紧缩。对经济运行、人们生活都会产生影响。那么，通货膨胀和通货紧缩的原因又是什么？怎么加以治理？对此，我们要有正确的认识。

本任务的学习内容是：通货膨胀、通货紧缩。

知识准备

一、通货膨胀

（一）通货膨胀的含义与特征

一般认为，通货膨胀是在纸币流通条件下，在一个较长时期内流通中的货币供给量超过实际需求量所引起的货币贬值和物价普遍上涨的经济现象。

通货膨胀的基本特征：

（1）通货膨胀是在纸币流通条件下的特有经济现象；

（2）通货膨胀表现为物价水平的全面、持续上涨；

（3）通货膨胀表现为商品物价水平上涨的幅度要超过一定的限度，并对经济造成危害。

通货膨胀主要反映到物价的变动上，通过计量物价水平的变动幅度，就可以大致测定通货膨胀的程度，因此，一般情况下用物价指数来度量通货膨胀。物价指数是指反映物价水平变动的相对指标。

> **小贴士**
>
> 居民消费价格指数（CPI），是反映一定时期内居民所消费商品及服务项目的价格水平变动趋势和变动程度的经济指标。CPI在一定程度上反映了通货膨胀（或紧缩）的程度。

（二）通货膨胀的原因

通常造成通货膨胀的直接原因是货币供应量超过了实际货币需要量。因此，凡是能引起货币供应量增加的因素都是诱发通货膨胀的原因。从我国近年来的实践经验看，通货膨胀的具体成因主要有：

1. 财政赤字

当财政支出大于财政收入时，就出现了财政赤字。而政府为了对财政赤字进行弥补，一般都会增加货币供给，若货币供给量过度增长，就会导致通货膨胀。

2. 信用膨胀

政府为弥补财政赤字而大量发行政府债券或向银行透支，会造成国家信用膨胀。企业为了扩大生产而向银行大量贷款，会造成银行信用膨胀。信用过度膨胀，会使货币供给量大大超过货币需要量，从而导致通货膨胀。

3. 国际收支长期顺差

一个国家的国际收支长期处于顺差时，国内市场上的货币就会增多，而商品可供量却在减少，这种状况若长期持续就会导致通货膨胀。

（三）通货膨胀对经济的影响

大多数经济学家认为通货膨胀对经济的影响是弊大于利的。具体表现在：

1. 通货膨胀会对生产产生影响

在通货膨胀时，商品价格普遍上涨，由于商品价格上涨的幅度不一样，从而造成社会各部门的利润也不一样，于是大量的资金就会流向利润高的部门，使资源得不到合理的配置。另外，由于企业利润的下降，企业不愿投资回收周期较长的生产领域，而是将资金投向短期利益更明显的金融市场，这也会造成生产性投资的减少，使结构不合理。

2. 通货膨胀会对流通产生影响

在通货膨胀时，商品总是流向价格上涨更快的地方，于是商品会在流通领域无序地流转，使商品的流通环节增多，从而增加了成本。另外，人们还会觉得商品比货币保值，会去大量抢购商品，使市场的供需变得更加的不平衡，从而促使物价水平的不断上涨，其结果会使通货膨胀的程度越来越严重。

3. 通货膨胀会对分配产生影响

在通货膨胀时，通常在受益较大行业和领域中工作的人，其实际收入会增加；相反，在受损行业和领域中工作的人，其实际收入会减少。另外，在通货膨胀下，由于物价的上涨，财政收入会增加，同时财政支出也会相应增加，但是财政支出增加的幅度可能会超过财政收入增加的幅度，从而最终影响财政收支的平衡。

想一想：

对于那些离退休人员、社保人员等，由于他们的收入固定不变，在通货膨胀下其实际收入会增加还是减少呢？

4. 通货膨胀会对消费产生影响

在通货膨胀时，消费者用同样数量的货币不再能买到原来相等的生活消费品，这实际上是减少了消费者的收入，同时，其消费水平也下降了。另外，通货膨胀还会使高收入阶层与低收入阶层的收入差距进一步扩大，加剧了贫富悬殊，从而造成了社会不稳定因素。

（四）通货膨胀的治理

通货膨胀是一种世界性的普遍现象。世界各国一般采取紧缩的政策以及相关措施对通货膨胀进行综合治理。具体来说，主要有以下几个方面：

（1）实行紧缩的财政政策和货币政策。紧缩的财政政策和货币政策可以减少货币供应量，从而抑制社会总需求，最终达到对通货膨胀的治理。

（2）采取收入紧缩政策。收入紧缩政策是通过限制工资的提高而抑制产品成本和价格上涨的，另外，还可以通过限制垄断企业随意提高商品价格，最终达到抑制通货膨胀的目的。

（3）建立合理的产业结构，增加有效供给。治理通货膨胀的根本性措施是发展生产，增加有效供给。

二、通货紧缩

（一）通货紧缩的含义与特征

一般认为，通货紧缩是指在一个较长时期内一般物价水平持续地下降。它和通货膨胀一样都是一种货币现象，同时又是相对立的一个概念。

通货紧缩所反映的物价下跌必须具有两个特征：

1. 普遍性

少部分商品的物价出现下降不属于通货紧缩，只有当市场上普遍商品的物价都处于下跌状态时才属于通货紧缩。

2. 持续性

暂时性的或偶然性的物价下跌不属于通货紧缩，只有当商品的物价在一较长时期内（1年或1年以上）出现持续性下跌才属于通货紧缩。

相关链接

我国的通货紧缩

1997年10月，全国零售物价指数首次出现负增长（-0.4%），以后持续6个月保持这一趋势。从1997年下半年开始到1999年7月，我国物价已连续22个月下降，物价不振，商品积压严重，而且到2001年初这种现象还没完全消失，这在建国的历史中也是没有出现过的。按经济学的解释，这就是典型的通货紧缩。

（二）通货紧缩的原因

通货紧缩在不同的国家不同的时期其成因是不相同的，主要有：

1. 政策性因素

比如，我国在1993年后，为了治理通货膨胀，实行了长达5年的财政、货币紧缩政策，造成了社会总需求和社会总供给新的反向失衡，导致了物价的持续下跌，就是这种原因造成的。

2. 生产性因素

由于技术进步、投资加大、劳动生产率提高等原因，使商品和劳务供给大大增加，当其超过了市场需求量时，就会导致商品价格的下跌。

3. 需求性因素

经济增长了，人们的收入随之得到提高，相应的投资和消费需求也会增加。但当增加的商品和劳务并不能很好地满足人们的需求时，就会导致物价水平的下降。

4. 体制性因素

在企业转制（会造成大量工人失业，失业人员的收入大幅度减少）及住房、养老、医疗、保险、教育制度的改革和转型时（会造成个人和家庭的支出和消费增加），会引起有效需求不足，从而导致物价的下跌。

5. 心理性因素

主要是人们对未来的经济发展产生了不良预期，对自己的消费行为和投资行为表现得更加谨慎，减少了对商品和劳务的需求量，从而导致了物价的下跌。

（三）通货紧缩对经济的影响

实践证明，通货紧缩同样会对经济发展造成非常大的损害。

1. 通货紧缩可能会造成经济衰退

物价的持续下跌，会造成企业的利润下降，甚至亏损，这样就使企业缩小生产规模，裁减员工，失业率就会上升，居民收入下降，波及整个国民经济，从而使经济处于衰退中。

2. 通货紧缩会加重债务人的负担

物价的下跌会提高实际利率，使企业的收益率下降，企业就会发生偿债困难，从而使债务人的负担加重。

3. 通货紧缩会对消费产生影响

在通货紧缩时，就业预期、物价和工资收入、家庭资产都趋于下降，人们就会对经济前景产生不良的预期，于是人们会持币观望，使消费和投资进一步萎缩。

4. 通货紧缩会对银行业产生影响

在通货紧缩时，由于企业或个人会出现偿债困难，造成银行会出现大量的坏账。

（四）通货紧缩的治理

我国从 20 世纪 90 年代后期以来，居民消费价格指数持续下降，形成了通货紧缩的局面，针对这一情况，主要采取了以下措施：

1. 实行扩张的财政政策和货币政策

扩张的财政政策主要是通过增加财政支出，刺激和扩大消费需求，从而缓和社会供需矛盾。扩张的货币政策主要是通过增加货币供应量，刺激社会消费需求，从而使社会供需趋于平衡。

2. 加快并完善社会保障体系的建设

主要是通过建立与完善社会保障体系，减轻居民对未来支出的预期，扩张居民消费需求，从而最终扩大社会总需求。

3. 优化产业结构，增加有效供给

主要根据社会需求结构的变化，及时调整产业结构和产品结构，采取有效措施增加紧缺产品和短线产业的产品供应量，通过提高有效供给来增加现实需求，从而改善社会供求关系。

项目小结

（1）货币是商品交换发展到一定阶段的产物。货币的本质是从商品世界中分离出来的，固定充当一般等价物的特殊商品。货币具有价值尺度、流通手段、支付手段、贮藏手段和世界货币的职能，有实物货币、金属货币、代用货币、信用货币和电子货币等形式。

（2）货币制度是指一国以法律和制度形式规定的货币流通结构和组织形式。货币制度的构成要素主要有规定货币材料、规定货币单位、本位币和辅币的铸造、发行和流通程序、货币发行准备制度、规定货币的对外关系。货币制度主要经历了两大阶段，有四种类型：银本位制、金银复本位制、金本位制和不兑现的信用货币制度。

（3）我国由于实行"一国两制"，从而形成了"一国多币"的特殊货币制度。

（4）货币流通是指在商品交换或流通过程中，货币作为流通手段和支付手段所形成的连续不断的运动过程。货币流通由商品流通引起，并为商品流通服务。货币流通的形式有现金流通和非现金流通。货币流通渠道分为现金流通渠道和非现金流通渠道。

（5）货币流通规律就是货币必要量规律。货币必要量是一定时期内流通领域对货币的客观需要量。金属货币流通规律是指流通中对金属货币需要量的规律，金属货币需要量是由商品数量、商品价格和货币流通速度三个因素决定的。单位纸币所代表的货币金属量=流通中所必需的货币金属量/流通中的纸币数量。

（6）货币需求是指在一定时期内各个经济主体对货币（现金和存款）的需要。决定和影响我国货币需求的主要因素有收入状况、预期物价变动率、利率水平、货币流通速度。货币供给是指银行体系通过自己的业务活动向社会提供和创造货币的过程。我国的货币划分为M_0、M_1、M_2、M_3四个层次。一国的信贷收支、财政收支、国际收支对货币供应量有决定性的影响。

（7）货币均衡，即货币供求均衡，是指在一定时期经济运行中的货币需求与货币供给在动态上保持一致的状态。货币供求失衡，又称货币供求的非均衡，是指在货币流通过程中，货币供给偏离货币需求，从而使二者之间不相适应的货币流通状态。货币失衡的原因有货币供给量小于货币需求量，货币供给量大于货币需求量，货币供求的结构性失衡。

（8）通货膨胀是在纸币流通条件下，在一个较长时期内流通中的货币供给量超过实际需求量所引起的货币贬值和物价普遍上涨的经济现象。通货膨胀、通货紧缩会对经济运行、人们的生活产生影响，造成通货膨胀、通货紧缩的原因是多方面的，应加以区别，并采取措施加以治理。

练习与实训

一、填空题

1. 马克思对货币的本质表述为：货币是_____。

2. 货币具有_____、_____、_____、_____和_____的职能。
3. 货币形式有_____、_____、_____、_____和_____。
4. 货币制度，是指一国以法律和制度形式规定的_____和_____。
5. 我国由于实行_____，从而形成了_____的特殊货币制度。
6. 货币流通的形式有_____和_____。
7. 金属货币需要量是由_____、_____和_____三个因素决定的。
8. 货币供给指银行体系通过自己的业务活动向社会_____的过程。
9. 影响货币供给的主要因素有_____、_____和_____。
10. 货币失衡的原因主要有_____、_____和_____。
11. 通货膨胀是在纸币流通条件下，在一个较长时期内流通中的_____超过_____所引起的_____和_____的经济现象。
12. 造成通货膨胀的原因主要有_____、_____和_____。
13. 一般认为，通货紧缩是指在一个较长时期内_____持续地下降。
14. 造成通货紧缩的原因有_____、_____、_____、_____和_____。

二、选择题（不定项）

1. 下列关于货币的表述中，正确的有（　　）。
   A. 货币是一般等价物　　　　B. 货币是普通商品
   C. 货币是一种特殊的商品　　D. 货币是商品交换的产物
2. 下列中（　　）是货币的基本职能。
   A. 价值尺度　　　　　　　　B. 支付手段
   C. 流通手段　　　　　　　　D. 贮藏手段
3. 目前信用货币的主要形式有（　　）。
   A. 现金货币　　　　　　　　B. 银行存款
   C. 债券　　　　　　　　　　D. 股票
4. 我国现行的人民币货币制度属于（　　）类型的货币制度。
   A. 银本位制　　　　　　　　B. 金银复本位制
   C. 金本位制　　　　　　　　D. 不兑现的信用货币制度
5. 下列货币收支中，（　　）应当用非现金流通渠道进行。
   A. 财政资金拨缴的收付　　　B. 银行信贷资金的发放与收回
   C. 收购农副产品的支付　　　D. 工资薪酬的支出
6. 下列因素中，（　　）是与货币的需求量成正比的。
   A. 商品数量　　　　　　　　B. 商品价格

C. 货币流通速度 D. 预防动机
E. 交易动机 F. 投机动机

7. 下列因素中，（ ）是决定和影响货币需求的因素。
A. 收入 B. 利率
C. 物价 D. 心理

8. 下列关于通货膨胀的表述中，正确的有（ ）。
A. 通货膨胀是纸币流通条件下的特有经济现象
B. 通货膨胀表现为物价水平全面、持续的上涨
C. 通货膨胀表现为物价水平大幅度上涨，并对经济造成危害
D. 纸币发行是引起通货膨胀的唯一因素

9. 通货膨胀会对（ ）产生影响。
A. 生产 B. 流通
C. 分配 D. 消费

10. 通货紧缩会对经济发展造成损害的有（ ）。
A. 经济衰退 B. 债务人的负担加重
C. 增加消费 D. 刺激投资

三、判断题

1. 货币是固定充当一般等价物的特殊商品。（ ）
2. 从货币发展的历史看，最早的货币形式是铸币。（ ）
3. 纸币是信用货币，不以黄金作为发行准备。（ ）
4. 被称为"第三代货币"的电子货币，是新型的信用货币形式，是高科技的信用货币。（ ）
5. 税务部门向企业征收税款时，货币执行的职能是价值尺度。（ ）
6. 币材是货币制度的首要因素，是确定货币制度性质的基础。（ ）
7. 银本位制是最早的、金属的货币制度之一。以黄金作为货币金属的金币本位制是一种典型的金本位制。（ ）
8. 人民币是信用货币，是无限法偿货币，并且有规定含金量。中国银行是我国唯一发行货币的银行。（ ）
9. 我国现行只有第五套人民币在流通中。（ ）
10. 货币流通是商品流通的基础和前提，没有货币无法实现交换。（ ）
11. 货币流通的主要形式是转账结算。（ ）
12. 在货币供应中中央银行创造存款货币，商业银行供应基础货币。（ ）
13. 在纸币流通时，货币供求失衡，可能导致通货膨胀。（ ）
14. 通货膨胀、通货紧缩就是物价上涨或物价下跌。（ ）
15. 我国货币层次的划分是以资产流动性为依据的，M_0 即现钞是指居民手中的现钞，M_2 的流动性、统计口径大于 M_1。（ ）

四、简答题

1. 货币制度由哪些因素构成？我国实行什么货币制度？其内容包括哪些？
2. 影响货币供给、货币需求的因素有哪些？
3. 简述金属货币流通规律和纸币流通规律。
4. 什么是通货膨胀？其基本特征有哪些？其成因有哪些？其治理措施有哪些？

五、案例分析题

1. 开学啦！在计算机学校上学的小刚打算在新学期购置新计算机，他来到计算机市场，发现国内品牌的笔记本计算机大都在进行降价促销。经过一番挑选，小明决定购买一台内置无线网卡的笔记本计算机。而且经销者还送耳麦、摄像头、鼠标、音箱等配件。小明高兴地选购了自己称心如意的计算机后，走到收银台前，看到有人用现金付款，有人进行刷卡结算；在团购柜台，一位顾客在用支票购买办公用品。

    试分析从顾客购物结算的不同方式中，你发现了什么？

2. 在现实生活中，收到假币是一件难免的事。收到了假币，心情自然会很不高兴。可在郁闷的同时，您会怎么办？是按照规定主动把它交给银行等部门，还是自认倒霉"收藏"起来，把它当作教训提醒自己以后提高警惕，或是找机会"浑水摸鱼"再花出去？亲爱的同学们，请您分析思考：

    （1）如果您收到假币，会怎么处理？

    （2）请谈谈您这一做法的依据是什么？

3. 1945年8月抗日战争结束时，法币的发行额是5 569亿元，比1937年6月的14.1亿元增加了392倍。1945年底，法币发行量已突破1万亿元大关，达10 319亿元，与8月相比，几乎翻了一番；1946年底更增至37 261亿元，比上年底增加了2.6倍；1947年12月高达331 885亿元，在1946年的基础上又增加近8倍；1948年8月21日，竟高达6 636 946亿元之巨，短短的8个月里增加了19倍，"币值已贬到不及它本身纸价及印刷费的价值"。100元法币1937年可以买2头黄牛，到抗日战争结束后的1945年只能买2个鸡蛋，1946年只能买1/6块肥皂，1947年只可买1只煤球，1948年8月19日只能买0.002416两大米（每斤16两），1949年5月只能买1粒米的千分之2.45。请您分析：

    （1）造成这种现象的原因是什么？

    （2）我国当前（以近三年为例）是否存在着通货膨胀或通货紧缩？为什么？

六、技能实训题

1. 个人或分组（建议5人为一组、推选1名组长），通过上网或到图书馆查阅、参观金融陈列展览活动、向金融工作人员询问调查等方式方法，了解我国已经发行的各套人民币及流通情况。

    要求：

    （1）收集现流通中不同面额的人民币（含纸币与硬币），简要写出文字报告材料，并提交图片或照片、实物资料等。

    （2）第五套人民币有哪些防伪标识？

2. 分组进行（建议 5 人为一组、推选 1 名组长），通过走访市区各大菜市场、超市进行实地调查肉、蛋、禽、蔬菜、水果等主要农副产品价格，了解近期菜篮子价格行情。

要求：

（1）统计列出（用图或表）肉、蛋、禽、蔬菜、水果等价格变化情况。

（2）以小组为单位汇报调查结果、进行讨论交流，写一篇调查报告。

项目三
信用与利率

【案例导入】

部分持卡人利用多张信用卡透支套现的方式融资，或以透支套现方式归还债务导致日后无力还款。

原告某银行起诉称，被告尹某于2014年5月28日办理了一张信用卡，后来又在该行办理了3张信用卡，但是尹某多次对透支款项不予偿还，截至2014年7月13日，欠款本息共计6万多元。银行对多张卡片实行归户管理，即对所有欠款在一张卡下进行催收。银行多次向尹某催收未果，起诉要求尹某偿还上述款项及至实际清偿之日止的利息、滞纳金等费用。

被告尹某向法院表示，认可银行起诉的事实，认可欠款金额，其并非恶意透支不还。尹某一个朋友做生意需要大量资金，为了帮助朋友，尹某就办理了多张信用卡供朋友使用。但是后来尹某与朋友失去了联系，此时信用卡发生多笔欠款。尹某无奈只能用一张信用卡支取现金偿还另一张信用卡的欠款。尹某前后以其本人及其女儿的名义在7家银行办理了14张信用卡，但是各张信用卡项下欠款金额越来越多。尹某如今只能优先偿还欠款金额较少的信用卡，由于本案信用卡欠款较大，尹某无力及时偿还。

专家建议，出于降低银行风险的考虑，同一家银行应该避免向同一个人发放多张信用卡，各家银行应该进一步加强信息共享。

资料来源：曾亮亮，张彬. 信用卡不信用的难题有待化解. 经济参考报，2012年7月17日.

思考：1. 信誉与信用是否密切相关？
2. 您是如何理解信用含义和看待尹某的行为的？

【项目目标】

本项目讲述信用、利息、利率和社会征信等，让您知晓信用与社会征信知识、利息与利率及其计算方法

知识目标

熟悉信用的含义、本质、构成要素与特征,理解信用的职能和信用与经济的关系;了解信用的主要形式及特点;理解利息的内涵,熟知利率分类与表示方法,理解利率与经济的关系,掌握利率换算和利息计算方法;了解现代信用体系与社会征信体系

技能目标

学会从不同角度认识与理解信用、利息,掌握单利法、复利法的利息计算和征信查询方法,会初步分析利率与经济的关系

素养目标

培养学生的信用意识、货币时间价值观念,诚实守信、端正品行,珍惜信用记录,树立正确的消费观、理财观与融资观

任务 1 知 晓 信 用

【学习目标】
- □ 熟悉信用的含义、本质、构成要素与特征,理解信用的职能和信用与经济的关系
- □ 学会从不同角度认识信用,能理解信用与经济的关系
- □ 具有信用意识,诚实守信、端正品行

任务导入

这是一个真实的故事:"1596年,荷兰的一位船长带着17名水手被冰封的海面困在了北极圈附近的一个地方。在8个月漫长的冬季里,有8个人相继死去了。但剩下的人却做了一件令人难以想象的事情,他们丝毫未动别人委托给他们运输的货物,这些货物中就有可以挽救他们生命的衣物和药品。冰冻时节结束了,幸存的荷兰人终于把货物几乎完好无损地带回了荷兰,送到委托人手中……他们把信用看得比自己的生命更重要。他们用生命作为代价,守住信用,创造了传之后世的经商法则。"荷兰人用自己的行为为他们的国家赢得了流芳百世的信誉,成为海运贸易的强国,至今仍屹立在世界富裕国家行列。

资料来源:田成杰. 价值中国网,2009年11月13日.

信用在道德层面上的相信、信任、声誉,也即信誉,这与金融中的信用(借贷)也是密切联系的,我们应当全面认识、理解信用。

本任务的学习内容是:信用的含义与要素,信用的特征与职能。

知识准备

货币无所不在，但分布不均，当有人货币闲置选择存入银行以获得利息时，有人却要买房买车而资金不足，想到银行贷款，这就产生了借贷。

一、信用的含义与要素

（一）信用的含义

信用有广义和狭义之分。广义的信用，通常表现为一个社会学范畴，主要是指以诚实守信为基础的践约行为，即"讲信用、守信誉"，是被用来评价人的一个道德标准。狭义的信用，则主要是一个经济学范畴，这里要讲的信用是指狭义的信用。

"信用"是指一种借贷行为，是以偿还和付息为条件的价值运动的特殊形式。就其本质，信用是在经济活动中体现特定经济关系的借贷行为。

（二）信用的产生与发展

信用是商品经济发展的产物，商品经济的产生和发展是信用产生的基础。原始社会末期，生产力的发展以及商品生产和商品交换的发展使原始公社解体，产生了私有制家庭和阶级，出现了贫富的差别。贫困的家庭为了维持生产和生活就得借债，随之产生了信用。那时的信用大多是实物借贷，随着商品货币关系的发展，出现了货币借贷。高利贷是古老的生息资本，它盘剥的对象主要是广大的小生产者。高利贷对社会生产力起破坏作用，它使生产者陷于贫困，无力进行扩大再生产，甚至难以维持简单再生产。

> **相关链接**
>
> 所谓高利贷，是指索取特别高额利息的贷款。它产生于原始社会末期，在奴隶社会和封建社会，它是信用的基本形式。自清光绪初年至1946年，我国境内民间的高利贷有驴打滚、羊羔息、坐地抽一等种类。
>
> 驴打滚：多在放高利贷者和农民之间进行。借贷期限一般为1个月，月息一般为3~5分，到期不还，利息翻番，并将利息计入下月本金。以此类推，本金逐月增加，利息逐月成倍增长，像驴打滚一样。
>
> 羊羔息：即借一还二。如年初借100元，年末还200元。
>
> 坐地抽一：借款期限1个月，利息1分，但借时须将本金扣除1/10。到期按原本金计息。如借10元，实得9元，到期按10元还本付息。
>
> 我国《民法通则》规定，利息高于银行同期贷款利息4倍就属于高利贷。

资本主义制度的货币借贷关系有了新的发展变化，借贷资本取代高利贷资本。随着借贷资本关系的发展，直接货币借贷又逐渐被以银行为中介的借贷关系所代替。随着资本主义社会化大生产的发展，企业生产规模不断扩大，经营的必要资本限额增大，需要集中大量资本才能经营生产，货币借贷关系适应这种要求进一步发展，出现了通过发行股票的方式进行资金筹集的活动。

> **小贴士**
>
> 信用的产生，有两个条件：商品货币经济有了一定的发展以及货币支付手段职能的存在。

（三）信用的构成要素

1. 债权人与债务人

信用关系要确立，至少应有两个当事人：借方的债务人（也称受信方）；贷方的债权人（也称授信方）。授信者是信用的提供者，有权要求债务人到期还本付息；而受信者是信用的接受者，应履行到期还款和付息的义务。可见，由借贷双方形成的债权债务关系是信用关系得以成立的最基本要素。离开了债权债务关系，就无所谓信用。

2. 时间间隔

信用关系不同于一般商品买卖关系。一般商品买卖是一手交钱、一手交货、钱货两清，价值同时相向运动，不存在时间间隔。而信用活动是价值运动的特殊形式，这种特殊性表现在价值在不同时间相向运动，存在时间间隔，即借贷期限。

3. 信用工具

信用工具是债权债务关系的载体，如，各种债券、票据等。早期信用多用口头约定确立债权债务关系，尽管简便、灵活，但口说无凭，容易引起争议。后来就发展为通过书面签约记载双方的债权债务关系，如"借款合同"，是在信用基础上产生的、用来证明债权债务关系、并具有法律效力的书面凭证，这就是信用工具。信用工具不但用来确定信用关系，同时也便于信用关系的转移，在金融市场上融通资金往往是借助信用工具实现的。

4. 利率

信用作为价值运动的特殊形式，其特殊性还表现在借贷期结束后，流回的价值要高于当初流出的价值，这差额部分就是利息。在确定信用关系时一般要同时确定利率。

> **小贴士**
>
> 一般来说，借贷期限越长，利率就越高，利息也就越多。

二、信用的特征与职能及其对经济的影响

（一）信用的特征

1. 信用标的两权分离

债权人掌握所有权，债务人只具有使用权，信用关系存续期间两权是分离的，到信用关系结束时，两权才统一到债权人手中。

2. 以还本付息为条件

信用是有条件的借贷行为，这个条件就是一要偿还本金，二要支付利息。偿本和付息是信用的最基本特征。

3. 以相互信任为基础

诚信是借贷活动的基础，信用是以授信方对受信方偿债能力的信心而成立的，双方相互信任构成信用关系的基础。否则互不信任、不讲信用，信用关系是难以建立的，即使建立也

是不长久的。

4. 以利益最大化为目标

信用关系赖以存在的借贷行为是双方追求收益最大化或成本最小化的结果。债权人是为了获取最大收益，避免资金闲置浪费；债务人考虑资金成本、资金不足造成经营损失，同样追求最大收益。

5. 借贷资本运动形式特殊

借贷资本的运动形式是：G—G′，这种"钱生钱"的过程是一种表面现象；借贷资本从不单独运动，它总是依附于产业资本运动和商业资本运动而运动，它有两重付出和两重回流，运动全过程表现为：

G—G—W…P…W′—G′—G′

（G 表示资本，G′表示增值后的资本，W…P…W′表示生产过程）。

想一想：

1. 您平时借物、借钱，在偿还时付息了吗？这与信用相关吗？
2. 现实中也有无利息的借贷，您是怎么理解的？

（二）信用的职能

1. 配置资源

利用信用形式不改变资金的所有权，只是利用资金使用权和所有权的分离，改变资金的分配和布局，以实现社会资源的重组。

2. 促进投资规模扩大

社会经济的增长，需要不断扩大投资、不断扩大再生产，信用可以将闲置的资金聚集起来，形成一个巨大的投资。

3. 提高消费总效用

有多少收入就安排多少消费，但是收入和消费在时间上往往是不一致的。借助信用关系进行调剂，把现时消费和未来消费相交换，双方的要求都能满足，从而提高了消费总效用。

4. 调节经济生活

信用是调节经济生活的杠杆。通过信贷规模大小，调节货币供给量，使货币供求平衡；通过利率变动和信贷投向变动，调节需求结构，实现结构调整。

（三）信用对经济的影响

现代信用对现代经济发展可以起到促进社会资金合理利用，促进加速资金周转，节省流通费用，促进社会资源的优化配置，促进投资规模扩大，调节国民经济的结构比例，推动经济增长的作用。

但是，如果利用不当，在一定程度上会加深商品经济的各种矛盾，从而给经济和社会发展带来负面影响，增加经济危机的可能。如，增大生产过剩的可能性及程度，资本容易投向利润率高的部门致使经济不平衡，在一定程度上刺激了投机，隐藏甚至爆发信用风险，经济泡沫的生成和破灭等。

> **小贴士**
>
> 次贷危机是指由于美国次级房屋信贷行业违约剧增、信用紧缩问题而于2007年夏季开始引发的国际金融市场上的震荡、恐慌和危机。

任务 2　了解信用形式

【学习目标】

- [ ] 了解信用形式，掌握现代信用主要形式的含义与特点
- [ ] 学会分清各种信用形式，能根据实际情况选用信用形式
- [ ] 具有信用意识，树立正确的融资观与消费观

任务导入

一位中国老太太和一位美国老太太在天堂里相遇了，谈起自己一生中最快乐的事，美国老太太年纪轻轻的时候就贷款买了房，虽然当了一辈子房奴，但是也享用了一辈子自有房；中国老太太节衣缩食，临死的时候终于也买了一套房，可是没住两天就死了。

故事评论："美国人敢花明天的钱，享受一辈子，中国人量入为出，结果一辈子没享受。"那为什么明天的钱能拿来今天用呢？可以借助于什么来实现？

本任务的学习内容是：信用的实现形式、现代信用的形式。

知识准备

一、信用的实现形式

信用形式是信用活动的具体表现形式。历史上，信用有两种实现形式：实物借贷和货币借贷。

最早出现的信用活动是实物借贷，这种方式因其借贷对象的物质特性、规模与范围受到限制，在商品货币关系还不普及、自然经济占主导地位的社会，实物借贷是一种很普遍的借贷方式。随着生产力的发展，产品种类的丰富，实物借贷已不能满足人们的需求。

货币借贷就是贷方把一定金额的货币贷给借方，借方到期用货币归还本金，并用货币支付利息。当资本主义生产关系确立并渗透到城乡经济生活的各个角落、商品货币关系无处不在的时候，货币借贷就取代了实物借贷，成为主要的借贷形式。货币借贷与实物借贷相比，可以更加灵活地适应双方的要求，克服实物借贷条件下对借贷双方所拥有实物的限制，从而扩大借贷的范围和数量。

想一想:
我国目前盛行的民间借贷是实物借贷吗？实物借贷有什么局限性？

二、现代信用的形式

在现代社会发达的市场经济中，出现各种各样的信用形式，其中，银行信用、商业信用是基本的信用形式。

> **案例分析**
>
> 甲公司在 2012 年进行了如下融资活动：以分期付款方式从国内某企业购进 150 万元的原材料；向银行借款 500 万元用于购买机器设备；发行期限为 3 年的公司债券 5 000 万元；以延期付款方式出口货物 2 500 万元而获得本国银行贷款 2 000 万元；向个人集资 1 500 万元；从国外引进生产流水线一套，商定以该设备生产的产品偿还设备价款。
>
> **问题：** 甲公司在上述融资活动中涉及哪些信用形式？
>
> **提示：** 案例中涉及商业信用、银行信用、公司信用、民间信用、国际信用等形式，但每一融资活动并不涉及多种信用形式。

（一）商业信用

企业在经营中经常遇到一些情况，如，A 公司向 B 公司购买一批物资，可一时又无力支付货款，B 公司同意先赊销，约定 A 公司分期付款。这种现象就是一种商业信用，即企业之间相互提供的与商品交易相联系的信用。其具体形式有赊购赊销商品、分期付款、预付货款、委托代销等，归纳起来主要有赊销商品和预付货款两大类，其中，赊销是商业信用的典型形式。

商业信用具有以下特点：

（1）商业信用的主体是工商企业。借贷双方，即债权人和债务人都是企业，反映的是不同的商品生产或流通企业之间因商品交易而引起的债权债务关系。

（2）商业信用主要是以商品形态提供的信用。商业信用是与商品交易直接相关，其资金来源是企业资金循环中的商品资金，是生产经营资金的一部分，而不是从生产过程中游离出来的暂时闲置的货币资金。

（3）商业信用的动态与产业资本的动态相一致。繁荣时期，商业信用会随着生产与流通的发展以及产业资本的扩大而扩张；在危机阶段，又会随着生产与流通的缩减以及产业资本的缩小而萎缩。

（4）商业信用是一种直接信用。资金供求双方直接达成协议，建立信用关系，无须信用中介机构的介入。

商业信用的局限性：商业信用的规模、方向、期限、授信对象是受限制的，具有分散性和不稳定性等缺点。

想一想：

赊销商品、预付货款中的债权债务关系有什么不同？

（二）银行信用

如果上述 B 公司不同意赊销，那么，A 公司该怎么办呢？办法总是有的，大家自然想到向银行申请借款。银行信用是银行及其他金融机构以货币形式提供的信用。它的基本形式是吸收存款和发放贷款。银行信用是在商业信用的基础上产生的一种信用形式，其产生标志着一国信用体系的发展和完善。

银行信用具有以下特点：

（1）银行信用是一种间接信用。银行作为信用中介机构，一方面吸收存款，另一方面发放贷款，在存款人与借款人之间起联系和沟通的作用。

（2）银行信用是以货币形式提供的信用。一方面银行以信用形式集中社会各方的闲置资金，另一方面银行是以货币形态提供的，不受商品流转方向等的限制。

（3）银行信用期限灵活。银行吸收的各项存款由于存取时间不一致、存取交错在一起，形成银行账户上稳定的余额，为银行发放长期贷款提供了资金来源，因而银行可以提供短期、长期信用。

（4）银行信用作用范围大。由于银行实力强，信誉高，安全稳定，克服了商业信用在作用范围上的局限，能与社会各方面发生比较广泛的信用关系。

银行信用是现代经济中占主导地位的信用形式。其主要作用与优势在于：克服了商业信用的局限，扩大了信用的界限；具有广泛的可接受性，成为整个社会的信用中心、其他信用的基础；具有较强的调节经济功能，成为国家调节国民经济的重要手段。

想一想：

商业信用和银行信用有什么区别？

（三）国家信用

国家也要讲信用、也会举债的。不是吗？看看下面一则案例就知道了。

案例启示

我国最早是从清朝末期开始发行国内公债并大量举借丧权辱国的外债。

由中国共产党领导的红色政权在新民主主义时期也曾多次发行公债，如 1932 年江西中央革命根据地曾分 2 期发行总额 180 万元的"革命战争短期公债"。

新中国成立后，我国国债发行可分为三个阶段：第一阶段是新中国刚刚建立的 1950 年，当时为了保证仍在进行的革命战争的供给和恢复国民经济，发行了总价值约为 302 亿元的"人民胜利折实公债"；第二阶段是 1954—1958 年，为了进行社会主义经济建设分 5 次发行了总额为 3 546 亿元的"国家经济建设公债"；第三阶段是 1979 年以后，为了克服财政困难和筹集重点建设资金,我国从 1981 年起重新开始发行国库券与国债,有国库券、国家重点建设债券、财政债券、特种债券、定向债券、保值债券、转换债券等。

启示:一个国家为了克服财政困难和筹集重点建设资金,同样可以举债,包括内债与外债。国债发行中,国家是债务人,购买者是债权人,两者之间的关系是一种借贷关系。国债就属于国家信用范畴。

国家信用有广义与狭义之分。广义上是指以国家为主体的借贷行为,它包括国家以债务人身份的筹资以及国家以债权人身份的投资,前者指发行政府债券,后者指各项财政贷款。在现代社会中,国家信用主要指狭义的国家信用,即指国家以债务人身份向社会筹集资金,它包括国内信用和国外信用,国内信用是主要的。若债权人为国内的企业单位、公民,则为国内信用(国家内债);若债权人是外国政府、企业、公民,则为国外信用(国家外债)。

狭义的国家信用具有以下特点:①债务人是国家,债权人是银行、企业事业单位或个人;②安全性最高、信用风险小,在国外,政府债券有"金边债券"之称;③目的是弥补财政赤字和筹集重点建设资金;④是一种直接信用;⑤是调节经济、实现宏观调控的重要杠杆。

想一想:

国库券与国债是一回事吗?我国现在还发行国库券吗?

(四) 消费信用

如果您月薪 3 000 元,扣除食宿、交通、通信费用,就所剩无几了,想买个代步的轿车似乎不可能。其实,也不会的,消费信用是可以帮您实现这个愿望的。

消费信用是企业、银行或其他金融机构向消费者个人提供的满足其消费需要的信用。其目的就在于解决居民个人支付能力不足的困难,实现提前消费的目的。

1. 消费信用的形式

(1) 分期付款。分期付款是指企业以分期付款的方式向消费者提供价格较高的耐用消费品,如,汽车、房屋等,属于中期信用。采用分期付款方式购买消费品的人,除第一次按规定的比例支付一定的现款外,其余货款按合同分期偿还。

(2) 赊销。工商企业对消费者提供的短期信用,以延期付款方式销售,到期一次付清货款。

想一想:

这里的分期付款、赊销与商业信用有何不同?

(3) 消费贷款。消费贷款是由银行或其他金融机构向购买耐用消费品的个人发放的贷款,再由消费者利用所得贷款购买消费品或支付旅游、教育等劳务费用,分为信用贷款和抵押贷款两种。信用贷款凭着借款人的信誉进行贷款,不必提供抵押品;抵押贷款要求借款人以固定资产、金融资产或其他财产作为贷款抵押。消费贷款一般属于长期信用。

（4）信用卡。信用卡是指具有一定规模的银行或金融公司发行的，可凭此向特定商家购买货物或享受服务，或向特定银行支取一定款项的信用凭证。持有信用卡的消费者可以到特约商业服务部门购物或消费，再由银行同商户和持卡人进行结算，持卡人可以在规定额度内透支。信用卡属于短期信用。

2. 消费信用的特点

（1）消费信用的主要目的是用于生活消费，而不是用于生产经营活动。

（2）消费信用是先消费、后付款，专为个人消费者提供的信用。

（3）消费信用的债务人是消费者个人，债权人是银行或企业。提供分期付款信用的主体是企业；提供消费贷款信用的主体是银行。

（4）消费信用既可以是直接信用，也可以是间接信用。

知识拓展

住房按揭，就是购房者以所购住房做抵押并由其所购买住房的房地产企业提供阶段性担保的个人住房贷款业务。按揭人将房产产权转让按揭受益人作为还款保证，按揭人在偿还贷款后，受益人立即将所涉及的房屋产权转让按揭人，在此过程中按揭人享有房屋使用权。

（五）国际信用

国际信用是不同国家或地区间发生的借贷关系。国际信用是各国利用外资和国外先进技术，加速本国经济、技术发展步伐的有效手段（详见"项目七"）。

（六）租赁信用

租赁信用是以出租物品、收取租金的形式提供的信用。在租赁期间，物品的所有权仍属于出租人，承租人只有使用权。租赁期满，承租人可归还所租物品，也可以作价承购，取得物品的所有权。对于出租人来说，以实物形式提供信用，有利于降低信贷风险；对于承租人来说，可以节省资金的投入，加速设备更新。租赁按其性质可分为金融租赁和经营租赁两大类。

（七）公司信用

公司信用也称企业信用，是指公司或企业以发行债券方式筹集社会资金的一种信用形式。其中，公司以发行债券的方式进行融资，公司是债务人，购买公司债券或企业债券的债权人多为其他企业和居民个人。我国资本市场上股票比例大、债券比例小；而在债券中，政府债券比例大，企业债券比例小。随着我国资本市场的不断完善，公司信用将会有较快的发展。

（八）民间信用

民间信用也称民间金融，是指企业与企业、企业与个人以及个人之间所发生的信用关系。它是适应民间各经济主体之间为解决生产、生活、经营、投资等各方面的资金需求应运而生的一种信用形式，也称为"地下经济"和"影子经济"。

想一想：

民间信用等同于高利贷吗？

民间信用有直接货币借贷、通过中介人进行的货币借贷、以实物作为抵押取得借款的"典当"等形式。民间信用具有生产、生活双重目的性，且期限较短，规模有限，自发性、分散性、风险性较大，利率较高等特点。因此，需要国家银行加以业务引导和监管，趋利避害，防止出现高利贷。

任务 3　掌握利息与利率

【学习目标】

□ 理解利息和利率的内涵，熟知利率分类与表示方法，理解利率与经济关系，掌握利率换算和利息计算方法

□ 学会利息的计算，能应用单利法、复利法进行利息计算

□ 具有货币时间价值意识，树立正确理财观

任务导入

362 年前，白人移民用 24 美元的物品，从印第安人手中买下了相当于现在曼哈顿的那块土地，现在这块地皮值 281 亿美元，与本金差额整整有 11 亿多倍之巨。如果把这 24 美元存进银行，以年息 8 厘（8% 的年息）计算，今天的本息就是 30 万亿美元，可以买下 1 067 个曼哈顿；以年息 6 厘计算，现值为 347 亿美元，可以买下 1.23 个曼哈顿。

利率为什么会这么神奇、能产生这么多的利息？这利息又是从何而来的？我们学习金融就不能不知道，学习利息和利率是不可或缺的。

本任务的学习内容是：利息，利息率，利息的计算，利率与经济。

知识准备

俗话说得好，有借有还，再借不难。可是，天下没有免费的午餐，资金借贷是要有代价的，这就是利息。

一、利息

利息是与信用相伴随的一个经济范畴，利息也称为"利金"或"子金"，是货币所有者因贷出货币而从借款人那里获得的报酬，即高于本金的部分。

利息＝本金×利率

利息，可以从多角度来理解：

从债权人的角度看，是让渡货币使用权的报酬。

从债务人的角度看，它表明利息实际上是租用资金的价格。

从利息的来源看，利息是由劳动者创造的，而不是货币的自行增值。

从市场供求的关系看，利息是借贷资本这一特殊商品的价格。

利息，就其本质，是利润的一部分，是国民收入或增值的部分社会财富根据国家和社会利益进行再分配的一种形式。

想一想：

利息是金融商品的价格，那么利息的多少会受市场影响吗？

二、利息率

（一）利息率及其表达式

利息率，简称利率，是一定时期内利息额同借贷资本额（本金）的比率。它是衡量利息高低的指标，其计算公式为：

利息率＝利息额÷本金

（二）利息率的种类与换算

随着金融活动方式日益多样化，利率的种类也日益繁多。

1. 按照利率不同计息单位的表示方法划分

①年利率是以年为单位计算利息；②月利率是以月为单位计算利息；③日利率是以日为单位计算利息。通常，年利率以本金的百分之几表示，如，5％表示100元本金一年5元利息；月利率按本金的千分之几表示，如，5‰表示1 000元本金一个月5元利息；日利率按本金的万分之几表示。

如，对于同样一笔贷款，可以用月利率6‰表示，也可以用年利率7.2％表示，还可以用日利率2/万表示。其换算方法如下：

年利率→月利率＝7.2％/12＝6‰

月利率→日利率＝6‰/30＝2/万

> **小贴士**
>
> 我国民间对于利率的称谓常常是"厘"，如年利5厘，即年利率5％；若称月利5厘，则指月利率5‰。若年利10％，则称为年利1分，若月利率10‰，则称为月利1分。

2. 按照利率不同决定方式划分

官方利率是一国货币管理部门或中央银行所规定的利率，如中国人民银行制定发布的利率。公定利率是银行同业公会确定的各会员银行必须执行的利率。市场利率是按照价值规律的要求受市场供求关系的影响自由变动的利率。

3. 按照借贷期内利率是否浮动划分

①固定利率是指整个借贷期限内按借贷双方事先约定不变的利率。②浮动利率是指在借贷期限内可随市场利率的变化做定期调整的利率。③固定利率不随资金市场供求状况而变化，一般适用于借贷期限较短或市场利率变化不大的情况。④浮动利率能够灵活反映市场的资金供求情况，但借贷成本的计算、考核相对复杂。⑤目前国际金融市场上占主导地位的是浮动利率，而我国目前以固定利率为主，如定期存款利率就是固定利率，而贷款利率就是浮动利率、每年核定一次。

> **算一算**
>
> 2015年7月10日，小王存入1万元1年期定期储蓄存款，当天存款利率为3.50%，存款到期时1年期定期存款利率为3.25%。问：小王存款到期时可得的利息是多少？

4. 按利率的作用不同划分

基准利率是指在多种利率并存的条件下起决定作用的利率。当它变动时，其他利率也相应发生变化。差别利率是指银行等金融机构对不同部门、不同期限、不同种类、不同用途和不同借贷能力的客户的存、贷款制定不同的利率。

5. 按利率的真实水平划分

名义利率是指借贷合同和有价证券上标明的利率。一般按此利率计收、计付利息。实际利率是指名义利率减去通货膨胀率后的利率。如，名义利率为5%，通货膨胀率为3%，实际利率则为5% − 3% = 2%。

两者比较，呈现三种情况：当名义利率高于通货膨胀率时，实际利率为正利率；当名义利率等于通货膨胀率时，实际利率为零；当名义利率低于通货膨胀率时，实际利率为负利率。

想一想：

你知道最近一次的利率调整吗？利率是由什么机构调整公布的？

三、利息的计算

利息和我们的生活密切相关，存款可以收取利息，贷款需要支付利息，但凡是钱的借贷都涉及利息的计算和支付。

> **算一算**
>
> 某人储蓄存入10 000元，存期2年，月息5厘，到期的利息是多少？

（一）利息计算基本方法

1. 单利法

单利法是指仅以本金为基数计算利息的一种计息方法。不论期限长短，仅按本金计算利息，其所生利息不再加入本金重复计算利息。其计算公式为：

$I = p \cdot r \cdot n$

$S = p + I = p(1 + r \cdot n)$

式中：I 为利息额，p 为本金，r 为利率，n 为期限，S 为本利和。

2. 复利法

复利法就是将上期利息加入本金一并计息的计息方法。俗称"利滚利""驴打滚"。其计算公式为：

$$S = P(1+r)^n$$
$$I = S - P$$

案例分享

某银行向一企业发放贷款100万元，期限3年，年利率为5%，则该企业到期应该向银行支付多少利息？

解：单利法下，$I = 1\,000\,000 \times 5\% \times 3 = 150\,000$（元）

复利法下，$S = 1\,000\,000(1+5\%)^3 = 1\,157\,625$（元）

$I = 1\,157\,625 - 1\,000\,000 = 157\,625$（元）

可以看出，短短3年，用复利计算比单利计算的利息多出了7 625元。

单利计算比较简单，通常用于短期借款和储蓄存款。复利计息较为复杂，通常用于长期贷款。

（二）利息计算应用实务

按照我国《个人所得税法》的规定，储蓄存款利息应缴纳个人所得税，适用税率为20%。1999年11月1日起，对储蓄存款利息所得恢复征收个人所得税以来，各时期执行不同的税率，2008年10月9日以后至今暂免征收个人所得税。

案例分享

1. 某储户于2013年1月18日将1万元现金存入银行，存期1年，年利率3%。问：到期该储户实际可得到的利息是多少？

到期利息 $= 10\,000 \times 3\% \times 1 = 300$（元）

即实际得到的利息为300元。

2. 某储户将1万元现金于2012年3月15日存入银行，存期2年，年利率为3.75%。问：假如该储户于当年6月3日支取，支取日银行挂牌活期储蓄存款利率为0.35%，则储户实际可得到多少利息？

解：按照规定，储蓄存款提前支取的，按支取日银行挂牌的活期存款利率支付利息。因此，该储户提前支取实际得到的利息为：

应得利息 $= 10\,000 \times 80 \times 0.35\% / 360 = 7.78$（元）

> **算一算**
>
> 案例分享中，假如该储户于2014年4月2日支取（逾期支取的，逾期部分按支取日活期储蓄利率的0.35%计算），则储户实际可得多少利息？

四、利率与经济

（一）决定和影响利率的因素

在现实经济生活中市场利率是频繁变动的，决定和影响利率的主要因素有：

1. 平均利润率

利息来源于生产中创造的利润，因此，利率的总水平要适应大多数企业的承受能力，要考虑利率杠杆作用的发挥。利率的高低可以用行业的平均利润率来衡量。如果大多数行业平均利润率上升，全社会的平均利润率也会上升，则利率的总水平应当提高；相反，则降低。一般情况下，利率总是在零和平均利润率之间波动。

2. 借贷资本的供求状况

利率是借贷资本的价格，而价格取决于市场供求。当借贷资本供不应求时，利率会提高；反之，利率就会降低。借贷资本供求状况是影响市场利率变动的直接因素。利率水平高低反映、同时也调节资金供求关系。

3. 物价水平

物价上涨，货币就会贬值。如果存款利率低于物价上涨幅度，就会打击客户存款的积极性，从而造成货币供给的增加。如果贷款利率低于通货膨胀率，则意味着银行贷款的实际收益减少。所以当物价上涨时，应适当提高名义利率。

4. 国家经济政策

利率政策是国家经济政策的一个重要组成部分，应当与其他经济政策配合使用，制定利率必须以国家的经济政策和经济发展战略为重要依据。国家在一定时期制定的经济政策和发展战略，会决定资金的需求和流向。

5. 国际利率水平

在经济日益全球化的时代，国际利率水平及其变动趋势对一国的利率水平具有很强的示范效应，国内利率水平和国际利率水平的波动日益同步。如果国内利率水平高于国际利率水平，国际资本就会大量涌入，使国内资金供应增加，国内利率就会下跌；相反，则会上涨。

此外，借贷期限、风险、金融机构的成本等因素也是确定利率水平的重要依据。一般来讲，期限越长，利率越高；风险越大，利率越高；成本越高，利率越高。反之，则利率越低。

（二）利率在经济中的作用

1. 利率在宏观经济中的作用

（1）影响社会资本供给。借贷资本是构成社会资本供给的重要部分，利率通过影响借贷资本增减变化而影响了社会资本供给。利率提高后，借贷资本收益增加，会吸引更多的储蓄及社会闲置资本，借贷资本来源增加，整个社会资本供给就相应增加；利率降低则会减少借贷资本收益、借贷资本来源、社会资本供给。

（2）影响物价水平。利率对物价的影响是通过影响个人消费和储蓄倾向、企业投资而达到的。利率提高，会减少个人消费，增加储蓄，对消费品需求减少，同时企业由于投资成本增大，也会相应地减少投资，对生产资料需求减少，这样整个社会总需求减少。在总供给不变的条件下，可以起到稳定或降低物价的功效。而降低利率，在总供给不变的条件下，则可扩大总需求，使物价上升。

（3）影响社会投资规模。借贷资本是社会投资的重要资金来源，企业在进行投资时往往需要借入大量资本。利率的高低影响使用借贷资本的成本，利率提高，使用借贷资本的成本就高；反之则低。而借贷资本的使用成本与投资收益呈反方向的变化，即在一定的条件下，利率越高，投资成本越高，投资收益就越小，投资规模必然受到影响。

（4）影响国际收支状况。国际收支不平衡是经常出现的。国际收支失衡不利于国家经济发展，因此，需要进行调节，利息就成为调节手段之一。当国际收支逆差时，可以提高利息水平，这样，一方面可以吸引外国资金流入；另一方面减少国内资金外流，缩小国际收支差额，从而有利于实现国际收支平衡。

（5）利率调节货币流通。当流通中的货币量超过商品流通所决定的货币需要量时，就会引起通货膨胀，国家通过调整利率，扩大吸收存款，控制信贷规模，减少货币供应量，促进总量平衡，利率的高低对货币的供应有直接的影响。

（6）调节宏观经济。国家通过中央银行调整利率，用以刺激或紧缩投资以期达到宏观经济的稳定、协调、健康发展，国家在不同时期制定不同的利息政策，对不同地区、部门规定不同的利率标准，就会对整个国民经济的发展产生影响。

> **小贴士**
> 利率是一个重要的经济杠杆，对经济有着极其重要的调节作用。

2. 利率在微观经济中的作用

（1）激励企业提高资金使用效率。企业使用贷款就要支付利息，利息直接影响企业利润。因此，为了自身利益，企业会千方百计地减少利息支出。为此，企业要减少贷款量，同时尽量缩短贷款使用时间，这就会促使企业加速资金周转，提高资金使用效率。

（2）调节居民消费和储蓄。在社会消费基金总量一定的条件下，居民货币收入中多少用于消费、多少用于储蓄，要受利率高低的一定影响。

（3）引导人们选择金融资产。出于货币增值的需求，人们将货币收入转化为金融资产来保存。现阶段金融资产的主要形式有银行存款单、国库券、股票、债券等。选择什么样的资产投资，在安全性和流动性一定的情况下，各种资产的收益无不与利率有着密切的关系。

想一想：

为什么说利率左右我们的饭碗、股票和房子？

（三）利率市场化改革

利率上述作用的发挥是有条件的，利率的市场化就是一个重要条件。然而，我国过去在相当长的时期内存贷款利率甚至一定几年不变，这种僵化的利率体制，使利率与资金的供求关系脱节，当然难以发挥经济杠杆的作用。因此，利率市场化的改革是金融改革的必经之路。

1. 利率市场化的含义及内容

利率市场化是指利率由市场资金供求状况来决定，由市场来决定资金的价格和资金的流向，中央银行只控制基准利率，通过对基准利率的调节间接影响和引导市场利率。利率市场化至少应包括以下内容：金融交易主体享有利率决定权，利率数量结构、期限结构、风险结构由市场自发选择，中央银行享有间接影响金融资产利率的权利。

2. 我国利率市场化改革的基本思路

按照先外币、后本币，先贷款、后存款，存款先大额长期、后小额短期的基本步骤，逐步建立由市场供求决定金融机构存、贷款利率水平的利率形成机制，中央银行调控和引导市场利率，使市场机制在金融资源配置中发挥主导作用。

3. 我国利率市场化改革的进程

1993年，《关于金融体制改革的决定》提出，中国利率改革的长远目标是：建立以市场资金供求为基础，以中央银行基准利率为调控核心，由市场资金供求决定各种利率水平的市场利率体系的市场利率管理体系。

1996年，我国利率市场化进程正式启动，1月3日全国银行间同业拆借市场成立，这是利率市场化改革的第一步；6月1日人民银行放开了银行间同业拆借利率，被视为利率市场化的突破口。1997年6月，银行间债券回购利率放开。

1998年，人民银行改革了贴现利率生成机制，贴现利率和转贴现利率在再贴现利率的基础上加点生成，在不超过同期贷款利率（含浮动）的前提下由商业银行自定。再贴现利率成为中央银行一项独立的货币政策工具，服务于货币政策需要。8月，国家开发银行在银行间债券市场首次进行了市场化发债。1998—1999年，人民银行连续三次扩大金融机构贷款利率浮动幅度。1999年10月，国债发行也开始采用市场招标形式，从而实现了银行间市场利率、国债和政策性金融债发行利率的市场化。同时进行大额长期存款利率市场化尝试，1999年10月，人民银行批准中资商业银行法人对中资保险（放心保）公司法人试办由双方协商确定利率的大额定期存款（最低起存金额3 000万元，期限在5年以上），进行了存款利率改革的初步尝试。2003年11月，商业银行农村信用社可以开办邮政储蓄协议存款（最低起存金额3 000万元，期限降为3年以上）。

2004年1月1日，人民银行再次扩大金融机构贷款利率浮动区间。商业银行、城市信用社贷款利率浮动区间扩大到[0.9，1.7]，农村信用社贷款利率浮动区间扩大到[0.9，2]，贷款利率浮动区间不再根据企业所有制性质、规模大小分别制定。扩大商业银行自主定价权，提高贷款利率市场化程度，企业贷款利率最高上浮幅度扩大到70%，下浮幅度保持10%不变。10月，贷款上浮取消封顶；下浮的幅度为基准利率的0.9倍，还没有完全放开。与此同时，允许银行的存款利率都可以下浮，下不设底。

扩大商业性个人住房贷款的利率浮动范围。2006年8月，浮动范围扩大至基准利率的0.85倍。2008年5月，汶川特大地震发生后，为支持灾后重建，人民银行于当年10月进一步提升了金融机构住房抵押贷款的自主定价权，将商业性个人住房贷款利率下限扩大到基准利率的0.7倍。2012年6月，中国央行进一步扩大利率浮动区间，存款利率浮动区间的上限调整为基准利率的1.1倍；贷款利率浮动区间的下限调整为基准利率的0.8倍。同年7月，再次将贷款利率浮动区间的下限调整为基准利率的0.7倍。

2013年7月，进一步推进利率市场化改革，自7月20日起全面放开金融机构贷款利率管制。取消金融机构贷款利率0.7倍的下限，由金融机构根据商业原则自主确定贷款利率水平。取消票据贴现利率管制，改变贴现利率在再贴现利率基础上加点确定的方式，由金融机构自主确定。下一步将进一步完善存款利率市场化所需要的各项基础条件，稳妥有序地推进存款利率市场化。

任务 4　了解现代信用体系和社会征信体系

【学习目标】
- □　了解现代信用体系与社会征信体系的内容
- □　认识信用征信系统，学会征信记录的查询
- □　具有诚信意识，恪守信用，珍惜信用记录

任务导入

王小姐由于疏忽，去年有一个月的信用卡少还了几元钱，现在已经出现新办信用卡不能获批的情况。她担心，接下来要买房能否获得银行贷款。王小姐的担心不是多余的。如果信用卡逾期超过期限，哪怕只有几分钱，都会在个人信用记录中有记载。有了不良记录，就要纳入"黑名单"，在规定的期限内自然会影响个人住房按揭或其他贷款。

信用，是一张名片。信用污点会毁掉你的"钱程"。大家对信用体系与社会征信体系应当有较全面的了解。

本任务的学习内容是：现代信用体系，社会征信体系（系统）。

知识准备

一、现代信用体系

现代信用活动的特征表现为：第一，信用关系成为现代经济中最普遍、最基本的经济关系；第二，风险与收益是相互匹配的；第三，信用工具呈现多样化的趋势；第四，现代信用活动越来越依赖于信用中介机构及其服务。

从金融角度来说，信用体系主要由信用制度、信用形式、信用工具、信用机构、信用管理体系等相互联系和影响的各方面组成。

从社会角度来说，社会信用体系是一种由信用立法、管理、惩戒、教育等多个子系统形成的社会机制，旨在建立一种新的市场规则，在全国范围内形成适合信用交易的市场环境。

社会信用体系的主要内容：

（1）信用监管体系。包括法律法规的监管、政府相关部门的监管。

（2）信用投放体系。指公共部门、金融部门、工商企业等实体开展的信用活动。

（3）信用服务体系。这是技术性支持各类授信业务的体系，主要涉及信用信息服务体系和信用保障服务体系。

（4）信用文化与教育。市场经济追求道德、精神和规则。这一切的形成，既需要利益

的平衡，也需要制度的安排，更不能忽视社会道德伦理中信用文化的宣传、引导。

> **小贴士**
>
> 社会信用体系进入良性运行的最基本标志是社会失信惩戒机制的形成。建立社会信用体系的核心任务是建立一个功能完善的征信体系。

二、社会征信体系（系统）

征信，是指对法人或自然人的金融活动及其他信用信息进行系统调查和评估。征信属于信用服务体系，是社会信用体系的一个子系统。信用服务体系主要是为信用监管和信用投放提供资信调查（包括企业征信和个人征信）、资信评估以及商账追收、保险、担保等专业信用风险转移服务。

> **相关链接**
>
> "征信"一词溯源，最早见之《左传》："君子之言，信而有征，故怨远于其身"，大意是君子言而有信，信可验证，因此不会招人怨恨。就词义本身看，"征信"的"征"可理解为"征集"，"信"可理解为"信用"。

征信体系是指采集、加工、分析和对外提供信用信息服务的系列安排，是社会信用体系的一部分。征信体系是现代金融体系运行的基石，有无健全的征信体系是市场经济是否走向成熟的重要标志。

征信体系的主要功能是促进企业和个人积累信用记录，帮助防范信用风险、保持金融稳定、推动金融发展、提升金融竞争力，并以此促进经济健康发展和社会文明、和谐、进步。

想一想：

个人信用记录——您的"经济身份证"

身份证的使用越来越广泛，出行、住宿、办事都需要它为您提供身份证明，帮助您顺利完成各种手续。如果没有身份证的帮助，您会觉得诸事不便、寸步难行。现在，中国人民银行组织建立全国集中统一的个人征信系统已经正式运行，它全面记录个人的信用活动，客观反映个人的信用状况。

在我国，个人征信系统已经覆盖全国，当您去银行申请贷款时，银行的工作人员就会在您的授权下查询您的信用记录。如果记录显示有借款未及时归还、有费用没有按时缴清，您申请新的贷款可能就会有点麻烦，毕竟赖账的人是不受欢迎的。如果信用记录良好，您就能够更顺利地获得贷款，甚至还能获得一些优惠。

"经济身份证"将会更广泛地用于个人经济生活。大家都应该从我做起，按时归还每一笔贷款，缴清每一笔费用，一点一滴地为自己积累信用财富。

思考：信用是否有风险？个人信用状况是否与信用风险相关？

信用征信主要包括两大系统：一是企业征信系统，即以企业、公司为主体的法人组织的信用征信；二是个人征信系统，即与公民个人经济和社会活动相关的信用征信。

社会征信体系的内容主要包括：

（1）信用档案系统。信用档案是指管理机关、信用主体在信用活动中形成的，能够证明一个主体信用的原始记录。信用档案系统是征信制度的基础，信用档案是证明信用的依据和信用评价的有效资源，是管理机关、信用主体全部档案的重要组成部分。

（2）信用调查系统。信用调查是了解征信档案的事实真相，包括个人信用调查和企业信用调查。个人信用调查是对被调查人的身份、婚姻状况、职业和收入状况、房产状况等进行调查了解，它为客户合理选择授信对象、防范信用风险提供重要依据。企业信用调查是指接受客户的委托，调查了解交易对象股权结构、主要产品或服务、交易结算方式、商业及银行信用、财务状况及偿债意愿等情况，为客户合理选择合作伙伴，了解交易对象整体信用情况提供重要参考依据。

（3）信用评估系统。信用评估也称信用评级，是指对企业、金融机构、社会组织和个人履行各类经济承诺的能力及可信程度的评价，主要是偿还债务的能力及其可偿债程度的综合评价。评估结果通常用特定的等级符号来表示，如，AAA、AA、A、BBB、BB……（等级依次降低）。

（4）信用查询系统。信用查询系统是在社会征信系统数据库建立起来后，可供查询信用状况的系统。可采用无偿自助、有偿档案方式进行查询。

（5）失信公示系统。失信公示系统是征信机构依法及时、客观地将有不良信用记录的个人和企业的名单以及对其的处罚意见在某一范围内进行公布，让失信记录在特定范围内有效传播，以警示与其有联系的机构、企业或个人的系统。失信公示是一种失信约束惩罚机制。不良信息的保存期限为 5 年，超过了 5 年，应予以删除。

> **小贴士**
>
> 中国人民银行征信体系已经成为我国信用体系建设的坚强基石。2003 年，人民银行征信管理局正式成立，标志着我国征信事业步入了高速发展的轨道。2006 年，企业及个人两大征信系统完成初步建设，并在全国联网运行，从此，全国集中统一的信贷征信系统已基本建立。2008 年，人民银行开始进一步探索实现我国社会信用体系的建设途径。根据《征信业管理条例》的规定，中国人民银行征信中心自 2014 年 6 月 3 日开始对个人查询本人信用报告实施收费，个人每年查询 3 次及以上的，每次收取服务费 25 元，个人查询本人信用报告每年前 2 次免费。

项目小结

（1）经济学中的"信用"是指一种借贷行为，是以偿还和付息为条件的价值运动的特殊形式。就其本质，信用是在经济活动中体现特定经济关系的借贷行为。信用是由债权人与债务人、时间间隔、利率和信用工具等要素构成的，信用标的两权分离、以还本付息为条件、以相互信任为基础、以利益最大化为目标、借贷资本运动形式特殊是其特征，具有配置资源、促进投资规模扩大、提高消费总效用和调节经济生活的功能。

（2）最早出现的信用活动是实物借贷。现代信用主要有商业信用、银行信用、国家信用、消费信用、租赁信用、国际信用、公司信用、民间信用等形式，银行信用、商业信用是基本的信用形式。

（3）利息是货币所有者因贷出货币而从借款人那里获得的报酬，即高于本金的部分。利率是一定时期内利息额同借贷资本额（本金）的比率，有不同的种类与表达方式。利息计算有单利法和复利法。决定和影响利率变动的因素是多方面的。利率是衡量利息高低的指标，在经济中发挥着重要的作用。利率市场化的改革是金融改革的必经之路。

（4）从金融角度来说，信用体系主要由信用制度、信用形式、信用工具、信用机构、信用管理体系等组成。从社会角度来说，社会信用体系包括信用监管体系、信用投放体系、信用服务体系、信用文化与教育等主要内容。征信属于信用服务体系，是社会信用体系的一个子系统。征信体系是指采集、加工、分析和对外提供信用信息服务的系列安排，是社会信用体系的一部分。信用征信主要包括企业征信系统、个人征信系统两大系统，社会征信体系的内容主要包括信用档案系统、信用调查系统、信用评估系统、信用查询系统、失信公示系统等。

练习与实训

一、填空题

1. 信用是_____发展的产物，_____是借贷活动的基础。信用的构成要素有_____、_____、_____和_____。
2. 信用有_____、_____两种实现形式，信用的最基本特征是_____。
3. 利率是一定时期内利息额同_____的比率。计息的基本方法有_____、_____。
4. 社会信用体系包括_____、_____、_____、信用文化与教育等主要内容。
5. 征信属于_____体系，是_____体系的一个子系统，信用征信主要包括_____和_____两大系统，社会征信体系的内容包括信用的_____、_____、_____、_____系统和_____系统。

二、选择题（不定项）

1. 下列关于信用的表述中，正确的有（　　）。
   A. 信用以偿还、付息为条件　　B. 信用是商品经济发展的产物
   C. 信用是一种债权、债务关系　　D. 信用是价值运动的特殊形式
2. 下列关于利息的表述中，正确的有（　　）。
   A. 利息是利润的一部分　　B. 利息是财富的分配形式
   C. 利息是金融商品的买卖价格　　D. 利息是货币的自行增值

3. 以下信用中，（　　）是含有直接信用的。
   A. 商业信用　　　　　　　　　　B. 银行信用
   C. 国家信用　　　　　　　　　　D. 消费信用
4. 利率水平与（　　）因素呈正比例关系。
   A. 平均利润率　　　　　　　　　B. 借贷期限
   C. 风险程度　　　　　　　　　　D. 资金成本
5. 从金融角度来说，信用体系由（　　）组成。
   A. 信用制度　　　　　　　　　　B. 信用形式与工具
   C. 信用机构　　　　　　　　　　D. 信用管理体系

三、判断题

1. 信用的本质是在经济活动中体现特定经济关系的借贷行为。信用关系是一种债权和债务关系，涉及债权人和债务人双方。（　　）
2. 商业信用、民间信用是信用的基本形式，银行信用是一种直接信用，消费信用中，提供分期付款、消费贷款信用的主体是银行。（　　）
3. 商业信用是一种间接信用，最典型的做法是企业之间的货币借贷。商业信用具有局限性、分散性和稳定性，在现代经济中占主导地位。（　　）
4. 国家信用是直接信用、国内信用，国家只以债务人身份出现，所以安全性、信用风险小。（　　）
5. 消费信用的主要目的是用于生活消费，其债权人是银行或企业；个人购买房屋、汽车向银行申请贷款，涉及银行信用、消费信用两种形式。（　　）
6. 国际信用只能是以货币形式借贷的。（　　）
7. 民间信用具有生产、生活双重目的性、自发性和分散性，风险性较大，利率较高等特点。因此，它是一种高利贷。（　　）
8. 在我国，一般采用的利率是年利率，基本单位为"厘"，银行存款利率一般实行浮动利率。利率一般是在 0 和 1 之间波动。（　　）
9. 利息，是让渡货币使用权的报酬，来源于劳动者所创造的全部利润；在本金、期限确定的条件下，利息的多少一般取决于计息方法。（　　）
10. 一般来讲，借贷的期限越长，风险越大，利率就应当越高。（　　）
11. 所谓利率市场化，是指利率由市场资金供求状况决定，基准利率由商业银行控制。我国利率市场化改革是按照先本币、后外币，先贷款、后存款，存款先大额长期、后小额短期的基本步骤。（　　）
12. 信用活动中，货币主要执行流通手段职能。（　　）
13. 我国的征信系统由中国银行建立，信用状况只供银行掌握，个人无法查询，个人的不良信用记录是无法删除的。（　　）
14. 银行挂牌公布的利率是名义利率；当名义利率高于通货膨胀率时，实际利率为正利率。（　　）
15. 建立社会信用体系的核心任务是建立一个功能完善的征信体系。征信体系是现代金融体系运行的基石，有无健全的征信体系是市场经济是否走向成熟的重要标志。（　　）

四、简答题

1. 信用有何特征和职能？
2. 比较商业信用、银行信用的异同点。
3. 决定和影响利率变动有哪些因素？
4. 利率在经济中有何作用？

五、计算题

1. 某储户存入两年期定期储蓄 10 000 元，月利率 4‰，用单利法计算到期时银行应付多少利息？
2. 小王去年 1 月 5 日存入 1 年期定期储蓄 5 000 元，存款利率为 2.25%，于今年 2 月 15 日才支取，支取日银行活期储蓄利率为 0.36%，则银行应付多少利息？
3. 某企业债券以复利计算，年息 5%，两年还本付息，小张购入 10 000 元债券，问两年后可得多少利息？

六、案例分析题

赵某缺少资金，向王某借款 50 万元，双方约定按月利率 3% 计息，借款期限 1 年。王某如约提供借款，赵某向王某出具了借据。借款期满后，王某多次催收，赵某以各种理由不予偿还。为此，王某将赵某告到法院，王某诉请赵某归还借款 50 万元，并按月利率 3% 计付利息直至归还之日。赵某辩称约定利息太高，请求法院降低。

1. 利率有哪几种表示方法？月利率 3%，高不高？
2. 试分析一下，法院应当如何正确判决？

七、技能实训题

1. 通过金融（银行）网站资料查阅，或通过向商业银行机构调查咨询，了解我国近 5 年来利率的调整变化情况和利率浮动调整情况。

要求：

（1）用表格列出各次央行存贷款基准利率的调整情况。
（2）用表格列出所调查商业银行的存贷款利率浮动调整情况。

2. 个人或分组（建议 5 人为一组、推选 1 名组长），通过走访金融机构、企业及居民家庭，了解他们在融资上的困难以及解决困难的方法。

要求：人人参与调查活动，最后以个人或小组（组员向小组汇报、交流、讨论）的名义写一篇关于"××××融资中存在的困难及解决对策"调查报告。

项目四
金融机构

【案例导入】

　　1998年4月6日,美国花旗银行的母公司花旗公司和旅行者集团宣布合并,这一消息给国际金融界带来了极大的震动。这次合并之所以引人注目,不仅仅是因为其涉及1 400亿美元的资产而成为当时全球最大的一次合并,更重要的在于,合并后的实体将成为集商业银行、投资银行和保险业务于一身的金融大超市,从而使"金融一条龙服务"的梦想成为现实。

　　花旗公司原为全美第一大银行,1996年美国化学银行和大通曼哈顿银行合并后,屈居次席。旅行者集团是一家总部设在纽约的老字号保险金融服务公司,是道·琼斯30种工业股票中的一员,早期以经营保险业为主,在收购美邦经纪公司后,其经营范围扩大到投资金融服务领域。1997年底花旗公司又以90多亿美元的价格兼并了所罗门兄弟公司,成立了所罗门美邦投资公司。该公司已居美国投资银行的第二位。至此,旅行者的业务已包括投资服务、客户金融服务、商业信贷以及财产及人寿保险业四大范围。

　　合并后的新公司将命名为"花旗集团"。花旗集团1997年的资产为7 000亿美元,流通股市值超过440亿美元,以市值而言,是全球最大的金融服务公司。新组成的花旗集团将集中于传统的商业银行业务、消费者信贷、信用卡业务、投资银行业务、证券经营业务、资产管理业务及财产保险和人寿保险等业务,成为一家经营全球多元化消费者金融服务的公司,一家杰出的银行,一家全球性资产管理公司,一家全球性投资银行及证券交易公司,一家具有广泛经营能力的保险公司。

　　花旗公司和旅行者集团合并的消息在世界金融界引起了巨大的震动。欧洲、日本对此极为不安,欧洲舆论呼吁欧洲金融界尽快采取类似的兼并行动以防止美国金融界独霸全球;日本认为,花旗集团的出现使日本中小银行面临更为严峻的生存压力,同时,也将冲击亚洲金融界。可以预料,花旗集团的出现将在美国乃至世界的银行与金融服务公司之间引起新一轮兼并和合并浪潮,从而形成更多业务广泛的金融集团公司。

　　资料来源:百度文库. 花旗银行兼并旅行者公司.

　　思考:1. 金融机构体系是如何构成的?有何功能?
　　　　2. 您知道我国金融机构体系是如何构成的吗?

【项目目标】

本项目讲述各类金融机构，让您熟知金融机构体系组成、区分各类金融机构

知识目标

了解金融体系的构成与功能，掌握金融机构体系的构成与职能，了解商业银行的产生与发展；了解银行与非银行的金融机构种类和中央银行的产生与发展，掌握中央银行和商业银行的性质与职能；掌握我国金融机构体系

技能目标

学会简要说明金融机构的产生与发展、比较银行金融机构和非银行金融机构的构成与异同，并熟知金融机构的业务范围

素养目标

培养学生沟通的意识、交往的能力，热爱金融岗位工作

任务1　知晓金融机构

【学习目标】

☐ 了解金融体系的构成与功能，掌握金融机构体系的构成、性质与职能，了解商业银行的产生与发展

☐ 学会简要说明金融机构的产生与发展，能比较国家与国际金融机构体系

☐ 具有沟通的意识、识别金融机构类型的能力

任务导入

有人说，现在城市里面的金融机构多如牛毛，不少城市都有了金融一条街。每当我们走在城市中心，都能看到银行、证券公司、保险公司、投资代理等机构；打开自己的钱包，除了钱，还有银行卡；上网就能看到股市消息和推销理财产品的广告；金融机构的影响力无处不在！

金融机构是金融运行的条件之一，专门从事各种金融活动，提供资金、管理资金。不管你是一名财会人员，还是一个普通百姓，都可能遇到办理开户与销户、结算与汇款、存款与贷款、代发工资与代扣水电费，以及炒股、炒汇与炒金，买基金、买国债与买保险……然而，不同性质的金融机构所提供的金融服务是迥然不同的，所以分清金融机构的功能和服务内容的差异，比其他任何金融理论都更为重要。要与金融机构打交道，就必须先知晓各种金融机构。

本任务的学习内容是：金融体系，金融机构体系。

知识准备

人们一谈到金融机构，就想到银行。没错，银行是金融机构；但金融机构不只是银行。我们先从金融体系说起吧。

一、金融体系

一般来说，金融体系是资金流动的工具（金融资产）、市场参与者和交易方式等各要素的构成体，是一个经济体中资金流动的基本框架。金融体系包括金融调控、金融机构、金融监管、金融市场和金融环境等方面。

尽管各国金融体系的构成模式不同，但任务都是聚集与分配资金，完成资金在盈余和需求单位间的流动，以合理配置和有效利用社会资源。

金融体系具有清算和支付、融资和股权细化、资源配置、风险管理、信息传递和激励的基本功能。

知识拓展

金融体系的主要模式

1. 以德国为代表的模式，即几家大银行起支配作用，而金融市场不是很重要。
2. 以美国为代表的模式，其金融市场作用很大，而银行的集中程度则很小。
3. 介于前述两个极端模式之间的模式。

二、金融机构体系

（一）金融机构的产生与发展

金融中介机构存在的必要性在于调节信用数额与期限、降低交易费用与信用风险、使资金融通变得更容易实现。

银行是充当信用中介的、典型的金融机构，也是最早产生的金融机构，就以它为代表来说金融机构的产生和发展吧。

相关链接

"银行"一词的来历

银行一词，源于意大利语 Banca 或 Banko，意为"长板凳""坐长凳的人"，说明最初的银行业务非常简单，设备非常简陋，坐在长凳上即可进行交易活动。英语转变为 Bank，意为存钱的柜子。在我国，"银行"之称与经济发展的历史相关。白银一直是我国主要币材之一，"银"代表的就是货币，而"行"则是对大商业机构的称谓，因而把办理与银钱有关的大金融机构称为银行。

最早的信用中介组织是货币兑换业，最早的银行是由铸币兑换业演变而来的。货币产生以后，交换中出现了货币兑换问题，就产生了货币兑换业；后来，货币兑换商代管货币，受托办理收付结算等业务，就演变成了货币经营业——早期银行的前身；货币经营业的广泛发展，聚集了大量货币，就开始放贷、收息，当信用业务成为主要业务时，货币经营业就演变成早期的银行。

货币兑换业 → 货币经营业 → 早期银行 → 现代银行

近代银行是在中世纪的意大利首先产生的，以"银行"为名和较典型银行意义的是1580年建立的威尼斯银行。早期银行具有高利贷性质，不是现代银行。

现代银行业从西方兴起，1694年成立的英格兰银行是世界上第一个资本主义股份制银行，它最初的贷款建立在真正的商业行为之上，且以商业票据为凭证，具有自偿性，因为这种商业性贷款成为资本主义银行的主要业务，所以称为商业银行。随后，银行逐步成为多功能、综合性的"金融百货公司"。在现代，银行是依法成立的经营货币信用业务的金融机构。

在发展过程中，逐渐形成了各类银行，其他各类金融机构也相继出现和发展，还成立专门从事监管金融活动的机构，进而形成以商业银行为主体的现代金融机构体系。

> **小贴士**
>
> 商业银行的产生途径：一是旧式的高利贷银行转变而来；二是以股份公司的形式组建起来；三是由国家作为主要出资者组建。

（二）金融机构的性质与职能

1. 金融机构的概念

金融机构是从事货币与信用业务的中介组织。狭义上指的是金融中介机构，银行最为典型；广义上是指所有从事金融活动的机构，包括银行、证券、保险、信托、金融租赁等直接、间接金融机构。

直接金融机构和间接金融机构的区别：直接金融机构是为投资、融资双方牵线搭桥、促成交易的金融机构，并非主要在它们双方之间从事资产负债的业务经营活动，如，证券公司、证券经纪人以及证券交易所等。间接金融机构是作为资金余缺双方进行金融交易的媒介，通过各种负债业务活动聚集资金，然后再通过资产业务活动分配这些资金，如商业银行。介入信用交易双方后，是否在它们之间主要从事资产负债业务、形成双重的债权债务关系，是两者最根本的区别。

想一想：

您毕业后，如果在创业中需要进行融资，会向哪些金融机构办理？

2. 金融机构的性质

金融机构，其性质是以追求利润为目标、以货币资金为经营对象的特殊企业。但是中央银行和金融监管机构较特殊，是非经营性的、不以营利为目的的金融机构。

金融机构不同于一般机构，有自己的特点：首先，金融机构是企业，它要依法经营、承担风险并自负盈亏；其次，金融机构是特殊的企业，其经营对象、内容、关系不一般；再次，金融机构是高风险的企业，其经营中强调安全性、流动性、营利性的相互统一。

3. 金融机构的职能

金融机构具有能提供支付结算服务、促进资金融通、降低交易成本、提供金融便利服务、改善信息不对称、进行风险控制、转移与管理等职能。

知识拓展

提供金融便利服务是金融机构为各融资部门提供专业性辅助与支持性服务,主要表现为理财服务、融资代理等。

风险控制、转移与管理是金融机构通过各种业务、工具、技术、管理等为投资者分散、转移、控制、减轻风险。

4. 金融机构经营的特殊性

(1) 经营对象与经营内容特殊。金融机构是以货币资金为经营对象,经营内容是货币收付、借贷以及与之相联系的金融业务,处于货币信用领域。

(2) 经营关系与经营原则特殊。金融机构与客户之间主要是货币资金的借贷与投资或受托代理关系,经营原则是安全性、流动性、营利性的相互统一,安全性是首要的。

(3) 经营风险及影响程度特殊。金融机构的地位特殊,面临来自各方面的一系列风险,其风险所带来的后果往往超过对自身的影响,对整个经济社会的影响和冲击是巨大而广泛的。

想一想:

现代企业有什么基本特征?经营性金融机构是否应当具备这些特征?

(三) 金融机构体系的含义、分类和一般构成

金融机构体系是一个由经营和管理金融业务的各类金融机构按照一定结构形成的整体及其内部相互关系的总称。它包含两层含义:一是指金融业的内部结构及其总体规模;二是指各金融机构之间的内在联系。金融体系与金融机构体系是整体与部分的关系。

现代金融机构体系划分如表 4-1 所示。

表 4-1　　　　　　　　　　　金融机构体系分类

依　据	分　类
活动领域	直接金融机构,间接金融机构
职能作用	中央银行(含专设的金融监管机构),一般金融机构
业务特征	银行金融机构,非银行金融机构
职能作用	融资类、投资类、保险类、信息咨询服务类等金融机构
资金来源	存款类中介机构,契约性储蓄机构,投资性中介机构
业务地域	国际性、全国性和地方性的金融机构
资本来源	股份制、独资、合资的金融机构

当今世界各国金融机构体系一般构成是:以中央银行为核心、商业银行(存款货币银行)为主体,专业(或政策性)银行和非银行金融机构并存的金融机构体系。其中,中央银行起核心作用,商业银行(存款货币银行)起主导作用,专业(或政策性)银行起补充作用,非银行金融机构起重要辅助作用并有向主体地位转化之势。

> **知识拓展**
>
> 世界各国金融机构体系模式有三种：以中央银行为核心的金融机构体系，没有中央银行的金融机构体系，高度集中的金融机构体系。

（四）国家金融机构体系

国家金融机构体系是指在一个主权国家里存在的各种金融机构及其彼此间形成的关系。一般由以下三大类金融机构构成。

1. 管理性金融机构

管理性金融机构是一个国家或地区具有金融管理、监督职能的机构，主要有三类：一是负责制定和实施货币政策的中央银行或金融管理局，在金融监管组织机构中居于核心地位；二是按分业设立的监管机构；三是金融同业自律组织。

2. 商业经营性金融机构

商业经营性金融机构是以经营工商业存放款、证券交易与发行、资金管理等一种或多种业务，以利润为主要经营目标的金融企业，如，商业银行、商业性保险公司、投资银行、信托公司、租赁公司、投资基金等。这类机构中，银行为数众多，商业银行仍是重要的金融机构，居于主体地位。

3. 政策性金融机构

政策性金融机构是那些专门配合宏观经济调控，根据政策要求从事各种政策性金融活动的金融机构，如，金融资产管理公司、存款保险公司、进出口银行等。这类金融机构的建立旨在支持政府发展经济，促进社会全面进步。

（五）国际金融机构体系

国际金融机构又称为国际金融组织，是从事国际金融经营和管理等业务活动的具有超国家性质的组织机构，是国际货币体系的组成部分。

国际金融机构，广义上包括政府间国际金融机构、跨国银行、多国银行集团等；狭义上指各国政府或联合国建立的国际金融机构组织。

> **案例启示**
>
> 第一次世界大战后，关于德国战争赔款事宜原来是由一个特殊的赔款委员会执行的，后来协约国决定建立国际清算银行取代原来的赔款委员会，执行对德赔款的分配和监督德国财政。国际清算银行最初创办的目的是处理第一次世界大战后德国的赔偿支付及其有关的清算等业务问题，成为世界上成立最早的国际性金融组织。
>
> 真正意义上的国际金融机构是在第二次世界大战后逐渐建立的。1944年7月，44个同盟国家在美国新罕布什尔州布雷顿森林召开的联合国货币金融会议，确立了战后的国际货币制度，即布雷顿森林货币体系，并根据会议协议条款成立了国际货币基金组织（IMF）、世界银行等，作为实施这一国际货币体系的组织机构。根据布雷顿森林会议的决议，国际清算银行的使命已经完成，应当解散，但美国仍把它保留下来，作为国际货币基金组织和世界银行的附属机构。此后，又建立起一系列新的国际金融机构。

启示：各国都有自己的金融机构来处理国内的相关金融事务。一旦超出国界，那么国际间的清算事务、贷款办理或代理业务、汇率政策监督、经济金融形势磋商和协调等，就要有一个专门机构来办理。

1. 全球性国际金融机构

（1）国际清算银行（BIS）——央行的央行。国际清算银行是英、法、德、意、比、日等国的中央银行与代表美国银行界利益的摩根银行、纽约和芝加哥的花旗银行组成的银团，根据海牙国际协定于1930年5月共同组建，总部设在瑞士巴塞尔。国际清算银行不是政府间的金融决策机构，亦非发展援助机构，当时实际上是西方中央银行的银行，是一家办理中央银行业务的机构。国际清算银行的宗旨是促进各国中央银行之间的合作，为国际金融运作提供额外负担外的便利，并作为国际清算的受让人或代理人；服务对象是各国中央银行、国际组织，不办理私人业务；资金来源是成员国缴纳的股金、借款、吸收存款；主要业务是处理国际清算事务、办理或代理有关银行业务、定期举办中央银行行长会议。中国于1984年与国际清算银行建立了业务联系，1996年9月，中国、中国香港为该行的新成员，中国人民银行于1996年11月正式加入国际清算银行。

（2）国际货币基金组织——大名鼎鼎的IMF。国际货币基金组织是协调国际间的货币政策和金融关系，加强国际货币合作建立的政府间的金融机构，是联合国的一个专门机构。

> **小贴士**
>
> 国际货币基金组织（IMF），1945年12月27日正式成立，1947年3月1日开始办理业务，同年11月15日成为联合国的一个专门机构，总部设在华盛顿。建立之初参与的成员国为39个，中国是该组织的创始国之一，1980年4月17日，该组织正式恢复中国的合法席位。1991年，该组织在北京设立常驻代表处。2010年，中国成为第三大股东，仅次于美国、日本。

IMF的宗旨是通过设置这一常设机构就国际货币问题进行磋商与协作，从而促进国际货币领域的合作；促进国际贸易的拓展以及平衡发展，从而帮助提高与保持高水平的就业和实际收入；协助各成员国开发生产性资源，并以这些作为各国经济政策的首要目标；促进汇率的稳定，保持成员国之间有秩序的汇兑安排，避免竞争性通货贬值；协助在成员国之间建立经常性交易的多边支付体系，取消阻碍国际贸易发展的外汇限制；在具有充分保障的前提下，向成员国提供暂时性融通资金，以增强其信心，使其有机会在无须采取有损本国和国际繁荣的措施的情况下，纠正国际收支失衡；根据上述宗旨，缩短成员国国际收支失衡的时间，减轻其失衡的程度。该组织的资金来源于各会员国认缴的基金份额、向会员国借款和出售黄金（建立信托基金）。成员享有提款权，即按所缴份额的一定比例借用外汇。1969年该组织又创设"特别提款权"的货币（记账）单位，作为国际流通手段的一个补充，以缓解某些成员的国际收入逆差。成员有义务提供经济资料，并在外汇政策和管理方面接受该组织的监督。主要业务活动除了对会员国的汇率政策监督，与会员国就经济、金融形势进行磋商和协调外，则是向会员国提供借款和各种培训、咨询服务。

> **知识拓展**
>
> 特别提款权（SDR），是国际货币基金组织创设的一种储备资产和记账单位，亦称"纸黄金（Paper Gold）"。它是基金组织分配给会员国的一种使用资金的权利。会员国在发生国际收支逆差时，可用它向基金组织指定的其他会员国换取外汇，以偿付国际收支逆差或偿还基金组织的贷款，还可与黄金、自由兑换货币一样充当国际储备。但由于只是一种记账单位，不是真正货币，不能直接用于贸易或非贸易的支付，使用时必须先换成其他货币，其定值是和"一篮子"货币挂钩，市值不固定。因为它是国际货币基金组织原有的普通提款权以外的一种补充，所以称为特别提款权。

（3）世界银行——特殊的银行。世界银行集团（WBG），由国际复兴开发银行（IBRD）及其下属的两个主要金融机构——国际开发协会（IDA）、国际金融公司（IFC），两个附属的非金融机构——解决投资争议国际中心（ICSID）和多边投资担保机构（MIGA）共同组成。国际复兴开发银行（IBRD）统称为世界银行（World Bank），简称"世行"，是与IMF同时成立的联合国专门金融机构，是世界上最大的政府间金融机构之一。世行的宗旨概括起来就是担保或供给会员国长期贷款，以促进会员国资源的开发和国民经济的发展，促进国际贸易长期均衡的增长及国际收支平衡的维持。世行的资金来源：各成员国缴纳的股金、向国际金融市场发行债券借款、债权转让和收取贷款利息（利润收入）。主要业务活动是对会员国经济重建或经济开发提供中长期贷款，对成员国政府或经政府担保的私人企业提供贷款和技术援助，资助他们兴建某些建设周期长、利润率偏低，但又为该国经济和社会发展所必需的建设项目。

> **小贴士**
>
> 国际复兴开发银行（IBRD），1945年12月27日正式成立，同年6月25日开始营业，自1947年11月5日起成为联合国专门机构之一。总部设在美国华盛顿，并在巴黎、纽约、伦敦、东京、日内瓦等地设有办事处，此外，还在20多个发展中成员国设立了办事处。建立之初只有39个会员国，中国是创始国之一，于1980年5月恢复了在世界银行的合法席位。自1981年起中国开始借用该行资金。中国现成为其第三大股东。

2. 区域性国际金融机构

区域性国际金融机构包括两种：一种是成员国主要在区内，但也有区域外的国家参加的洲际性国际金融机构，如，亚洲开发银行、泛美开发银行、非洲开发银行等；另一种是完全由地区内的国家组成，是真正的区域性国际金融机构，如欧洲中央银行等。

（1）亚洲开发银行（ADB），简称"亚行"，是亚洲、太平洋地区的区域性政府间国际金融机构。它是仅次于"世行"的第二大开发性国际金融组织，是亚太地区最大的政府间金融机构。它不是联合国下属机构，但它是联合国亚洲及太平洋经济社会委员会（简称联合国亚太经社会）赞助建立的机构，同联合国及其区域和专门机构有密切的联系。"亚行"的宗旨是向其会员国或地区成员提供贷款和技术援助，帮助协调会员国或地区成员在经济、贸易和发展方面的政策，同联合国及其专门机构进行合作，以促进亚太地区的经济发展。亚行对发展中成员的援助形式主要是贷款（普通贷款和特别基金贷款）、股本投资、技术援助、联合融资。

> **小贴士**
>
> 亚洲开发银行于1966年11月在东京宣告正式成立，同年12月19日正式营业，总部设在马尼拉。有来自亚洲和太平洋地区的区域成员和来自欧洲和北美洲的非区域成员。1986年3月10日，中国正式成为亚行成员，中国台湾以"中国台北"名义继续保留席位。中国是亚行第三大认股国和最大的发展中国家认股国。

（2）非洲开发银行（AFDB），简称"非行"，是在联合国非洲经济委员会的赞助下，非洲国家政府合办的互助性国际金融机构，是地区性、多边开发银行。我国于1985年5月10日加入成为正式成员国。

（3）西非开发银行（WADB）。该银行于1973年11月14日成立，1994年10月，西非货币联盟被西非经济货币联盟所替代，该行也随之成为西非经济货币联盟下属次区域政府间开发金融机构，专门负责本地区发展性融资。该行是一个带有国际性质的公共机构。2004年11月29日，中国签署加入协议正式加入该行，成为股东。

（4）欧洲中央银行（ECB），是世界上第一个管理超国家货币的中央银行。独立性是它的一个显著特点，它不接受欧盟领导机构的指令，不受各国政府的监督。欧洲中央银行与各成员国央行组成了欧洲中央银行体系，其主要职责是发行欧元，制定执行统一的货币政策和汇率政策，对成员国金融体系的管理提出意见。

相关链接

金砖国家成立金砖开发银行

2014年7月15日，金砖国家（巴西、俄罗斯、印度、中国、南非）领导人第六次会晤期间，金砖国家财长在五国领导人见证下签署了成立金砖开发银行的协议。财政部部长楼继伟代表中国政府签署了协议。此前，楼继伟还于7月14日出席了金砖国家财长和央行行长会，会议核准了成立金砖开发银行的协议。

成立金砖开发银行是2013年金砖国家领导人第五次会晤达成的重要共识。根据金砖国家领导人的指示，金砖国家财政部门自2013年8月正式启动成立金砖开发银行的谈判，共举行了7轮谈判。金砖国家本着团结合作、互谅互让的精神，最终就成立金砖开发银行的协议达成共识。主要包括：银行的宗旨是支持金砖国家及其他新兴市场和发展中国家的基础设施建设和可持续发展；银行的核定资本为1 000亿美元，初始认缴资本为500亿美元并在金砖国家之间平均分配；银行创始成员为5个金砖国家，银行成立后将吸收新成员加入；银行总部落户上海，这也是国际金融组织首次将总部落户中国；首个区域办公室设在南非约翰内斯堡；行长在金砖国家中轮流产生，首任行长将由印度提名；首任理事会主席由俄罗斯提名，首任董事会主席由巴西提名。

资料来源：庞东梅. 金砖国家签署成立金砖开发银行协议. 金融时报，2014年7月17日.

任务2　熟悉银行与非银行金融机构

【学习目标】
  □ 了解银行与非银行金融机构的种类和中央银行的产生与发展,掌握中央银行和商业银行的性质与职能
  □ 能比较银行金融机构和非银行金融机构的构成与异同
  □ 具有沟通交往的意识、识别金融机构类型的能力

> **任务导入**
>
> 　　我们在用钱(货币),可是您是否知道:这钱是从哪儿来的?是谁在"发钱""造钱"?是谁在运营资金?是谁在经营"风险"、"骗"了我们的钱、"拆东墙补西墙",又在为我们解决后顾之忧、弥补损失?是谁在我们炒股赔钱时还就地取"财"?您又是否想过:这么多金融机构、那么大的金融交易,出了问题怎么办?又由谁来监督管理……
> 　　一国的金融机构体系是由各种不同类别的金融机构组成的,是一个庞大系统。我们可能每天都与一些金融机构打交道,需要了解各类金融机构。
> 　　本任务的学习内容是:银行金融机构,非银行金融机构,银行与非银行金融机构的异同。

🔍 知识准备

根据其业务特征,金融机构体系一般由银行金融机构与非银行金融机构两大类构成,银行金融机构是金融机构体系的主体部分。世界各国以法律形式确认的金融机构体系包括中央银行、商业银行、专业银行、非银行金融机构、外资银行。

一、银行金融机构

银行是办理存款、贷款、汇兑、储蓄等业务,承担信用中介的金融机构。银行金融机构主要有以下三大类:

(一)中央银行

最早出现的银行是商业银行,最早的中央银行是英格兰银行,但最先具有中央银行名称的是瑞典国家银行。大部分国家或地区都有中央银行或类似央行的金融机构,多数国家只有一家中央银行。

> **小贴士**
>
> 中央银行的产生有两条主要途径：一是由商业银行演变而成的，如英格兰银行；二是由国家通过立法程序直接设立的，如美国联邦储备银行。

中央银行是从事货币信用活动并管理全国金融的特殊银行，是一个国家信用活动的组织者和调节者，是一国货币金融管理的最高机构。

中央银行具有服务机构和管理机构的双重性质，主要体现在两个"特殊"上：

（1）中央银行是特殊的金融机构。中央银行是银行，是国家调节宏观经济、管理金融业的特殊金融机构，但中央银行不同于一般金融机构（见表4-2）。

表4-2　　　　　　　　　中央银行与一般金融机构的不同点

不同点	中　央　银　行	一般金融机构
经营目标	不是为盈利，是为了进行宏观经济调控	以追求利润为目标
经营对象	银行、其他金融机构及特定的政府部门	工商企事业单位和个人
职能作用	调节货币信用和监管金融业	充当流通中的信用中介人
所处地位	超然地位，享有管理者、货币发行权力	一般地位，是经济实体

（2）中央银行是特殊的管理国家机关。中央银行管理全国金融事务的国家机关，是国家机关的组成部门，但又不同于一般的行政管理机关。它是一国金融业的首脑机关，对全国金融业负有调节、控制、监督、管理、保护和扶持的责任。

中央银行处于超然地位，它处于一国金融活动的中心环节和金融体系的核心地位，是全国货币金融的最高管理者，对外是一国货币主权的象征。中央银行是一国信用制度的枢纽，在金融市场上也处于支配地位。中央银行具有相对的独立性，不受政府过多干预，能独立地制定和实施货币政策。

中央银行具有以下职能：

①发行的银行。发行的银行是指中央银行独占货币发行权，对调节货币供应量、稳定币值有重要作用。其主要包括两层含义：一是指国家赋予中央银行集中与垄断货币发行的特权，是国家唯一的货币发行机构；二是指中央银行必须以维护本国货币的正常流通与币值稳定为宗旨。发行的银行是中央银行首先的、最特殊、最基本的职能，也是区别于商业银行的根本标志。

想一想：

我国的中央银行是哪一家银行？人民币是由哪家银行发行的？

②银行的银行。银行的银行是指中央银行不与工商企业和个人发生直接的信用关系，面向商业银行等金融机构，为其服务、对其管理。其主要包括三层含义：一是业务对象不是一般企业和个人，而是商业银行和其他金融机构及特定的政府部门；二是业务往来仍具有"存、贷、汇"业务的特征；三是在为商业银行和其他金融机构提供支持、服务的同时，对其进行管理。这一职能最能体现中央银行是特殊金融机构的性质，也是央行作为金融体系核心的基本条件。集中存款准备金、充当最后贷款人、组织全国的清算和进行金融监管是这一

职能的具体表现。

③国家的银行（政府的银行）。国家的银行是指中央银行代表国家制定并贯彻执行货币政策，代理国库收支以及为国家提供各种金融服务和处理对外金融关系，主要表现在：代理国库收支，代理政府发行债券，向政府融资，保管国家外汇和黄金储备，制定并监督执行货币政策和有关金融管理法规，代理国家金融事务等。

> **知识拓展**
>
> **中央银行制度类型**
>
> ①单一的中央银行制度（单一型）。即国家单独建立中央银行机构，全面、纯粹行使中央银行职能的制度，又分一元式和二元式。我国是一元式。
>
> ②复合的中央银行制度（复合型）。即国家没有专设中央银行，而是由一家集中央银行和存款货币银行职能于一身的大银行管理。我国1984年以前就属于此类。
>
> ③跨国中央银行制度（跨国型）。由几个国家共同组成一个货币联盟执行中央银行职能，各成员国不设本国中央银行。如欧洲中央银行。
>
> ④准中央银行制度（准中央银行型）。即一个国家或地区只设类似中央银行的机构，或由政府授权某个或某几个商业银行行使部分中央银行职能的体制。如，新加坡、中国香港。

（二）商业银行

1. 商业银行的性质与地位

商业银行是指从事各种存款、放款和汇兑结算、储蓄等货币信用业务的银行，又被称为"存款银行""商业银行""存款货币银行"。其性质是以获取利润为经营目标、以多种金融资产和金融负债为经营对象、具有综合性服务功能的特殊金融企业。商业银行的特征是：作为企业，具有一般工商企业的基本特征；作为金融企业，发挥信用中介作用，是整个金融机构体系的主体。商业银行是最早出现的现代银行机构，资本最雄厚、体系最庞大、业务范围最广，在整个金融机构体系中占主体地位。

2. 商业银行的职能

（1）信用中介。这是商业银行最基本的、最能反映其经营活动特点的职能。商业银行以吸收存款等形式集中一切闲散货币资金，通过贷款和投资方式提供给资金需求者，充当了借贷双方的信用中介。

（2）支付中介。商业银行在办理货币收付有关业务时，为客户保管货币、兑付现金、转账支付，充当企业、个人等的"出纳""账房""代理"，成为债权债务关系与支付的中心。这一职能是商业银行最早的职能。

（3）信用创造。商业银行在信用中介职能、支付中介职能的基础上产生了信用创造职能，它利用吸收的存款发放贷款，在支票流通和转账结算的基础上，以贷转存，以存放贷，派生活期存款，创造存款货币。这一职能是商业银行区别于其他金融机构的重要标志。

（4）金融服务。商业银行凭借自身优势提供信息咨询、自动转账、保管箱、代发工资、代理支付各种费用等服务，就是履行金融服务职能。这一职能履行的好坏是衡量商业银行竞争力的重要尺度。

知识拓展

商业银行的组织形式

①分支行制（总分行制）。分支行制是在中心城市设立总行，在国内外普遍设立分支行，分支行的业务活动受总行领导和管理。目前世界各国普遍采用，我国也多属于此。

②单一银行制（单元银行制）。指银行业务完全由一个独立的银行机构经营，而不设立任何分支机构的银行组织制度。典型代表是美国。

③控股公司制（集团银行制）。是由某一集团成立股权公司，再由该公司控制或收购两家以上银行的商业银行制度。这种制度目前在美国广泛流行。

④连锁银行制（联合制）。指两家以上的银行受控于同一人或同一集团但又不以股权公司形式出现的银行制度。这种制度在美国中西部较为流行。

⑤跨国银行制（国际财团制）。是由不同国家的大型商业银行合资组建银行财团的一种商业银行组织形式。这是一种国际间的连锁制，目前正日渐增加。

（三）专业银行

专业银行是专门经营指定范围内的某项信用业务和提供专门金融服务的银行。其特点：一是专门性，专业银行是社会分工发展的表现，一般有其特定的客户群和业务范围；二是政策性，专业银行的设置往往体现政府支持和鼓励发展的政策指向；三是行政性，专业银行的建立往往有官方背景，有的就是政府的银行或政府代理银行。政策性银行也可归类到专业银行，但专业银行不一定是政策性银行。专业银行的种类甚多，名称各异，各国专业银行主要有：

1. 投资银行

投资银行是专门经营对工商企业投资和长期信贷业务的银行。它不能办理商业银行业务，也不同于信托公司或投资公司。资金主要是通过发行本行股票和债券筹集，资金运用主要是直接投资企业股票债券。

2. 储蓄银行

储蓄银行泛指专门办理居民储蓄业务，并以此作为主要资金来源的银行或金融机构。资金运用于发放不动产抵押贷款，投资于高等级证券业务。

3. 抵押银行

抵押银行即不动产抵押银行，泛指专门经营土地、房屋及其他不动产为抵押的长期贷款的专业银行。资金主要通过发行不动产抵押证券筹集，吸收存款不是其主要来源，贷款用于以土地、房屋为抵押的长期贷款。

4. 开发银行

开发银行系指专门为满足经济建设长期投资需要而设立的银行，包括三大类：全球性、区域性和本国性开发银行。资金来源主要是政府投资及发行国内债券。有的国家把它划分为政策性银行范围。

5. 农业银行

农业银行系指在政府指导和帮助下设立的专门向农业提供信贷及其相关金融服务的银行。资金来源有的是完全由政府拨款，有的靠发行债券、股票，也有以吸收客户存款和储蓄来筹措。贷款几乎覆盖了农业生产的方方面面。一般都是官方或半官方的金融机构，属于政策性银行范围。

6. 进出口银行

进出口银行系指专门为本国商品进出口提供信贷及其相关金融服务的银行。这类银行通常是政府的，也有半官方性质的，一般属于政策性银行的范围。经营原则、贷款利率等一般带有浓厚的政治色彩。贷款用于支持本国进出口。

7. 住房信贷银行

住房信贷银行是指专门为居民购买住房提供金融服务的金融机构。美国称之为住房信贷体系，日本称之为住宅金融公库，英国称之为住房协会。

此外，还有专门的中小企业银行、抵押银行、海外银行等。

想一想：

1. 用"银行"二字冠名的金融机构就是"银行类金融机构"吗？
2. 吸收存款的金融机构就是商业银行吗？

二、非银行金融机构

非银行金融机构泛指中央银行、商业银行及专业银行以外的金融机构。

> **实例启示**
>
> 非银行金融机构是随着金融资产多元化、金融业务专业化而产生的。早期的非银行金融机构大多同商业银行有着密切的联系。1681年，在英国成立了世界上第一家保险公司。1818年，美国产生了信托投资机构。1849年，德国创办了世界上第一家农村信用社。20世纪初，证券业务和租赁业务迅速发展。第二次世界大战后，非银行金融机构逐步形成独立的体系。20世纪70年代以来，非银行金融机构起了主要作用，它有力地推动了金融业务的多元化、目标化和证券化，使各类金融机构的业务日益综合化，银行与非银行金融机构的划分越来越不明显，非银行金融机构自身的业务分类也日趋融合。
>
> **启示：** 任何事物都是发展变化着的，金融业务与金融机构也是如此。随着商品经济的发展，先后出现了银行金融机构和非银行金融机构，金融业务由单一化变成多样化，金融机构经营的业务由综合到相对单一，再到综合。

（一）保险公司

保险公司是专门经营保险业务的金融机构。资金来源主要是收取保费，主要经营活动包括财产、人身、责任、信用等方面的保险与再保险业务及其他金融业务。它是各国最重要的非银行金融机构。

（二）信用合作社

信用合作社是由社员自愿集资结合而成的互助合作性金融机构。资金来源于社员缴纳的股金和吸收的存款，运用于解决社员的资金需要，大多列入银行类或存款机构。在比较发达的国家里,信用合作社已发展成合作银行体系。

(三) 基金组织

基金组织是指筹集、管理、运用某种专门基金的金融机构,主要有两类:养老(退休)基金组织和互助基金组织。退休或养老基金来源于劳资双方的积聚和运用资金取得的收益,对参加养老金计划者提供退休收入。

(四) 投资机构

投资机构主要有证券机构和投资基金等。证券机构是专门(或主要)从事各种有价证券经营及相关业务的金融机构,如,证券公司、证券交易所等。在许多国家,证券公司与投资银行是同一类机构,经营的业务大体相同。投资基金是一种间接的金融投资机构,向投资者发行股份或受益凭证募集社会闲散资金,投资于各种金融资产。

(五) 邮政储蓄机构

邮政储蓄机构是一种与邮政部门关系密切的非银行金融机构,主要经营小额存款,吸收存款一般不用上缴准备金,资金运用一般是存入中央银行。近来,它逐步回归到商业银行性质,要么在政府支持下变成一种公共事业。

(六) 财务公司

财务公司又称金融公司,指以经营消费信贷及工商企业信贷为主的非银行金融机构。它一般不吸收存款,主要通过出售商业票据、发行股票或债券、向商业银行借款等方式筹资,用于大型消费品的消费者或小型企业贷款等。各国金融制度不同,它的名称、业务内容也有差异。

(七) 存款保险公司

存款保险公司是为了防止存款人的存款遭受损失而提供保险的政策性非银行金融机构。大多是由政府设立的,其业务是为存款人的存款提供保险,当存款机构破产倒闭使存款人遭受损失时,由存款保险公司给予赔偿。

(八) 资产管理公司

银行凭信誉生存,要维持公众信心,必须设法消除银行自身的不良贷款。成立专门中介机构就是一个办法。资产管理公司是美、日、韩等国家,对从金融机构中剥离出的不良资产实施公司化经营而设立的专业金融机构。它是各国惯用的清理不良资产的中介机构,由政府设立,不以营利为目的。

(九) 信托投资公司

信托投资公司也称信托公司,它是以资金及其他财产为信托标的,根据委托者的意愿,以受托人的身份管理及运用信托资财的金融机构。它具有财产管理、融通资金、信息咨询、社会投资等多种功能。"受人之托、代人理财",信托是一种财产管理制度。

(十) 融资租赁公司

融资租赁公司也称金融租赁公司，是专门经营融资租赁业务的机构。它是融资与融物为一个统一过程的信用活动。融资租赁是租赁的一种。

(十一) 消费信贷机构

消费信贷机构是以提供消费信用为目的的非银行金融机构。目前主要是各种消费信用公司。它除了向以分期付款出售商品的商店贷款以外，也直接向居民提供消费贷款，其资金来源于向大银行借款和自身的资本。

(十二) 信用服务机构

信用服务机构严格上不属于金融中介，但它的诞生却是为金融中介机构服务的，解决信息不对称，有促进储蓄向投资转化的功能。其主要有信用调查、资信评级、个人征信、信用保险、信用担保、信息咨询管理等机构。

> **小贴士**
>
> 典当业也属于消费信用机构，但主要以物品为抵押发放小额贷款，这种消费信贷以贫困阶层为对象，期限短、利率高，贷款条件苛刻，具有高利贷性质。

三、银行金融机构与非银行金融机构的异同

(一) 共同点

两者都是金融企业，具有金融企业的基本特征，即以信用形式吸收资金，并以信用形式运用资金，同时获得经营利润；两者在社会经济运行中发挥着不可忽视的融资作用。

(二) 不同点（见表 4-3）

表 4-3　　　　　　银行金融机构与非银行金融机构的不同

比较标的	银行金融机构	非银行金融机构
金融机构体系中的作用	主导作用	辅助作用，满足多样化要求
吸收资金方式	以吸收存款为主	多样化（业务不同、方式不同）
业务方式及其所处地位	以存贷业务为主，成为债务人、债权人	多样化（公司不同、业务方式不同，地位也不同）
发挥的功能	主要是信用中介功能	多样化（业务不同、功能不同）
信用创造能力	较强	较弱

项目四 金融机构

任务3　掌握我国金融机构体系

【学习目标】
- 掌握我国内地金融机构体系的构成、特点及业务范围，了解我国港澳台地区的金融机构
- 能辨别我国各类金融机构及其业务范围
- 具有沟通的意识，热爱金融岗位工作

任务导入

在我国，较早的记载是南北朝时期由寺庙经营的典当业，经过唐、宋、元、明、清，有了"南钱庄、北票号"。鸦片战争后，一些外商银行纷纷进入我国，我国境内第一家银行是1845年英国人设立的丽如银行，到1897年中国通商银行作为中国人自办的第一家银行才开始营业。20世纪30年代，统治旧中国的国民党政权建立了以中央银行、中国银行、交通银行、中国农民银行、中央信托局、邮政储金汇业局、中央合作金库（简称"四行二局一库"）为主体的金融体系。1948年12月1日，以华北银行为基础，合并北海银行、西北农民银行，在河北省石家庄市组建了中国人民银行。新中国成立前后，经过接管、停业清理或改组、整顿和改造、取消外商银行特权，五花八门的金融机构没有了，全国就一家中国人民银行。改革开放以来，金融机构体系的"大一统"被"多元化"取代了。

面对各种金融机构，我们在选哪一个金融机构去办理哪一种金融业务、购买哪一种金融产品之前，系统性地了解我国金融机构是非常必要的！

本任务的学习内容是：中国内地的金融机构体系，我国港澳台地区金融机构体系。

知识准备

我国的金融机构体系包括中国内地和港澳台地区的金融机构体系。

一、中国内地的金融机构体系

中国人民银行的建立，标志着新中国金融体系的开始。新中国成立后到1978年以前，金融机构单一，基本上只有国家银行，改革开放使金融业走上了蓬勃发展的轨道。我国现行的金融机构按其地位和功能分为三大类（见图4-1）。

目前，我国已基本建立了以中国人民银行为核心，以商业银行为主体，多种金融机构并存，分工协作的金融机构体系，逐步形成了银行、证券、保险业分业经营、分业管理的金融

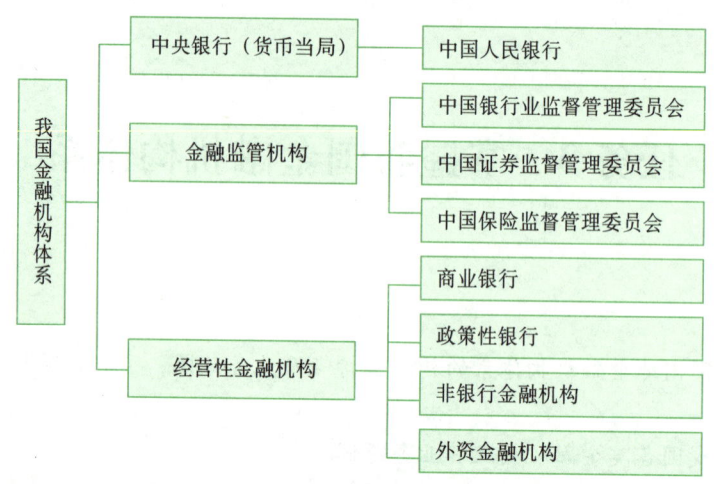

图 4-1　我国内地金融机构体系

体制。中国人民银行，中国银行业监督管理委员会（简称"中国银监会"），中国证券监督管理委员会（简称"中国证监会"），中国保险监督管理委员会（简称"中国保监会"），简称"一行三会"，都具有金融监管职能。国务院建立金融监督管理协调机制，中国人民银行依法监测金融市场的运行情况，对金融市场实施宏观调控，促进其协调发展。

> **知识拓展**
>
> **中国共产党领导建立的银行**
>
> 　　1928年2月，在广东海陆丰苏维埃人民委员会建立的劳动银行，是中国无产阶级最早的银行。1931年11月，第一次国内革命战争时期，在江西瑞金成立了中华苏维埃共和国国家银行（简称苏维埃国家银行）并发行货币，这是社会主义银行的雏形。抗战时期，在抗日根据地成立的银行，如，陕甘宁边区银行、华北银行。1945年8月，抗战胜利后各解放区银行合并为华中银行，发行华中银行券。1948年12月1日，组建了中国人民银行，成为中华人民共和国的中央银行。

（一）中央银行

中国人民银行是中华人民共和国的中央银行。中国人民银行在国务院领导下，制定和执行货币政策，防范和化解金融风险，维护金融稳定。中国人民银行是国务院的组成部门，是领导和管理全国金融事务的国家机关，是国家的宏观调控部门。中国人民银行的全部资本由国家出资，属于国家所有。

中国人民银行设立货币政策委员会，是中国人民银行制定货币政策的咨询议事机构，应当在国家宏观调控、货币政策制定和调整中发挥重要作用。中国人民银行设立人民币发行库。

项目四 金融机构

相关链接

中国人民银行职能变化

改革开放以来，中国人民银行的三次职能变化：1983 年，中国工商银行成立，实现了中央银行与商业银行的分离。1992 年 10 月中国证监会正式成立到 1998 年 11 月 18 日中国保监会正式成立，证券、保险市场的监管职能从人民银行的职能中剥离出来。2003年 4 月，中国银监会成立，实现央行的货币政策与银行监管职能的分离。

中国人民银行有关金融监管职责调整后，新的职能正式表述为"制定和执行货币政策、维护金融稳定、提供金融服务。"这种职能的变化集中表现为"一个强化、一个转换、两个增加。""一个强化"，即强化与制定和执行货币政策有关的职能。"一个转换"，即转换实施对金融业宏观调控和防范与化解系统性金融风险的方式。"两个增加"，即增加反洗钱和管理信贷征信业两项职能。

中国人民银行总行在北京，根据履行职责的需要设立分支机构，并对分支机构实行统一领导和管理。按经济区在沈阳、天津、上海、南京、济南、武汉、广州、成都、西安设置九大分行和中国人民银行营业管理部和重庆营业管理部，在副省级城市及地（市）设置中心支行，县（市）设支行。这些派出分支机构根据总行的授权依法维护辖区的金融稳定，承办有关业务。中国人民银行的组织框架为：总行→九大分行→中心支行→县市支行。2005年 8 月 10 日设立上海总部。

相关链接

中国人民银行上海总部成立

2005 年 8 月 10 日，中国人民银行设立上海总部。上海总部作为央行总行的有机组成部分，在总行的领导和授权下开展工作，将主要承担部分中央银行业务的具体操作职责，同时履行一定的管理职能。

中国人民银行上海总部成立后，中国人民银行的决策职能和执行职能将适度分离，有关货币政策的制定等决策职能仍在北京总部，而有关市场运作、市场操作、业务拓展等执行职能将移师上海。上海总部将主要承担五大职能：一是组织实施央行供给市场操作，同时承办有关金融机构的再贴现业务；二是进行金融市场监管，防范跨市场风险，同时制定好市场发展规划，并管理国家黄金储备；三是进行金融信托分析研究，密切追踪金融市场；四是进行金融产品研发和交易，研究并引进金融产品的创新；五是进行区域金融合作和交流。

国家外汇管理局是中国人民银行管理的依法进行外汇管理的行政机构。国家外汇管理局的分支机构与当地的中国人民银行分支机构合署办公。1979 年 3 月 13 日国务院批准设立，1982 年 8 月从中国银行划出，改隶属于中国人民银行。

（二）金融监管机构

1. 中国银监会

中国银监会成立于2003年4月，是国务院直属事业单位，是我国银行业监管机构，负责对银行业的监管。根据授权统一监督管理银行、资产管理公司、信托投资公司及其他存款类金融机构等银行类金融机构，维护银行业的合法、稳健运行。在全国各省、直辖市、自治区、计划单列市设有36个派出机构。如，中国银行业监督管理委员会福建监管局（简称福建银监局）；在地区、设区市级城市设有分局。

> **小贴士**
>
> 　　银行业金融机构，是指在中华人民共和国境内设立的商业银行、城市信用合作社、农村信用合作社等吸收公众存款的金融机构以及政策性银行。我国金融法律规定：在中华人民共和国境内设立的金融资产管理公司、信托投资公司、财务公司、金融租赁公司以及经国务院银行业监督管理机构批准设立的其他金融机构，也适用于"银行业金融机构"的规定范围。

2. 中国证监会

中国证监会成立于1992年10月，是国务院直属事业单位，是我国证券业监管机构，负责对证券业和期货业的监管。在全国各省、直辖市、自治区、计划单列市设有36个派出机构。如，中国证券监督管理委员会福建监管局（简称福建证监局）。根据需要可以设立派出机构，按照授权履行监督管理职责。

3. 中国保监会

中国保监会成立于1998年11月，是国务院直属事业单位，是我国保险业监管机构，负责对保险业和保险市场的监管。根据国务院授权履行行政管理职能，依照法律、法规统一监督管理全国保险市场，维护保险业的合法、稳健运行。它在全国各省、直辖市、自治区、计划单列市设有36个派出机构。如，中国保险监督管理委员会浙江监管局（简称浙江保监局）。

（三）经营性金融机构

1. 商业银行

我国商业银行是指依照《中华人民共和国商业银行法》和《中华人民共和国公司法》设立的吸收公众存款、发放贷款、办理结算等业务的企业法人。其包括国有（或国家控股）股份制商业银行、股份制商业银行、城市商业银行和农村商业银行，以及住房储蓄银行和外资、合资银行等。

我国商业银行采取的是总分行制，即法律允许商业银行在全国范围或一定区域内设立分支行。采用总分行制的商业银行，对外是一个独立法人。国有独资商业银行按照省级区划设立一级分行，省一级分行和省会所在城市分行实行合并；其他股份制商业银行发展迅速，逐步突破了区域限制，在一些大中城市设立分支机构；城市商业银行的设立多是按照城市划分，不在不同城市设立分支行。

（1）国有（或国家控股）商业银行。如，中国工商银行、中国农业银行、中国银行、中国建设银行。上述银行均已完成股份制改造并上市，成为全国性股份制商业银行。

（2）股份制商业银行。如，招商银行、华夏银行、中国民生银行、中信银行、兴业银行、中国光大银行、平安银行、上海浦东发展银行、广发银行等。

（3）城市商业银行。城市商业银行是中国银行业的重要组成和特殊群体，其前身是20世纪80年代设立的城市信用社，1995年国务院决定，在城市信用社清产核资的基础上组建城市合作银行（冠以"合作"两字，实际上也属于股份制商业银行性质）。1998年全部改名为城市商业银行，并以城市冠名，如，哈尔滨银行。

（4）农村商业银行（农商银行）。农村商业银行是由辖内农民、农村工商户、企业法人和其他经济组织共同入股组成的股份制的地方性金融机构。如，北京农村商业银行、上海农商银行等。

知识拓展

农村合作银行、村镇银行

农村合作银行是由辖内农民、农村工商户、企业法人和其他经济组织入股组成的股份合作制社区性地方金融机构。农村合作银行主要以农村信用合作社和农村信用合作社县（市）联社为基础组建。有的地区还保留农村信用合作（联）社。

村镇银行是指经中国银行业监督管理委员会依据有关法律、法规批准，由境内外金融机构、境内非金融机构企业法人、境内自然人出资，在农村地区设立的主要为当地农民、农业和农村经济发展提供金融服务的银行业金融机构。

2. 政策性银行

政策性银行是我国政府创立或担保、以贯彻国家产业政策和区域发展政策为目的、具有特殊的融资原则、不以营利为目标的金融机构。其特征：一是资本金多由政府财政拨付；二是经营时主要考虑国家的整体利益、社会效益，不以营利为目的，但银行资金并不是财政资金，经营也必须考虑盈亏，坚持银行管理的基本原则，力争保本微利；三是有其特定的资金来源，主要依靠发行金融债券或向中央银行举债，一般不面向公众吸收存款；四是有特定的业务领域，不与商业银行竞争。政策性银行与商业银行和其他非银行金融机构相比，也有共性的一面，如，要对贷款进行严格审查，贷款要还本付息、周转使用等。

小贴士

政策性银行也可归类到专业银行，但专业银行不一定是政策性银行。我国原有的工行、农行、中行和建行虽然称为"专业银行"，却是存款货币银行。

我国1994年组建了三家政策性银行，均直属国务院领导，金融业务受中国银监会指导和监督。

（1）国家开发银行[①]。1994年3月成立的国家开发银行，总行设在北京。国家开发银行是我国成立最早、规模最大的政策性银行，长期致力于支持基础设施、基础产业、支柱产业的建设和发展。经国务院批准，国家开发银行于2008年12月11日整体改制为国家开发银行股份有限公司，改革后的开发银行仍主要开展中长期信贷与投资等金融业务，服务于国民

---

① 新华网北京2015年4月12日电：中国政府网12日消息，国家开发银行、中国进出口银行、中国农业发展银行改革方案已获国务院批复同意。《国务院关于同意国家开发银行深化改革方案的批复》中明确，国家开发银行要坚持开发性金融机构定位。至此，才明确定位为开发性金融机构。

经济重大中长期发展战略。开发银行是我国基础设施建设的主力银行,是基层金融创新的推动者,努力提供普惠制的金融服务,是我国最大的对外投融资合作银行,目前已形成了基础设施、基层金融和国际合作"三位一体"的业务发展格局,成为中国金融体系中不可或缺的中长期投融资的重要力量。2011年,国家开发银行商业化转型继续推进,公司治理架构不断完善,逐步建立稳定的资金来源渠道和资本补充约束机制,以市场化方式服务经济社会发展的能力和水平有所增强。

(2)中国进出口银行。中国进出口银行于1994年4月正式成立,总行设在北京。各分支机构在总行的统一部署下,按照"服务地方、方便企业、促进出口"的宗旨,为客户提供优质、高效、便捷的金融服务。注册资本金由国家财政全额拨付,其国际信用评级与国家主权评级一致。中国进出口银行实行自主、保本经营和企业化管理的经营方针,主要任务是执行国家产业政策和外贸政策,为扩大我国机电产品和成套设备等资本性货物出口提供政策性金融支持。

(3)中国农业发展银行。中国农业发展银行于1994年4月正式成立,总行设在北京。注册资本金由国家财政全额拨付。中国农业发展银行在机构设置上实行总行、一级分行、二级分行、支行制。中国农业发展银行实行独立核算,自主、保本经营、企业化管理。其主要任务是按照国家的法律、法规和方针、政策,以国家信用为基础,筹集农业政策性信贷资金,承担国家规定的农业政策性金融业务,代理财政性支农资金的拨付,为农业和农村经济发展服务。中国农业发展银行实行"库贷挂钩、钱随粮走、购贷销还、封闭运行"的信贷原则。

想一想:
同学们上学时要汇款缴纳学费、网购时要办理银行卡,分别应向哪一类金融机构办理?

3. 非银行金融机构

(1)保险机构。保险机构指专门经营保险业务的金融机构,包括国有保险公司、股份制保险公司和在华开业的外资保险公司分公司及中外合资保险公司。保险机构主要有:

①保险集团控股公司。如,中国人民保险集团股份有限公司、中国人寿保险(集团)公司、中国太平洋保险(集团)股份有限公司、中国平安集团股份有限公司、中国再保险(集团)股份有限公司。

②人寿保险公司。如,中国人寿保险股份有限公司、中国平安人寿保险股份有限公司、中国太平洋人寿保险股份有限公司、新华人寿保险股份有限公司、泰康人寿保险股份有限公司等。

③财产保险公司。如,中国人民财产保险股份有限公司、中国平安财产保险股份有限公司、中国太平洋财产保险股份有限公司、中国出口信用保险公司。

④再保险公司。如,中国财产再保险股份有限公司、中国人寿再保险股份有限公司等。

⑤保险资产管理公司。如,中国人保资产管理有限公司、中国人寿资产管理有限公司、平安资产管理有限责任公司、太平洋资产管理有限责任公司等。

⑥保险专业中介公司。其主要包括:保险代理公司,如,海南通汇保险代理有限责任公司、湖南湘财保险代理有限公司等;经纪公司,如,华泰保险经纪有限公司、北京联合保险经纪有限公司、上海东大保险经纪有限公司等;公估公司,如,上海大洋保险公估有限公

司、青岛中商保险公估有限公司、大连正大保险公估有限公司等。

想一想：

"社会保险"与"金融保险（商业保险）"有何不同？

（2）证券机构。证券机构是指从事证券业务的金融机构，包括证券公司、证券交易所、证券登记结算公司、证券投资咨询公司、投资基金管理公司、证券评估公司等。它们在证券市场上扮演不同的角色，从事不同的业务，起着不同的作用。前三类机构是证券市场的主要机构，它们共同支撑证券市场的日常运作。

①证券公司。证券公司是指依照《中华人民共和国公司法》和《中华人民共和国证券法》规定，经中国证监会审查批准，设立的经营证券业务的有限责任公司或者股份有限公司，如，广发证券、招商证券。证券公司必须在其名称中标明证券有限责任公司或者证券股份有限公司字样。它是非银行金融机构的一种，是从事证券经营业务的法定组织形式。证券公司专门替人买卖证券，有时候自己也买卖证券，前者称为投资银行业务、经纪业务，后者称为自营业务。

②证券交易所。证券交易所是为证券集中交易提供场所和设施，组织和监督证券交易，实行自律管理的法人。它专门提供买卖证券的设施和场所，方便大家随时随地买卖证券。证券交易所的设立和解散由国务院决定，我国大陆有上海证券交易所、深圳证券交易所。进入证券交易所参与集中交易的必须是证券交易所的会员。证券交易所应当为组织公平的集中交易提供保障，公布证券交易即时行情，并按交易日制作证券市场行情表，予以公布。证券交易所依照证券法律、行政法规制定上市规则、交易规则、会员管理规则和其他有关规则，并报中国证监会批准。

> **小贴士**
>
> 我国证券交易类金融机构还有：上海期货交易所、中国金融期货交易所、郑州商品交易所、大连商品交易所、上海黄金交易所。

③证券登记结算机构。证券登记结算机构是为证券交易提供集中登记、存管与结算服务，不以营利为目的的法人。它是证券交易不可缺少的部分，并兼有行政管理性质，必须经中国证监会批准设立。证券登记结算机构的职能是：证券账户、结算账户的设立；证券的存管和过户；证券持有人名册登记；证券交易所上市证券交易的清算和交收；受发行人的委托派发证券权益；办理与上述业务有关的查询；中国证监会批准的其他业务。证券持有人持有的证券，在上市交易时，应当全部存管在证券登记结算机构。

想一想：

您要炒股，应当到哪个机构办理开户？

④证券投资咨询（顾问）公司。是指对证券投资者和客户的投融资、证券交易活动和资本营运提供咨询服务的专业机构。如，北京首证投资顾问有限公司等。我国主要有两种类型：一类是专门从事证券投资咨询业务的专营咨询机构；另一类是兼作证券投资咨询业务的

兼营咨询机构。

⑤基金管理公司。证券投资基金管理公司的简称，是指经中国证监会批准，在中华人民共和国境内设立，从事证券投资基金管理业务的企业法人。中国证监会及其派出机构依照《证券投资基金法》《公司法》等法律、行政法规、中国证监会的规定和审慎监管原则，对基金管理公司及其业务活动实施监督管理。如，宝盈基金管理有限公司、博时基金管理有限公司、华夏基金管理有限公司等。

⑥合格的机构投资者。QFII 是合格的境外机构投资者；QDII 是合格的境内机构投资者。是在货币没有实现完全可自由兑换、资本项目尚未开放的情况下，有限度地允许境外投资者投资境内证券市场、境内投资者投资境外证券市场的一项过渡性的制度安排。

(3) 信托投资公司。信托投资公司是依照《中华人民共和国公司法》和《信托投资公司管理办法》设立的主要经营信托业务的金融机构。我国信托投资公司是一种"受人之托、代人理财"的非银行金融机构，具有财产管理和运用、融通资金、提供信息及咨询、社会投资等功能。《中华人民共和国信托法》《信托投资公司管理办法》规定信托投资公司可以经营的业务。信托业务由中国银监会监管。

(4) 信用合作机构。我国的城市和农村信用合作社是群众性合作制金融组织，是对国家银行体系的必要补充和完善。它的本质特征是：由社员入股组成，实行民主管理，主要为社员提供信用服务。信用社业务由中国银监会监管。

> **小贴士**
>
> 我国城市信用社是在改革开放后出现的，1998 年全部改名为城市商业银行。目前，我国农村信用合作社开始改制组建成为农村商业银行、农村合作银行。

(5) 金融资产管理公司。金融资产管理公司最早的是指经国务院决定设立的收购国有银行不良贷款，管理和处置因收购国有银行不良贷款形成的资产的国有独资非银行金融机构。我国于 1999 年成立了中国信达、华融、长城、东方等四家政策性金融资产管理公司，注册资本均为财政拨款，经营范围是分别收购并经营建行、工行、农行、中行剥离的不良资产（1996 年前的），经批准可以从事其他业务活动。金融资产管理公司实行经营目标责任制。金融资产管理公司带有典型的政策性金融机构特征。保险业也成立了保险资产管理公司。业务分别由中国银监会、保监会监管。

(6) 企业集团财务公司。财务公司是指依据《中华人民共和国公司法》和《企业集团财务公司管理办法》设立的，为企业集团成员单位（以下简称成员单位）技术改造、新产品开发及产品销售提供金融服务，以中长期金融业务为主的非银行金融机构。财务公司业务由中国银监会监管。我国企业集团财务公司基本上立足于企业集团内部，专门办理企业集团内部金融业务。

(7) 汽车金融公司。汽车金融公司是经中国银监会批准设立的，为中国境内的汽车购买者及销售者提供金融服务的非银行金融机构。如，上汽通用汽车金融有限责任公司、丰田汽车金融（中国）有限公司和大众汽车金融（中国）有限公司等。业务由中国银监会监管。

(8) 金融租赁公司。金融租赁公司是经中国银监会批准，以经营融资租赁业务为主的非银行金融机构。金融租赁公司组织形式、组织机构适用《公司法》的规定。金融租赁公司业务由中国银监会监管。

相关链接

（1）消费金融公司，是指经中国银监会批准，在中华人民共和国境内设立的，不吸收公众存款，以小额、分散为原则，为中国境内居民个人提供以消费为目的的贷款的非银行金融机构。

（2）小额贷款公司，是由自然人、企业法人与其他社会组织投资设立，不吸收公众存款，经营小额贷款业务的有限责任公司或股份有限公司。小额贷款公司应执行国家金融方针和政策，在法律、法规规定的范围内开展业务，自主经营、自负盈亏、自我约束、自担风险，其合法的经营活动受法律保护，不受任何单位和个人的干涉。

（3）货币经纪公司，是指经批准在中国境内设立的，通过电子技术或其他手段，专门从事促进金融机构间资金融通和外汇交易等经纪服务，并从中收取佣金的非银行金融机构。

除了上述几类非银行金融机构外，我国还有典当行，但其业务不由金融监管机构监管。

4. 外资金融机构

外资金融机构，是指依照中华人民共和国有关法律、法规的规定，经批准在中国境内设立和营业的下列金融机构：独资银行、外国银行分行、合资银行、独资财务公司、合资财务公司。中国人民银行是管理和监督外资金融机构的主管机关；中国人民银行分支机构对本辖区外资金融通机构进行日常监督管理。

外资金融机构只是从资本来源来划分的，它分属于银行、证券、保险等。如，厦门国际银行股份有限公司、香港上海汇丰银行有限公司（简称汇丰银行）、中德住房储蓄银行等。

小贴士

我国根据中国加入"WTO"的有关协议，将逐步取消对外资银行等的限制，更多的外资金融机构将进入我国设立外资银行。

金融机构的多样化是市场经济发展和经济结构多元化的客观要求。值得注意的是：随着金融工具的不断创新，金融机构也处在一个不断演变和发展的过程中。目前存在的这些金融机构将来也可能会消失或衍生出新的金融机构。

小贴士

警惕非法金融机构和非法金融活动

非法金融机构，是指未经主管部门批准，擅自设立从事或者主要从事吸收存款、发放贷款、办理结算、票据贴现、资金拆借、信托投资、金融租赁、融资担保、外汇买卖等金融业务活动的机构。

非法金融活动，是指未经主管部门批准，擅自从事下列活动：非法吸收公众存款或者变相吸收公众存款；未经依法批准，以任何名义向社会不特定对象进行的非法集资；非法发放贷款、办理结算、票据贴现、资金拆借、信托投资、金融租赁、融资担保、外汇买卖；主管部门认定的其他非法金融业务活动。

二、我国港澳台地区金融机构体系

（一）中国香港的金融机构体系

中国香港是以国际金融资本为主体，以银行业为中心，外汇、黄金、证券、期货、共同基金和保险金融市场高度发达的多元化的国际金融中心之一，是世界银行密度最大的城市之一。香港回归祖国后继续维持现有的货币金融体制。

中国香港金融机构体系分为银行与非银行金融机构两种。中国香港的银行实行三级管理制度，即只有三类金融机构获准向公众吸收存款，这三类分别是持牌银行、有限制牌照银行、接受存款公司。中国香港保险业经营的主要业务包括财产保险、人寿保险和出口信用保险。成立于1891年的香港股票交易所是亚洲最早的证券交易所之一，1986年合并为香港联合交易所，由1989年成立证券与期货事务检查委员会负责监管。中国香港金融体系中没有建立中央银行体制，1993年4月1日成立香港金融管理局，成为货币与银行业监管机构。除了香港金融管理局对银行业监管外，还充分发挥同业公会的作用，即实行以政府部门为主、同业公会自律为辅的监管体制。中国香港的保险业证券业监管也采用这种监管体制。香港政府保险业监理处为主要的监管机构。港币发行由汇丰银行、渣打银行、中国银行（1994年）承担。

（二）中国澳门的金融机构体系

澳门回归祖国之后，仍维持现有的金融体制和金融机构体系。金融机构体系分为银行性与非银行性金融机构。非银行金融机构包括保险公司和以提供买卖有价证券、黄金外汇等服务为主的投资公司。

中国澳门的首家银行成立于1902年，即葡资的大西洋银行，现称澳门大西洋银行。1970年8月颁布银行法，首次形成了银行业"三级体系"：注册银行、注册银号和找换店。保险业在澳门已有多年发展历史，早在金融业发展萌芽时期，欧美国家的保险公司就开始在澳门开展业务。以银行为主体的澳门金融业已成为澳门经济的四大支柱产业之一。在澳门的银行业中，资产规模最大的是中国银行澳门分行，其次为大丰银行和大西洋银行。澳门不实行外汇管制，资金进出自由，银行既可经营本币业务，又可经营外币业务，还可经营离岸业务。中国澳门不设立中央银行，由澳门货币暨汇兑监理署代行中央银行职能。1995年10月16日，中国银行澳门分行加入发钞行列。

（三）中国台湾的金融机构体系

中国台湾的金融体系，包括正式的金融体系与民间借贷两部分。

正式的金融体系分为金融中介机构与金融市场机构，由"财政部"及"中央银行"共同管理，其中，金融中介机构依据是否创造存款货币又可分为存款货币机构和非货币机构。存款货币机构包括当地商业银行、储蓄银行、专业银行、基层合作金融机构、中央信托局和外国银行在台分行等。非货币机构包括邮政储金汇业局、信托投资公司和保险公司。非货币及其他金融机构可在符合有关规定条件下申请变更登记为商业银行。民间借贷范围包括信用借贷、质押借贷、民间互助会、租赁公司、分期付款公司、投资公司等。中国台湾设有中央存款保险公司。

项目小结

（1）金融体系是资金流动的工具（金融资产）、市场参与者和交易方式等各要素的构成体，包括金融调控、金融机构、金融监管、金融市场和金融环境等方面。

（2）金融机构是从事货币与信用业务的中介组织，其性质是以追求利润为目标、以货币资金为经营对象的特殊企业。金融机构具有提供支付结算服务，促进资金融通，降低交易成本，提供金融便利服务，改善信息不对称，进行风险控制、转移与管理等职能。

（3）金融机构体系是一个由经营和管理金融业务的各类金融机构构成的，大多是以中央银行为核心、商业银行为主体，专业（政策性）银行和非银行金融机构并存的金融机构体系。国家金融机构体系一般由管理性、商业经营性、政策性三大类金融机构构成。国际金融机构包括全球性、区域性国际金融机构。

（4）金融机构体系一般由银行金融机构与非银行金融机构两大类构成。银行是办理存款、贷款、汇兑、储蓄等业务，承担信用中介的金融机构，是金融机构体系的主体部分，主要有中央银行、商业银行和专业银行。非银行金融机构主要有保险、证券、信托等机构。

（5）中央银行是从事货币信用活动并管理全国金融的特殊银行，是一个国家信用活动的组织者和调节者、货币金融管理的最高机构。中央银行具有服务机构和管理机构双重性质，处于超然地位，具有相对的独立性，其职能是发行的银行、银行的银行、国家的银行。

（6）商业银行是指从事各种存款、放款和汇兑结算、储蓄等货币信用业务的银行，其性质是以获取利润为经营目标，以多种金融资产和金融负债为经营对象，具有综合性服务功能的特殊金融企业，具有信用中介、支付中介、信用创造、金融服务的职能。

（7）专业银行是专门经营指定范围内的某项信用业务和提供专门金融服务的银行，有专门性、政策性、行政性的特点。

（8）我国金融机构体系包括中国内地的金融机构体系和我国香港、澳门和台湾地区的金融机构体系。中国内地已基本建立了以中国人民银行为核心，以商业银行为主体，多种金融机构并存，分工协作的金融机构体系，金融机构分为中央银行、金融监管机构和经营性金融机构三大类。中国人民银行是中央银行，职能是制定和执行货币政策、维护金融稳定、提供金融服务。商业银行是指依法设立的吸收公众存款、发放贷款、办理结算等业务的企业法人。我国有三家政策性银行和多家外资金融机构。我国非银行金融机构主要包括保险、证券、信托、信用合作等各类机构。

练习与实训

一、填空题

1. 金融体系包括_____、_____、_____、_____和_____等方面。

2. 金融机构的性质是以_____为目标，以_____为经营对象的特殊企业。
3. 世界各国金融机构体系一般是以_____为核心，_____为主体，_____和_____并存的金融机构体系。
4. 国家金融机构体系一般由_____、_____、_____构成。
5. 国际金融机构包括_____、_____国际金融机构两类。
6. 根据业务特征，金融机构体系一般由_____与_____两大类构成，_____是金融机构体系的主体部分，主要有_____、_____和_____三大类。
7. 中央银行具有_____和_____的双重性质，具有_____、_____、_____的三大职能。
8. 商业银行是以_____为经营目标、以多种_____为经营对象、具有综合性服务功能的_____，具有_____、_____、_____和_____职能。
9. 专业银行具有_____、_____、_____的特点。
10. 非银行金融机构泛指_____、_____及_____以外的金融机构。

二、选择题（不定项）

1. 下列中（　　）是最典型的金融机构。
   A. 银行机构　　　　　　　B. 证券机构
   C. 保险机构　　　　　　　D. 信托机构
2. 下列中（　　）是直接金融机构。
   A. 商业银行　　　　　　　B. 证券公司
   C. 证券经纪人　　　　　　D. 证券交易所
3. 下列中（　　）是商业经营性金融机构。
   A. 中央银行　　　　　　　B. 商业银行
   C. 投资银行　　　　　　　D. 存款保险机构
4. 下列中（　　）是我国的金融监管机构。
   A. 中国人民银行　　　　　B. 中国银监会
   C. 中国证监会　　　　　　D. 中国保监会
   E. 货币政策委员会　　　　F. 财政部
5. 下列中（　　）是中国人民银行的职能。
   A. 反洗钱　　　　　　　　B. 管理信贷征信业务
   C. 办理储蓄存款　　　　　D. 办理信用卡
6. 下列中（　　）是我国的政策性银行。
   A. 国家开发银行　　　　　B. 中国进出口银行
   C. 中国农业发展银行　　　D. 中国农业银行
   E. 农村信用合作社　　　　F. 中国邮政储蓄银行
7. 下列关于我国内地金融机构体系的表述中，正确的有（　　）。

A. 以中国人民银行为核心　　　B. 以商业银行为主体
C. 分业经营、分业管理　　　　D. 混业经营、混业监管

8. 我国在（　　）城市设有证券交易所。
A. 上海　　　　　　　　　　　B. 深圳
C. 广州　　　　　　　　　　　D. 北京

9. 下列中（　　）是中央银行作为"银行的银行"职能的体现。
A. 发行货币　　　　　　　　　B. 代理国库收支
C. 集中存款准备金　　　　　　D. 再贷款者

10. 下列（　　）职能是商业银行与其他金融机构区别的重要标志。
A. 信用创造　　　　　　　　　B. 支付中介
C. 信用中介　　　　　　　　　D. 金融服务

11. 如果您有一笔钱要办理储蓄，应到（　　）金融机构办理。
A. 中国人民银行　　　　　　　B. 中国银行
C. 中国建设银行　　　　　　　D. 中国农业银行
E. 中国工商银行　　　　　　　F. 中国农业发展银行

12. 下列中（　　）是我国的商业经营性金融机构。
A. 中国人民银行　　　　　　　B. 中国银行
C. 中国建设银行　　　　　　　D. 人寿保险公司
E. 证券公司　　　　　　　　　F. 中国银监会

13. 下列中（　　）是受中国银监会监管的。
A. 信托业务　　　　　　　　　B. 信用社
C. 金融租赁业务　　　　　　　D. 保险业务

14. 我国具有金融监管职能的"一行三会"的机构有（　　）。
A. 货币政策委员会　　　　　　B. 中国银行
C. 中国人民银行　　　　　　　D. 中国银监会
E. 中国证监会　　　　　　　　F. 中国保监会

15. 如果您想为您的父母健康进行保险，应当向（　　）机构办理。
A. 中国人民保险集团股份有限公司　　B. 中国人寿保险股份有限公司
C. 中国财产再保险股份有限公司　　　D. 中国人寿再保险股份有限公司

三、判断题

1. 最早的信用中介组织是货币兑换业，最早的银行是由铸币兑换业演变而来的。银行是信用中介机构，是由"货币兑换业→货币经营业→早期银行→现代银行"发展而来的，是典型的、最早产生的金融机构。（　　）

2. 商业银行是间接性金融机构，介入信用交易后，与融资双方形成双重的债权债务关系；商业银行是最早出现的银行，又被称为"存款银行""存款货币银行"；支付中介职能是商业银行最早的职能。（　　）

3. 金融机构体系中，中央银行居于核心地位，商业银行处于主体地位，中央银行或金融管理局是非经营性的、不以营利为目的的金融机构。（　　）

4. 国际金融机构是具有超国家性质的组织机构，是国际货币体系的组成部分。国际清算银行不是政府间的金融决策机构，亦非发展援助机构，是一家办理中央银行业务的机构。国际货币基金组织、世界银行是联合国的专门机构，中国是创始国之一。（   ）

5. 中央银行是从事货币信用活动并管理全国金融的特殊企业，是一国货币金融管理的最高机构，有着绝对的独立性。金融监管机构是一个特殊的企业，是以追求利润为目标，以经营货币资金为对象的特殊企业。（   ）

6. "国家的银行"职能是中央银行首先的、最特殊、最基本的职能，也是区别于商业银行的根本标志；"银行的银行"这一职能是央行作为金融体系核心的基本条件。（   ）

7. 商业银行是指从事各种存款、放款和汇兑结算、储蓄等支付中介业务的银行。现代商业银行已经是全能的、综合性的金融机构。（   ）

8. 中国人民银行是我国的中央银行，机构设置采取总分行制，总行履行执行职能、发行人民币、代理国库。（   ）

9. 我国的商业银行是专业银行，多数采取分支行制；我国的政策性银行就是国外的专业银行，经营以营利为主要目的，中国农业发展银行、国家开发银行就是商业性银行，农村信用合作社是政策性合作制金融组织。（   ）

10. 我国实行银行、保险、证券"分业经营、分业管理"的金融体制，"一行三会"是具有金融监管职能的；中国内地和港、澳、台实行统一的金融制度。（   ）

11. 我国的所有银行、信用社、信托公司、投资基金、保险公司、邮政储蓄、财务公司的业务都由中国银监会负责监管。（   ）

12. 我国设有证券、黄金、期货交易所。（   ）

13. 我国银行机构体系中，中国人民银行是核心，商业银行是主体。（   ）

14. 国家外汇管理局受中国人民银行管理，它的分支机构与当地的中国人民银行分支机构合署办公。（   ）

15. 存款保险公司是政策性非银行金融机构，我国已经发布《存款保险条例》。（   ）

四、简答题

1. 金融体系具有哪些基本功能？金融机构具有哪些职能？
2. 中央银行与一般金融机构有何不同？
3. 银行金融机构与非银行金融机构有何异同？
4. 我国内地金融机构体系是如何构成的？

五、案例分析题

我们先来看看下面这个生活中的偶然事例：

买彩票中奖，这不是不可能的事！无独有偶，小钱同学把省下的零花钱去买了彩票，就中了个千万大奖，一家人意外惊喜！在高兴之余，一家三口为此专门召开了家庭理财会议，决定用这笔款进行合理理财，存银行、买保险、炒股票……一家三口对理财计划进行了热烈讨论。

小钱同学中奖获得优先发言权，说："我还小，现在家里有收入，我也花不了多少钱，保险公司、证券公司又不是银行、有风险，还是把这笔钱存入银行拿利息吧，这样稳妥些，以后我长大、爸妈老了要花钱时就随时有钱花了。"小钱同学的爸妈当即表示反对,"利息也太少了,能管什么用?赶不上大白菜涨价!"

小钱的妈妈认为:"孩子还小,夫妻俩也还年轻,天有不测风云,还是都去买保险吧,这样绝对保险!"小钱同学马上站起来表示反对,说:"乌鸦嘴!要真出事了,钱有什么用呀;没事的话,那保费不白交了呀!"小钱的爸爸也反对,说:"买保险,对于富人来说没多大意义;还是去炒股吧,那样能增值获利。"

小钱同学和他妈妈不完全同意小钱他爸的意见,认为:"股市有风险、入市须谨慎,万一股市暴跌,就打水漂了,连本都赔了。再说我们也不专业,要投资也可以委托信托投资公司帮我们打理呀!"小钱他爸对委托投资也表示赞同。

公说公有理,婆说婆有道。各方意见难统一。这一大笔钱放着真不是办法、也不放心呀!最后,三人商定按3∶2∶2∶3的比例分别投资于银行储蓄、买保险、买证券(股票、国债等)、委托投资。

小钱同学如愿初衷,获得了用"3"份钱去储蓄的权利,就直奔中国人民银行办理储蓄去了。可他万万没想到有钱存都没人要呀!中国人民银行的同志不受理、叫他到商业银行去办。小钱同学只好告辞另行他路,思来想去,感到不解:这钱上面就印着"中国人民银行",怎么就不受理呢?城里有工商银行、农业银行、建设银行、中国银行,就没看到"商业银行"呀!他顿时有个主意:中国人,到"中国银行"去。结果办成了!

思考分析:

1. 上述案例中涉及了哪些金融机构?
2. 小钱同学去存钱的想法、做法是否正确?错在哪里?

六、技能实训题

个人或分组(建议5人为一组、推选1名组长),通过走访当地的有关金融机构,进行实地调查(条件不方便的可以通过网上查询、电话询问),以小组为单位组织汇报调查结果、进行讨论交流。

要求:

1. 每人写一篇关于当地金融机构设置情况的汇报(列出有代表性的各类金融机构全称和该金融机构的内设机构名称)。
2. 根据调查中所了解的业务,以小组为单位进行讨论,谈谈我国商业银行是"分业"还是"混业"经营?是不是一个多功能、综合性的"金融百货公司"?

项目五
金融工具与金融市场

【案例导入】

一名学生的理财规划书

1. 基本情况

现在刚进入外地学校，离开了父母，有了固定的生活费，手中的钱多了起来，开始了自己支配金钱的新生活，却往往感到不知所措。很多人在前半个月花钱大手大脚，后半个月却过上了节衣缩食的日子，这就是典型的不会理财的表现。

2. 目前财务状况

我目前一个月的生活费大约是 1 500 元，如何合理地分配这笔钱，直接影响到我一个月的生活情况。

3. 理财目标

我希望在我的规划下，有限的生活费既能满足正常的生活需要，使我的生活多姿多彩，也能有部分节余，并且能够使自己对财富的控制和管理能力得到大幅提高。

4. 理财规划

（1）准备一个私人账本，把每天的花销全部记录上去。

（2）办一张银行卡，定期存取款项。

（3）制订一个每月消费计划，如果不嫌麻烦的话，将钱分别存在两张卡上，这样一个月就被分成 15 天一次；如果你分成三张卡，可以尝试一下，一个月只用两张卡的钱，然后就可以节省出一张卡里的钱。

（4）把自己每个月的生活费分成 3 份，一份用作伙食费（900 元），一份用作课余活动经费（200 元），还有一份可以用作应急经费（200 元），剩下的可以适时分配或存入银行。

（5）减少逛街的次数，减少对商品的接触。

（6）实现理财计划最重要的一点就是要懂得如何开源节流，尽量减少下饭店、吃快餐的次数，此类吃饭费用就会占我们生活费的很大一部分，理财计划恐怕也难以实现。其次，还要随时对自己的资金了如指掌，确立理财目标。

（7）每月做一个理财计划，列出哪些是应该买的，哪些是不必要花费的，哪些是可买可不买的，以及哪些是一定要买的但是目前暂时可以不要的，然后记录每一次的开销，使你对支出有清楚的了解，知道在何处删减，为什么要删减，以及删减哪些，月末看看哪些是必不可少的开支，哪些是可有可无的开支，哪些是不该有的开支，是否和计划相符，如超出计划，下月就要对不该有的开支和其他的要适当调整自己的消费行为。

问题：1. 您认为学生有学习理财的必要吗？
2. 您知道要理财应与哪些金融机构打交道？储蓄卡、信用卡有哪些功能呢？

【项目目标】

本项目讲述金融工具和金融市场，让您知晓主要的金融工具与常见的金融市场

知识目标

熟悉金融工具及其特征、种类；掌握金融市场的构成与特点，理解金融市场功能

技能目标

学会从多角度、多层面认识金融工具和金融市场，能正确选择金融工具、金融市场

素养目标

培养学生的理财风险意识与金融产品交易能力，正确对待投资理财收益与风险

任务1　知晓金融工具

【学习目标】

☐ 熟悉金融工具及其特征、种类，熟知主要的长短期金融工具
☐ 认识金融工具，学会金融工具的选用
☐ 具有理财风险意识、正确识别与运用金融工具的能力

任务导入

亲爱的同学们，你平时有没有养成良好的理财习惯呢？比如，养成记账的习惯，以便及时调整自己的消费，减少不必要的花费；你有没有养成储蓄的习惯，每月存入银行一定金额作为应急资金，以防突发状况发生时手足无措；你有没有利用课余时间学习有关理财方面的知识，认识一些理财金融工具。如果你正在做或者正打算这样去做，那么我们首先从学习金融工具的基本知识入手，进而了解一些常用的金融工具，为将来投资理财打下一个好的基础。

本任务的学习内容是：金融工具及其特征，金融工具的分类，主要金融工具简介。

🔍 知识准备

金融工具的种类很多，金融创新中会不断衍生出新型的金融工具。

一、金融工具及其特征

金融工具是指在金融市场上充当金融中介的各种凭证。它是金融市场交易的客体，也是我们常说的金融商品，人们借助于这个承载工具实现资金或资本由供应者手中转移到需求者手中。

金融工具具有以下特征：

（一）偿还性

金融市场上的交易是信用交易，其基本要求是有借有还，金融工具作为融资证明必须规定偿还期限，到期借款人必须偿还债务。

（二）流动性

流动性是指金融工具在无损状态下的变现能力。金融工具是标准化的凭证，所以在未到期前，持有者可以将其在金融市场上通过出售来变现。

（三）风险性

风险性是指金融工具的本息存在遭受损失的可能。由于受市场不确定因素的影响，任何金融工具都可能发生收不回本金，预期收益得不到保障的风险。

（四）收益性

收益性是指金融工具能为持有人带来一定的收益，如，利息或股息。收益大小是通过收益率大小来反映的。

> **小贴士**
>
> 收益率有三种计算方法：名义收益率、即期收益率与平均收益率。

二、金融工具的分类

金融工具多种多样，可以从不同的角度来划分种类。按发行者的性质来划分，可分为直接金融工具和间接金融工具；按金融市场交易的偿还期限来划分，可分为长期金融工具和短期金融工具；按发行的范围划分，可分为地方性、全国性和国际性金融工具。

我们还可以把金融工具分为原生金融工具和衍生金融工具。原生金融工具又称为基础性金融工具，是指在实际信用活动中出具的能证明债权债务关系或所有权关系的合法凭证，主要有商业票据、股票、债券、基金等。衍生金融工具又称为金融衍生产品，是在原生金融工具基础上派生出来的金融工具。

知识拓展

衍生金融工具最基本、最主要的有三大类：

（1）金融期货，包括外汇期货、利率期货、债券期货、股票期货、股票价格指数期货等。

（2）金融期权，分为看涨期权、看跌期权。

（3）金融互换，主要常见的有利率互换、货币互换。

三、主要金融工具简介

（一）短期金融工具

1. 票据

票据是指出票人依法签发的，约定自己或委托付款人在见票时或指定日期向收款人或持票人无条件支付一定金额并可转让的有价证券。票据包括汇票、本票和支票，汇票按照出票人不同分为银行汇票和商业汇票。

2. 大额可转让定期存单

大额可转让定期存单，是商业银行为筹集资金而发行的票面金额较大，有一定期限和约定利率并可以流通转让的一种金融工具。

想一想：

大额可转让定期存单与商业银行定期存款存单相同吗？

3. 国库券

国库券是为满足国家财政资金的需要由政府（财政部门）发行的短期政府债券。由于国库券具有风险小、税负轻、期限短、利率优惠等特点，因而成为短期资金市场上最受欢迎的金融工具之一。发行国库券筹集资金用来调节国库的季节性、临时性需要。国库券的债务人是国家，其还款保证是国家财政收入，因此，国库券信誉高，是金融市场上风险最小的投资工具，国外有"金边债券"之美称。

4. 信用卡

信用卡是指具有一定规模的银行或金融公司发行的，可凭此向特定商家购买货物或享受服务，或向特定银行支取一定款项的信用凭证。使用信用卡作为支付方式，高效便捷，可以减少现金货币流通量，并且可以用于存取现金，十分灵活方便。

（二）长期金融工具

1. 股票

股票是股份有限公司按照法定程序向社会公开发行的、证明持股人在公司中投资入股并据以取得一定收益的所有权凭证，是能够给投资者带来一定权利和义务的有价证券。股票有普通股和优先股之分。

> **小贴士**
>
> 普通股股票是指代表着股东享有的平等权利，不加以特别限制，并随着股份有限公司利润的大小而分取相应红利的股票，是股份有限公司发行的最常见、最重要的一种股票，也是风险最大的股票；优先股股票则是相对于普通股股票而言的，它是在股息收益和剩余财产分配方面比普通股享有优先权利的股票。

2. 债券

债券是作为债务人的各类主体，为筹集资金而按照法定程序向社会公开发行的、承诺在一定期限内还本付息的借款凭证。债券上载有发行主体、面额、利率、偿还期限等内容。债券的发行者为债务人，债务的持有者为债权人。债券的基本要素有债券的面值、债券的价格、还本期限、利率等。

> **小贴士**
>
> 债券可分为政府债券、金融债券和公司债券，短期债券、中期债券、长期债券和超长期债券，记名债券和不记名债券，附息债券和贴现债券。

3. 证券投资基金

证券投资基金是一种利益共享、风险共担的集合证券投资方式，即通过发行基金单位，集中投资者的资金，由基金托管人托管，由基金管理人管理和运用资金，从事股票、债券等金融工具投资的方式。证券投资基金具有组合投资、分散风险、专家理财、方便投资的特点。

任务2　熟悉金融市场

> **【学习目标】**
>
> ☐ 掌握金融市场的构成与特点，理解金融市场的功能，熟知货币市场、资本市场及外汇市场
> ☐ 认识金融市场，学会选择进入金融市场交易
> ☐ 具有市场风险意识，正确对待投资理财收益与风险

> **任务导入**
>
> 通过学习，了解到在金融市场上交易的商品称为金融工具，如，股票、债券等。那么，资金供求双方运用各种金融工具调节资金盈余的活动，就称为资金融通，简称为融资。融资对一国乃至全球经济活动的各个方面都有着直接和深刻的影响，如，个人财富、企业的经营、经济运行的效率，都直接取决于金融市场的活动。金融市场和普通商品交易市场一样吗？金融市场的参与者和组织形式有哪些？常见的金融市场有哪几种？对戴着面纱的金融市场还是有几分生疏，因此，我们需要进一步学习金融市场的相关知识。
>
> 本任务的学习内容是：金融市场及其构成要素、金融市场的特点与功能、主要金融市场。

知识准备

一、金融市场及其构成要素

（一）金融市场的含义

金融市场是指通过金融工具的交易实现资金融通的场所或机制。广义的金融市场包括一切金融交易活动，包括货币的借贷、票据的承兑与贴现、有价证券的买卖、黄金、外汇的交易；狭义的金融市场是特指有价证券市场，即股票和债券的发行及流通的场所。通常人们把狭义的金融市场看成典型的金融市场。

金融市场的资金融通方式有两种：直接融资和间接融资。上述两种融资途径构成现代金融市场活动的基本内容。

（二）金融市场的构成要素

金融市场是一个由众多要素构成的有机整体，主要构成要素包括：

1. 金融市场的参与者——金融市场主体

金融市场的参与者主要是资金供需双方。它们既可以是自然人，也可以是法人，包括个人、企业、各级政府、金融机构、中央银行和外国投资者。

2. 金融市场的工具——金融市场客体

金融工具，即金融商品，是金融市场上交易的对象，包括国家债券、金融债券、企业债券、股票、大额可转让存单、本票、汇票、支票等。通过金融商品的买卖，资金在供给者和需求者之间得以相互融通。

3. 金融市场的组织与管理方式——金融市场载体

金融市场的组织方式是指如何将交易双方连接起来，确定交易的价格，从而实现金融工具的转移，也即金融市场的价格形成机制。金融交易的组织方式主要有三种：交易所方式、柜台方式和中介方式。金融市场管理主要包括管理机构的日常管理和中央银行的间接管理以及国家的法律管理等。

（三）金融市场的分类

（1）按金融交易标的物划分为：货币市场、资本市场、外汇市场、黄金市场、保险市场和衍生金融工具市场。

（2）按金融交易的性质划分为：发行市场和流通市场。

（3）按金融交易的交割方式划分为：现货市场、期货市场、期权市场。

（4）按金融交易活动的地域范围划分为：国内金融市场和国际金融市场。

（5）按金融交易的场所划分为：有形市场和无形市场。

（6）按金融交易约定的付款时间划分为：即期市场和远期市场。

> **小贴士**
>
> 目前世界上著名的国际金融市场有伦敦、纽约、东京、苏黎世、法兰克福、卢森堡、新加坡等。

二、金融市场的特点与功能

（一）金融市场的特点

（1）金融市场的交易对象是同质的金融商品。金融商品的内容十分广泛，不仅指货币资金，还包括银行存贷款、保险、信托、黄金、外汇、证券、期货等。

（2）金融市场的参与者主要是资金的供给者和需求者。前者拥有闲置的盈余资金，后者则资金不足。交易双方的关系不再是单纯的买卖关系，而是建立在信用基础上的、一定时期内的资金使用权的有偿转让关系。

（3）金融市场不受固定场所、固定时间的限制。随着现代通信技术的发展和计算机网络的普及，越来越多的金融交易借助于无形市场，在瞬间便可以完成。

（4）金融商品的供求关系以及金融交易的运行机制——价格机制，表现为金融商品的价格和资金借贷的利率。在金融市场上，利率就是资金的价格。在这种特殊价格信号的引导下，资金自动、迅速、合理地流向高效率的部门，从而优化资源配置，推动经济持续快速发展。

想一想：

金融市场和普通商品交易市场有何异同？

（二）金融市场的功能

（1）融通资金。金融市场是一种多渠道、多形式、自由灵活的筹资与融资场所。融通资金是金融市场的基本功能。

（2）优化资源配置。在资源需求无限和资源供给有限的条件下，通过金融市场导向，能合理分配资源，使其发挥最佳效用。

（3）信息反映。金融市场是国民经济的"晴雨表"和"气象台"，是公认的国民经济信号系统。

（4）宏观调控。由于金融市场在市场体系中占据着主导地位，它必然成为国家进行宏观经济调控的主要工具。国家通过中央银行的多种货币政策，影响市场货币供应量，达到宏观调控的目的。

三、主要金融市场

（一）货币市场

1. 货币市场的含义与特点

货币市场，又称为短期资金市场，指期限在一年以内的资金借贷及短期有价证券的交易市场。货币市场通常可以细分为票据市场、同业拆借市场、大额可转让定期存单市场、短期债券市场、银行短期信贷市场、回购协议市场等。货币市场具有短期资金融通、管理、政策传导、促进资本市场（尤其是证券市场）发展的功能。货币市场具有如下特点：

（1）交易的期限短。最长一年，最短一天，偿还期较短。

（2）交易的目的是解决短期资金周转供求需要。期限短，它为市场的参加者提供流动性头寸，以补充临时性、周转性、自偿性资金的需求。

（3）金融工具具有较强的流动性，可以随时在市场上换成现金，接近于货币，所以称为货币市场。

（4）期限短、流动性强，容易规避风险。

2. 货币市场的主要内容

（1）票据市场。票据市场包括票据承兑市场和票据贴现市场。

①票据承兑市场是指授予承兑保证，创造承兑汇票的市场。承兑是指汇票付款人承诺在汇票到期日支付汇票金额的一种票据行为。

②贴现市场包括贴现、转贴现和再贴现。贴现是指客户持未到期票据向商业银行（或办理贴现业务的其他金融机构）兑取现款以获得短期融资的行为，它反映企业与商业银行之间的关系；再贴现指商业银行将其贴现收到的未到期票据向中央银行再办理贴现的融资行为，它反映中央银行与商业银行之间的关系；转贴现指商业银行将贴现收进的未到期票据向其他商业银行或贴现机构进行贴现的融资行为，它反映商业银行之间的关系。

（2）同业拆借市场。同业拆借市场是指银行等金融机构互相之间进行的资金融通活动。这种市场的参加者都是金融机构。

拆借也称为拆款，是一种以天计算的极短期的借款，一般不超过 24 小时，最长也不超过 1 个月。拆款以日计息，称为"拆息"。拆借利率变动频繁，可以灵敏地反映资金供求状况。

> **小贴士**
>
> 在发达的金融市场上，银行同业拆借次数频繁、数量巨大，主要用于弥补临时头寸的不足和灵活调动资金。

（3）大额可转让定期存单市场，也称为 CD 市场。它是指发行和买卖大额可转让定期存单的市场。CD 市场是商业银行和金融公司吸收存款的一种手段。其特点是面额大、期限固定、可自由流通转让。

（4）国库券市场。国库券市场是国库券的发行与推销、转让和贴现的市场。国库券是短期资金市场最受欢迎的金融工具之一，其一级、二级市场也非常活跃。因此，国库券市场不仅成为投资者的理想场所，而且成为政府调节财政收支和中央银行进行公开市场操作以调节货币供应量的重要基地。

（二）资本市场

1. 资本市场的含义和特点

资本市场是指融通一年以上长期资金的金融市场，又称长期资金市场，是金融市场的重要组成部分。资本市场通常又可以细分为银行中长期信贷市场、股票市场、证券投资基金市场、债券市场等。

资本市场的主要功能是沟通资金供需，引导储蓄转化为投资，具有如下特点：

（1）期限长。融资期限至少在一年以上，最长可达数十年，甚至没有期限，如股票。

（2）融资的目的主要是为解决长期投资性资金需要。新筹措的长期资金主要用于补充固定资本，扩大生产能力。

（3）长期金融工具流动性较差、收益高，但价格波动幅度大，有较大风险。

（4）资金交易量大。筹措的资金主要是为解决长期投资性资金的需要，资金量大。

2. 资本市场的主要内容

（1）银行中长期信贷市场。银行中长期信贷市场是指银行及其他金融机构办理一年期以上的中长期信贷业务的金融市场。中长期信贷主要用于企业固定资产的更新、扩建或新建的资金需要。

（2）证券市场。证券市场是债券、股票、证券投资基金等有价证券发行和流通的场所，证券市场又可分为证券发行市场（一级市场、初级市场）和证券流通市场（二级市场、次级市场）。

> **相关链接**
>
> 纽约股票市场是纽约资本市场的一个组成部分。在美国，有10多家证券交易所按证券交易法注册，被列为全国性的交易所。其中，纽约证券交易所、NASDAQ和美国证券交易所最大，它们都设在纽约。
>
> 公司股票的日常交易，由股票经纪人在股票交易所中每天代客买卖。纽约证券交易所和美国证券交易所大约各有600多家经纪人。在美国，场外交易市场的经纪人大约有4 000多家。美国的投资银行在股票市场十分活跃，它们代公司发行和销售股票。
>
> 为了监督股票交易，美国政府根据1934年证券交易法设立了证券交易委员会。所有证券交易所、股票经纪人和上市的股票均需在委员会注册并接受其监督。为了减少过度利用信贷进行股票投机，美国联邦储备体系对购买或持有股票的借款规定了法定保证金比率。

（三）外汇市场

1. 外汇市场的含义与分类

（1）含义。外汇市场是从事外汇交易和外汇投机的市场。经营者通过计算机网络来进行外汇的报价、询价、买入、卖出、交割、清算。外汇市场实际上是一个包含了无数外汇经营机构的计算机网络系统。目前，外汇市场是全球最大的金融市场。

（2）分类。按照外汇交易参与者的不同，外汇市场可分为广义的外汇市场和狭义的外汇市场。狭义的外汇市场又称为外汇批发市场，它特指银行同业间的外汇市场，包括各国中央银行、商业银行、非银行金融机构、外汇经纪公司等，交易金额巨大。广义的外汇市场，除了上述狭义的外汇市场外，还包括银行与一般客户之间的外汇交易。本教材所述的外汇市场是广义的外汇市场。按照外汇交易有无固定场所，外汇市场分为有形市场和无形市场两种形式。

外汇市场具有空间统一性、时间连续性的特点，具有为国际经济交易提供资金融通、实现购买力的国际转移、提供外汇保值与投机的功能。

> **小贴士**
>
> 现代的国际外汇市场已成为交易人之间进行外汇交易的一个普及全世界的电讯网络。当西欧外汇市场从早上开始到下午2时结束营业时，纽约外汇市场刚好开市；纽约市场结束营业时，正是悉尼市场一天中开始营业的时候；东京市场收盘时，又与西欧市场衔接，如此周而复始。所以，当前国际外汇市场又是一个24小时连续周转的全球市场。

2. 外汇市场的交易方式

（1）即期外汇交易又称现汇交易，指外汇买卖成交后，在两个营业日内办理交割的外汇交易。实际上，一般是在成交后的第二个营业日进行。如，一家中国进出口公司从美国进口计算机，5月1日到货，验货后付款，5月2日按当日银行外汇牌价完成交割，办理货款的实际交付，如果交割的那一天正逢银行节假日，就顺延。即期外汇交易是外汇市场上最常见、最普遍的交易形式，其交易量居各类外汇交易之首，即期交易的汇率构成了所有外汇汇率的基础。

（2）远期外汇交易又称期汇交易，指外汇买卖成交后双方先签订合同，待合同到期，按照约定的汇率办理交割的外汇交易方式。远期外汇交易是一种预约性交易，预约的交割期一般为1~6个月，最长为12个月。远期外汇交易可以用来避险，也可以用来投机。

（3）套汇交易指套汇者在同一时间内，利用不同的外汇市场、不同的货币种类、不同的交割期限在汇率上的差异，而进行的贱买贵卖的外汇交易方式。如，在日本外汇市场上1美元=110日元，而同时在美国外汇市场上1美元=112日元，则套汇者在日本外汇市场上买进美元，然后在美国外汇市场上卖出美元，利用汇率上的差异赚取差价。

（4）套利交易指当不同国家金融市场短期利率存在偏差时，投资者将资金从利率低的国家转移到利率高的国家，以期增加收益的外汇交易方式。

> **相关链接**
>
> 我国的外汇市场是随着经济体制改革开放的不断扩大而产生、发展起来的。1985年12月，深圳成立了全国第一家外汇调剂中心，这是我国外汇市场的雏形。1994年4月，中国外汇交易中心在上海正式成立并投入运营，表明我国已经形成统一的全国性外汇市场（银行间外汇交易市场），进入调整发展期。
>
> 世界外汇市场是主要由各国国际金融中心的外汇市场构成的一个庞大体系。目前世界上约有外汇市场30多个，其中，最重要的有纽约、伦敦、巴黎、东京、瑞士、新加坡等。

（四）黄金市场

1. 黄金市场的含义与分类

黄金市场是集中进行黄金买卖的交易场所。

黄金市场按其性质可分为主导市场和区域市场。主导市场是国际性交易集中的市场，其价格的形成及交易量变化对其他市场有很大影响。区域市场是指交易规模有限且多集中在本地区及市场影响不大的市场。

黄金市场还有其他的分类方法。如，按交易类型和交易方式可分为现货交易市场和期货交易市场，按交易管制的程度可分为自由交易市场和限制交易市场。

2. 黄金市场的交易方式

（1）黄金现货市场交易。黄金现货市场是在交易双方成交后两个工作日内交割的黄金交易方式。黄金现货主要是金块（砖）、金锭、金条和金币。黄金现货市场交易的价格一般以伦敦市场的金价为基准。

（2）黄金期货市场交易。黄金期货市场交易是由交易双方先签订合同并交押金后，在预约的日期办理交割的交易方式。黄金期货交易可分为保值交易和投机交易。保值交易是人们为了避免贬值或政治动乱而购买黄金以保存实际的货币价值,或者是为了避免金价波动造成损失而进行的黄金买卖。投机交易是利用金价的波动,预期金价在未来的涨跌趋势,买空或卖空,从中牟取投机利润。

> **相关链接**
>
> 目前世界上大约有40多个各种各样的黄金市场,其主导市场有伦敦、苏黎世、纽约和中国香港四大黄金市场。其中,伦敦黄金市场是世界上最主要的黄金现货市场。
>
> 2002年10月,上海黄金交易所是经国务院批准,由中国人民银行组建,不以营利为目的,实行自律的法人组织。遵循公开、公平、公正和诚实信用的原则组织黄金、白银等贵金属交易。它的成立,标志着我国黄金市场的产生。目前,上海黄金交易所的主要交易形式是实盘黄金现货交易。

项目小结

(1)金融工具是指在金融市场上充当金融中介的各种凭证,具有偿还性、流动性、风险性、收益性的特征。金融工具是金融市场交易的客体,也是我们常说的金融商品,人们借助于这个承载工具实现资金或资本的转移。

(2)原生金融工具是指在实际信用活动中出具的能证明债权债务关系或所有权关系的合法凭证;衍生金融工具则是在原生金融工具的基础上派生出来的。

(3)金融市场是指通过金融工具的交易实现资金融通的场所或机制。金融市场的资金融通方式有直接融资和间接融资。金融市场是由金融市场的参与者、金融工具、组织形式与管理方式等要素构成的。金融市场具有融通资金、优化资源配置、信息反映、宏观调控的功能。

(4)按金融交易标的物的不同,金融市场划分为货币市场、资本市场、外汇市场、黄金市场、保险市场和衍生金融工具市场。

练习与实训

一、填空题

1. 金融工具是指在金融市场上充当_____的各种凭证,具有_____、_____、_____和_____的特征。
2. 金融工具按发行者的性质不同,可分为_____和_____。
3. 金融市场是指通过金融工具的交易实现_____的场所或机制。金融市场的资金融通方式有_____和_____。
4. 金融市场构成要素包括_____、_____以及_____。
5. 按金融交易标的物不同,金融市场可分为_____、_____、

_____、_____、_____、_____。

二、选择题（不定项）

1. 下列关于金融市场的说法中，正确的有（　　）。
   A. 金融市场是融通资金的场所或机制
   B. 金融市场借助于金融工具进行交易
   C. 金融市场的基本功能是融通资金
   D. 金融市场要有资金供需双方参与

2. 下列中（　　）是金融工具的特点。
   A. 偿还性   B. 流动性
   C. 风险性   D. 收益性

3. 下列是货币市场金融工具的有（　　）。
   A. 票据   B. 国库券
   C. 大额可转让定期存单   D. 股票

4. 证券投资基金的特点有（　　）。
   A. 组合投资   B. 专家理财
   C. 方便投资   D. 没有风险

5. 按风险从小到大，下列排列中正确的有（　　）。
   A. 储蓄存款、债券、股票   B. 国库券、债券、股票
   C. 股票、债券、国债   D. 债券、股票、储蓄存款

6. 下列中只有银行机构参加的金融市场有（　　）。
   A. 贴现   B. 信贷
   C. 同业拆借   D. 转贴现

7. 下列中政府调节收支和央行进行公开市场操作的工具有（　　）。
   A. 国债   B. 票据
   C. 企业债券   D. 股票

8. 我国现有的国债是在（　　）上市交易的。
   A. 银行   B. 证券交易所
   C. 期货交易所   D. 财政部门

9. 下列中最基本、最主要的金融衍生工具有（　　）。
   A. 票据   B. 存单
   C. 期货   D. 期权

10. 下列中风险最大的是（　　）。
    A. 普通股   B. 优先股
    C. 债券   D. 投资基金

三、判断题

1. 金融市场是资金融通的市场，融资双方通常需要在固定市场内进行交易，如，证券交易所、期货交易所等。（　　）

2. 金融工具的风险，与流动性成反比，与收益性成正比。（　　）
3. 债券是一种所有权证券，股票是一种债权债务凭证。（　　）
4. 证券投资基金是一种集合投资证券方式，安全无风险，投资收益比投资于股票的收益高，而且有保证。（　　）
5. 再贴现是指银行以贴现购得的没有到期的票据向其他商业银行所做的票据转让。（　　）
6. 承兑是各种票据都有的一种票据行为，商业承兑汇票比银行承兑汇票更具有付款保证。（　　）
7. 国库券、金融债券有"金边债券"之美称。（　　）
8. 我国设有证券、期货、黄金交易所。（　　）
9. 即期交易就是成交后立即交割。（　　）
10. 偿还性是指金融工具在无损状态下的变现能力。（　　）

四、简答题

1. 金融市场有哪些特点？主要的金融市场有哪几种？
2. 货币市场、资本市场各有哪些功能与特点？

五、案例分析题

1. "股神"巴菲特的传奇故事：一万美元变为二点七亿！

如果在1956年，你的祖父母给你10 000美元，并要求你和巴菲特共同投资，如果你非常走运或者说很有远见，到现在你的资金就会获得27 000多倍的惊人回报，而同期的道·琼斯工业股票平均价格指数仅仅上升了大约11倍。巴菲特没有继承任何财产，他持有伯克希尔公司30%多的股份。伯克希尔公司是一家投资控股公司，它拥有大量的股票、债券、现金和其他投资品种以及众多的实业公司。1965年当巴菲特收购伯克希尔公司时，伯克希尔的股票价格只有十几美元，而道·琼斯指数接近1 000点；1983年，伯克希尔的股票价格约为1 000美元，而道·琼斯指数约为1 000点；到2002年，道·琼斯指数约为10 000点，伯克希尔的股票价格却涨到了大约75 000美元。现在伯克希尔公司主要拥有可口可乐、吉列、美国特快、迪士尼和华盛顿邮报这样一些享誉全球的大公司的持股权。他的股票也在30年间上涨了2 000倍。巴菲特说："投资的决定可用六个字来概括，即简单、传统、容易。"

(1) 什么是股份、道·琼斯指数？
(2) 你从巴菲特的个人投资经历中得到了哪些启示？

2. 一岁"余额宝"给传统金融业带来了什么？

余额宝，是2013年6月13日上线的互联网理财产品，凭借高于银行活期储蓄利息十几倍的收益，余额宝"出生"当月便吸引了251.56万用户。到2014年2月27日，余额宝用户超过8 100万，资金规模突破5 000亿元，负责管理余额宝资金的天弘基金也一跃成为全球第四大货币基金。"出生"短短一年时间，余额宝的资产规模和客户数量出现了爆发式增长，用户数量已超过了1亿户。

有专家感叹，我国证券市场经历了23年的发展，股民数量才不到7 000万。而余额宝仅仅上线一年,用户数就突破了1亿。可见互联网金融影响力之大。阿里巴巴有关负责人也在2014年连番表态:余额宝不是一款战略级产品,作为一款小微金融服务产品,将正面迎接针对互联网金融的监管。

谈谈你是如何看待"余额宝"这一现象的。

六、技能实训题

1. 个人通过网上查询或查阅图书,学习《票据法》《票据管理实施办法》和《支付结算办法》。

要求:

(1) 请列出银行承兑汇票的法定记载要素、出票人的条件、基本规定。

(2) 结合老师给出的银行承兑汇票(样票),练习填写。

2. 个人或分组(建议5人为一组,推选1名组长),通过走访当地的证券公司,进行实地调查(条件不方便的可以通过网上查询),以小组为单位组织汇报调查结果、进行讨论交流。

要求:写一篇关于当地证券交易情况的调查报告(列出证券种类、交易方式等)。

项目六
金融业务

【案例导入】

中央银行将于今日（2011年4月14日）下午三点首次发布社会融资总量这个全新指标。业界专家称，社会融资总量有可能成为货币政策调控的新指标。但社会融资总量与货币条件乃至货币政策工具的选择之间存在什么样的联系，需要进一步观察。

今年2月17日，央行调查统计司司长盛松成首次撰文阐释社会融资总量的概念：即一定时期内（每月、每季度或每年）实体经济从金融体系获得的全部资金总额。央行当前执行的统计口径为：社会融资总量等于人民币各项贷款、外币各项贷款、委托贷款、信托贷款、银行承兑汇票、企业债券、非金融企业股票、保险公司赔偿、保险公司投资性房地产等各项之和。

盛松成表示，与新增人民币贷款相比，社会融资总量与消费者价格指数的关系更加密切，因此，必须将其规模保持在一个合理的水平。央行最近也表态，2008年年末以来陆续开工的基础设施等建设项目目前已在建设中，对信贷资金存在一定的刚性追加需求。

经过测算，社会融资总量与GDP存在稳定的长期均衡关系。可以根据GDP和CPI等指标推算支持实体经济发展所需要的相应的社会融资总量。通过完善金融统计制度，加强中央银行与各金融监管部门和有关方面的协调配合，可形成社会融资总量的有效调控体系。

有专家对当前披露的社会融资统计口径提出异议。专家表示，如果将规模巨大的外汇占款、国债和外商直接投资（FDI）等剔除在社会融资总量之外，会令统计数据缺乏代表性。中央财经大学中国银行业研究中心主任郭田勇认为，如果要反映"融资总量"的概念，还理应包括民间借贷等非正规融资，不过目前这些在统计中还是个盲点。

尽管存在不同看法，但业界专家对于社会融资总量将成为调控新指标的"身份"给予了高度认同。但社会融资总量与货币条件乃至货币政策工具的选择之间存在什么样的联系，需要进一步观察。

资料来源：闫立良．央行今日起开始公布社会融资总量．证券日报，2011年4月14日A2版．

思考：1. 您是否了解案例中所提及的金融业务？
2. 什么是货币政策以及货币政策工具。

项目六 金融业务

【项目目标】

本项目讲述中央银行、商业银行、保险、证券、信托投资的主要业务,让您知晓我国主要金融机构的业务

知识目标

了解中央银行的业务,掌握商业银行、保险公司的主要业务,了解证券与信托业务,理解中央银行业务活动原则、商业银行的经营原则和保险的特征、职能、原则

技能目标

学会区分各类金融机构的业务范围,熟知商业银行、保险公司、证券公司、信托投资公司的主要业务知识与技能

素养目标

培养学生的金融理财意识、业务沟通交往能力,热爱金融行业相关岗位工作

任务1 知晓中央银行业务

【学习目标】

- 了解中央银行的业务类型与内容,理解中央银行业务活动的目的与原则
- 知晓中央银行业务,能初步分析中央银行业务与履行宏观调控职能的关系
- 具有金融意识和金融经济政策意识

任务导入

中国人民银行成立之时就发行人民币,后来在相当长的一段时间里,承担着国家银行的职能。1983年9月,国务院决定由中国人民银行专门行使国家中央银行职能。1983—1992年,我国进行了金融体制改革。1993年,按照国务院《关于金融体制改革的决定》,中国人民银行进一步强化金融调控、金融监管和金融服务职责,划转政策性业务和商业银行业务。1995年3月18日,全国人民代表大会通过《中华人民共和国中国人民银行法》,首次以国家立法形式确立了中国人民银行作为中央银行的地位,标志着中央银行体制走向了法制化、规范化的轨道。

中国人民银行办理业务,与我们的生活、经济社会有着怎样的关系呢?

本任务的学习内容是:中央银行的业务活动原则,中央银行的一般业务。

知识准备

中国人民银行是我国的中央银行,其业务特殊,不对个人和一般单位办理,但与我们的

生活、经济社会有着密切的关系。

一、中央银行的业务活动原则

中央银行作为一国管理金融的首脑金融机构,与商业银行及其他金融机构有着不同的业务活动原则,主要是:

(一) 不以营利为目的

中央银行以调节宏观经济为己任,通过执行国家的经济政策和金融政策来维护正常金融活动。因此,业务活动绝不能以营利为目的。

(二) 不经营一般银行业务

各国法律规定了中央银行在金融活动中的特殊地位和作用,这是一般金融机构所不具备的。为此,中央银行不能从事一般银行业务,不能与其他银行金融机构竞争。

(三) 不付存款利息

中央银行吸收的存款主要是财政存款及金融机构交来的存款准备金。前者是代理国家金库的结果,纯属保管性质;后者是集中存款准备储备和为清算服务的结果,属于调节、服务性质,故对存款一般不能给付利息。

(四) 资产具有最大流动性

中央银行从事宏观经济调控,手中需要掌握相当数量的资金来实现调节市场资金供求,进而影响投资和经济。为了使这些货币资金能灵活调度、及时运用,中央银行必须保持资产的流动性,不可投放于不易变现的领域。

二、中央银行的一般业务

中央银行作为一个特殊的金融机构,与其他金融机构一样,也要办理许多的金融业务和提供综合性的金融服务,主要有三大类:

(一) 负债业务

中央银行负债业务,是指中央银行取得资金来源的业务。主要有:

1. 货币发行业务

货币发行是中央银行的职能之一,也是中央银行最重要的负债业务,货币发行是中央银行对社会公众的负债,货币发行量大小体现中央银行的货币政策意图。流通中的现金构成了最大的资金来源。

> **知识拓展**
>
> 货币发行具有双重含义:一是指货币从中央银行发行库通过各家银行业务库流向社会;二是货币从中央银行流出的数量大于流入的数量。一国的货币发行,通常要遵循垄断性原则、信用保证原则、弹性发行原则。

我国人民币的发行是由中国人民银行设置的发行基金保管库（发行库）办理的。发行基金是人民银行保管的已印好而尚未进入流通的人民币票券。发行库设有总库，下设分、支库，各商业银行设立业务库。具体发行程序见图6-1。

图6-1 人民币发行程序

2. 存款业务

中国人民银行所吸收的主要存款，一方面来源于商业银行和非银行金融机构，另一方面来源于政府和公共部门存款。

（1）集中存款准备金。存款准备金是商业银行为应付客户提取存款和划拨清算的需要而设置的专项资金。我国商业银行的存款准备金包括三部分：一是库存现金，即支付准备金，由商业银行保留；二是法定存款准备金，它按存款的一定比例上缴央行，是央行调控货币信用的政策手段，使用主动权在央行；三是超额存款准备金，它是商业银行资产调整和信用创造的条件，使用主动权在商业银行。

（2）经理国库资金（国库存款）。中央银行具有代理国库的职能，经理国库业务是其履行国家银行职能的体现。国家的全部预算收入、支出都分别由国库收纳入库、拨付。通过此业务，央行可吸收大量的财政金库存款和财政性存款，形成稳定的资金来源。我国法律规定由中国人民银行经理国库，国家金库设中央国库和地方金库。

此外，还有特种存款（中央银行根据需要向金融机构集中资金形成的存款）、外国存款（外国中央银行或政府为国际清算而在本国中央银行开办的存款）。

3. 资本业务

这实际上就是筹集、维持和补充自有资本的业务。维持正常业务活动必须拥有一定数量的资本，主要有三个途径：政府出资、地方政府或国有机构出资、私人银行或部门出资。中国人民银行的全部资本由国家出资，属于国家所有。

4. 其他负债业务

其他负债业务，如，发行中央银行债券、国际金融机构负债等。

（二）资产业务

中央银行资产业务是指其资金的运用业务，即中央银行在一定时期内拥有的各种有价物、收益的总和。主要包括：

1. 贷款业务

贷款业务是中央银行主要资产业务之一。中央银行的贷款业务主要有以下几类：

（1）对商业银行的贷款（再贷款）。这种贷款一般是短期的，而且多是以政府债券或商业票据作为担保的抵押贷款，有信用贷款、担保贷款、抵押贷款和贴现贷款（再贴现）等类型。这是中央银行贷款中最主要的部分，是中央银行作为"银行的银行"的具体体现。

（2）对政策性银行的贷款。它是按照国家产业政策的需要，为支持国家重点建设而贷放给各政策性银行的资金。

(3) 对其他银行与金融机构的贷款。它属于一种短期资金融通。

(4) 对政府的贷款。对政府的贷款是在政府财政收支出现失衡时提供贷款支持的应急措施，多为短期信用放款。有政府借款、政府透支和购买政府债券等，前两者易引起通货膨胀，后者是常用的、负面影响小。对此，我国《中华人民共和国中国人民银行法》有专门规定。

> **相关链接**
>
> 《中华人民共和国中国人民银行法》的规定：中国人民银行不得对政府财政透支，不得直接认购、包销国债和其他政府债券，不得向地方政府、各级政府部门提供贷款，不得向非银行金融机构以及其他单位和个人提供贷款，但国务院规定中国人民银行可以向特定非银行金融机构提供贷款的除外。

(5) 各种专项贷款。这部分业务日益减少，在我国主要是国务院决定中国人民银行可以向特定的非银行金融机构提供的贷款。

2. 再贴现（重贴现）业务

再贴现（重贴现）业务是商业银行持贴现未到期票据向中央银行申请再办理贴现的融资行为。在这里，中央银行买进商业银行的票据形成了自己的资产，并作为"最后贷款人"向商业银行融通了资金；商业银行获得了资金，就可以为自己购买新的资产。再贴现实质上也是一种贷款。

想一想：
贴现与再贴现、再贴现与再贷款有何不同？

3. 证券买卖业务

证券买卖业务是指中央银行在金融市场上公开买卖有价证券的一项业务活动。中央银行买卖证券一般都是通过其公开市场业务进行的。买卖的证券主要是政府公债、国库券以及其他市场性很强的有价证券。买卖方式一般有两种：一是直接买卖（一次性买卖）；二是附有回购协议的买卖。其基本目的在于调节和控制货币供应量，以影响整个宏观经济。

4. 黄金外汇储备业务

金银的安全性强，各国中央银行基于稳定币值、稳定汇价和调节国际收支的需要，通常要保留一定数量的金银和外汇储备。《中华人民共和国中国人民银行法》规定，中国人民银行具有"持有、管理、经营国家外汇储备、黄金储备"的职责。

> **小贴士**
>
> 中央银行保管的黄金与首饰店的黄金是不同的。前者是货币性黄金，后者是商品性黄金。

5. 其他资产业务

中国人民银行的现金、应收期票、兑付国债本息均属于其资产业务。此外，还办理联行往来、拆借资金、国际金融往来、外汇人民币资金往来等业务。

(三) 其他业务

中央银行的业务，除了资产、负债业务以外，还有一些具有重要地位和作用的其他业务活动，如，资金清算业务、会计统计业务、对外汇和外债的管理、对外金融活动等。这些业务虽不直接影响中央银行的资产负债的增减变化，但却和中央银行的资产负债业务有着密切的关系，对中央银行发挥其职能作用具有重要的影响。

> **相关链接**
>
> 《中华人民共和国中国人民银行法》规定："中国人民银行应当组织或协助组织金融机构相互之间的清算系统，协调金融机构相互之间的清算事项，提供清算服务。"中央银行的资金清算业务，是中央银行作为银行的支付中介，对商业银行和其他金融机构之间发生的资金往来和债权、债务关系，通过其在中央银行开立的存款账户，进行划转结算的行为。中央银行的资金清算业务主要有：集中办理票据交换、集中清算交换差额、组织异地资金转移。

任务2　掌握商业银行业务

> **【学习目标】**
> - 掌握商业银行的主要业务，了解商业银行的经营与管理
> - 学会区分各类银行金融机构的业务范围，熟知商业银行业务知识与技能
> - 具有金融理财服务意识，业务沟通交往能力，热爱银行业相关岗位工作

> **任务导入**
>
> 中国金融新闻网2014年7月16日：中国人民银行今天发布了《2014年上半年社会融资规模统计数据报告》。报告显示，初步统计，2014年上半年社会融资规模为10.57万亿元。据了解，10.57万亿元为历史同期最高水平，比去年同期多4 146亿元，比应对国际金融危机期间的2009年和2010年同期平均水平多2.08万亿元。
>
> 其中，上半年人民币贷款增加5.74万亿元，同比多增6 590亿元；外币贷款折合人民币增加4 632亿元，同比少增1 159亿元；委托贷款增加1.35万亿元，同比多增2 393亿元；信托贷款增加4 601亿元，同比少增7 764亿元；未贴现的银行承兑汇票增加7 871亿元，同比多增2 702亿元；企业债券净融资1.30万亿元，同比多增861亿元；非金融企业境内股票融资2 022亿元，同比多增774亿元。2014年6月份社会融资规模为1.97万亿元，分别比上月和去年同期多增5 678亿元和9 370亿元。

此外，从结构来看，上半年人民币贷款占同期社会融资规模的54.3%，同比高4.3个百分点；外币贷款占比4.4%，同比低1.3个百分点；委托贷款占比12.8%，同比高1.8个百分点；信托贷款占比4.4%，同比低7.8个百分点；未贴现的银行承兑汇票占比7.4%，同比高2.3个百分点；企业债券占比12.3%，同比高0.3个百分点；非金融企业境内股票融资占比1.9%，同比高0.7个百分点。

商业银行是金融机构体系的主体，业务大、涉及面广、机构网点多，对经济生活的影响最深远，很有必要学习商业银行业务知识与业务技能。

本任务的学习内容是：商业银行的主要业务，商业银行的经营与管理。

知识准备

一、商业银行的主要业务

（一）负债业务

商业银行的负债业务是指形成商业银行资金来源的业务，是资产业务的前提和条件。商业银行广义的负债业务主要包括：

1. 自有资本

规范化商业银行的自有资本包括银行股东的投资和税后留存利润。我国商业银行的资本金主要包括：实收资本、资本公积、盈余公积、未分配利润。

相关链接

《中华人民共和国商业银行法》规定，设立商业银行必须符合规定的最低注册资本额。其中，设立全国性商业银行的注册资本最低限额为10亿元人民币，城市商业银行的注册资本最低限额为1亿元人民币，农村商业银行的注册资本最低限额为5 000万元人民币。注册资本应当是实缴资本。资本充足率不得低于8%。

2. 存款业务

存款业务是指银行接受客户存入的货币款项，存款人可随时或按约定时间支付款项的一种业务。

银行自有资本是银行开展业务活动的物质基础，但对银行来说，具有重要意义的始终是存款。存款业务是商业银行最传统、最古老的业务，也是最主要的负债业务，一般占到负债总额的70%以上。商业银行吸收的存款主要来源于工商企业生产经营过程中暂时闲置的货币资本、居民消费过程中暂时不用的货币收入、银行贷款的转存以及其他的货币资金。

商业银行的存款按支取方式一般可分为活期存款、定期存款和储蓄存款。其中，活期存款和定期存款主要针对企事业单位办理，储蓄存款主要针对个人办理。

（1）活期存款。活期存款是指存款户可以随时存入和支取的一种存款。其特点是：存取无一定期限；客户支用时，一般应使用银行规定的支票，故又称支票户存款；无论期限长短，商业银行往往对这类存款不支付或支付很少的利息。

（2）定期存款。定期存款是指存款户预先约定期限，期满前一般不能提取的一种存款。

存款期限一般有 3 个月、6 个月、1 年、2 年、3 年、5 年等，由存款户自行选择。其特点是：存款有一定期限，具体由存款户与银行事先约定；取款时使用银行出具的定期存款单；存款利息比活期存款高，期限越长，利率越高；存款未到期一般不予提前支取。

（3）储蓄存款。这类存款是城乡居民把待用或节余的钱存入银行或其他金融机构形成的存款。

储蓄存款根据存款期限不同，可分为：

①活期储蓄存款，是指开户时不约定存期，可随时存取，存取金额不限的一种个人存款。

②定期储蓄存款，是在存款开户时约定存期，一次或按期分次（在约定存期内）存入本金，整笔或分期、分次支取本金或利息的一种存款方式。定期储蓄存款分为以下几种类型：整存整取、零存整取、整存零取、存本取息、教育储蓄、定活两便和通知存款。

> **小贴士**
>
> 我国银行储蓄的原则是"存款自愿、取款自由、存款有息、为存款人保密"。国家鼓励和保护居民储蓄存款。储蓄存款近年迅速增长，银行将其转化为生产经营资金，实现消费基金向积累基金转化，促进经济发展。

想一想：

如果要储蓄，您会选择哪一类金融机构和哪一储蓄存款种类？办理储蓄应持什么证件？存折、银行卡丢失了又应当怎么办？

3. 其他负债业务

（1）同业拆借。同业拆借专指银行之间为因资金周转而发生的短期借贷行为，是银行的传统业务。这种业务的主要特点是：期限短，最长不超过 4 个月，一般为日拆、周拆、月拆；数量大、频繁，是经常性业务。

（2）向中央银行借款。主要是为了解决临时性或季节性资金需求。其借款方式有再贴现和再贷款两种。通过再贴现和再贷款，一方面商业银行筹措到资金；另一方面也是中央银行向社会注入基础货币，从而调节货币供应量。

（3）发行金融债券。发行金融债券是商业银行等金融机构为筹集长期资金或特定用途贷款的资金，而发行的一种债券。

（4）境外负债。境外负债主要是向国际银行与国际金融组织借款；商业银行在境外设立分支机构，吸收存款；在国际金融市场上发行各种票据、各种有价证券，筹集资金。境外负债是利用外资的主要渠道。

（5）结算过程中的短期资金占用。商业银行在为客户办理转账结算过程中可以占用客户资金。虽然每笔业务银行所占用资金的时间很短，但由于金额很大，因此也构成商业银行可运用的资金来源。

（二）资产业务

商业银行的资产业务是商业银行运用其货币资本从事各种信用活动以获取盈利的业务。它是取得收益的主要途径，主要包括：

1. 现金资产业务

现金是银行资产中最具流动性的部分。现金资产属于一级准备资产,是那些与现金等同、可随时用于支付的银行资产。包括库存现金、托收中现金、存放在中央银行的资金和存放同业存款。现金资产是非盈利资产。

2. 贷款业务

贷款是银行根据贷款原则和程序,按一定的利率和确定的期限贷出货币资金的信用活动。贷款业务是商业银行最传统、最古老、最重要的营利性资产业务。

（1）贷款的种类。商业银行贷款的种类可以从不同的角度划分:

①按贷款期限是否确定分为:活期贷款和定期贷款。

②按期限的长短分为:短期贷款、中期贷款和长期贷款。短期贷款的期限一般在1年以内,属于周转性贷款;中期贷款的期限在1年以上、5年以下;长期贷款的期限在5年以上。中长期贷款具有期限长、流动性弱、风险大的特点。

③按贷款的保障形式不同分为:信用贷款、担保贷款。

a. 信用贷款是指银行完全凭借客户的信誉发放的贷款。一般只对大公司、大客户以及信誉较好的客户发放。

b. 担保贷款包括以下三种:

- 保证贷款,是指银行以第三人承诺在借款人不能偿还贷款时,按约定承诺保证责任或连带责任为前提而发放的贷款,从而使银行的债权有借款人和保证人的双重保障。
- 抵押贷款,是指银行以借款人用自己的财产或第三人的财产做抵押物为条件而发放的贷款。它与保证贷款的主要区别:保证基本上是一种"人"的担保,而抵押则是一种"物"的担保。
- 质押贷款,是指银行以借款人用自己或第三人的动产或权利等质物为条件而发放的一种贷款。其主要是有价证券和代表无形资产的专利证书、商标权证书等,并且质物要转移给贷款银行占有、保管并承担相应的责任。

> **小贴士**
>
> 《中华人民共和国担保法》规定,担保的形式有保证、抵押、质押。

④按贷款质量（或风险程度）的不同分为:正常、关注、次级、可疑和损失五类贷款。后三类合称为不良贷款。这种分类方法称为贷款风险分类法。

⑤按贷款的用途不同分为:生产经营性贷款、科技开发性贷款和消费贷款。

⑥按贷款偿还方式不同分为:一次性偿还贷款和分期偿还贷款。

> **知识拓展**
>
> **个人贷款小常识**
>
> 个人贷款是指银行或其他金融机构向符合贷款条件的自然人发放的用于个人消费、生产经营等用途的本、外币贷款,包括个人住房贷款、个人住房公积金贷款、个人汽车贷款、个人留学贷款、个人综合消费贷款、个人生产经营性贷款、个人信用贷款、个人存单（国债）质押贷款等。

农户小额信用贷款是指信用社根据农户的信誉，在核定的额度和期限内向农户发放的不需要抵押、担保的贷款。它适用于主要从事农村土地耕作或者其他与农村经济发展有关的生产经营活动的农民、个体经营户等。

国家助学贷款是由政府主导的，为帮助高校贫困家庭学生而提供的银行贷款。借款学生无须办理贷款担保或抵押，毕业后按期还款，并承担相应法律责任。

（2）贷款管理。贷款不仅影响到国家信贷规模，而且贷款资产管理的成效直接影响到贷款银行的效益。

①贷款基本程序。包括：贷款的申请、贷款的调查、对借款人的信用评估、贷款的审查批准、借款合同的签订和担保、贷款发放、贷后检查、贷款收回。

②借款人申请贷款的基本条件。借款人必须具备：有按期还本付息的能力；原应付贷款利息和到期的贷款已按期清偿；除自然人外，应当经过工商部门办理年检手续；已开立基本账户或一般存款户；企业法人对外的股本权益性投资总额不得超过其资产净值的50%；申请中、长期贷款，新建项目所需总投资的25%；申请短期贷款，企业法人的新增流动资产一般不得小于新增流动负债。

③贷款信用分析。根据国外商业银行的经验，企业信用分析的基本内容有五个方面，即"五C"原则，品德、能力、资本、担保和经营环境。

相关链接

贷款审查"五C"原则

品德（Character）：是一个综合性的概念，指借款人的诚实性和正常还贷的意愿。

能力（Capacity）：借款人运用借入资金获取利润并偿还贷款的能力。

资本（Capital）：指借款者的自有资金数量。

担保（Collateral）：企业为贷款而提供的担保状况。

经营环境（Condition）：企业自身的经营情况和外部的经营环境。

④贷款风险分类管理，又称贷款五级分类，是指银行主要依据借款人最终偿还贷款本金和利息的实际能力，确定贷款遭受损失的风险程度，将贷款质量划分为：正常、关注、次级、可疑和损失五类的一种管理方法。

我国从2002年1月1日起在全国各类银行全面推行贷款风险分类管理。通过贷款分类应达到以下目标：一是揭示贷款的实际价值和风险程度，真实、全面、动态地反映贷款的质量；二是发现贷款发放、管理、监控、催收以及不良贷款管理中存在的问题，加强信贷管理；三是为判断贷款损失准备金是否充足提供依据。

相关链接

贷款风险分类的标准

《贷款风险分类指导原则》对五类贷款的定义分别为：

正常：借款人能够履行合同，没有足够理由怀疑贷款本息不能按时足额偿还。

关注：尽管借款人目前有能力偿还贷款本息，但存在一些可能对偿还产生不利影响的因素。

次级： 借款人的还款能力出现明显问题，完全依靠其正常营业收入无法足额偿还贷款本息，即使执行担保，也可能会造成一定损失。

可疑： 借款人无法足额偿还贷款本息，即使执行担保，也要造成较大损失。

损失： 在采取所有可能的措施或一定必要的法律程序之后，本息仍然无法收回，或只能收回极少部分。

3. 票据贴现业务

票据贴现是商业银行应客户要求，以现款或活期存款买进客户持有的未到期票据，并扣除贴现利息，票据到期后按票面额向票据债务人收取款项的业务。

办理票据贴现业务时，银行要向客户收取一定的利息，称之为贴现利息或折扣。银行根据票面金额及既定的贴现率，计算出从贴现日起到到期日止这段时间的贴现利息，并从票面金额中扣除，余额部分支付给客户。相关计算公式是：

贴现利息 = 票据票面金额 × 贴现期 × 年贴现率 ÷ 360

贴现实付金额 = 票据票面金额 − 贴现利息

例如，有一客户持一张面额为 10 万元，尚需 36 天后到期的票据来银行贴现，年贴现率为 6%，银行应付给客户金额为：

贴现利息 = 100 000 × 36 × 6% ÷ 360 = 600（元）

贴现实付金额 = 100 000 − 600 = 99 400（元）

贴现业务形式上是票据的买卖，但实际上是贷款（或信用）业务。票据载明的支付人对持票人负债，贴现前对持有票据的客户负债；贴现后则对购入票据的银行负债，所以，票据的贴现实际上是债权债务的转移，即银行通过贴现，间接贷款给票据金额的支付人。票据到期时，银行持票据向票据载明的支付人索取票面金额的款项。

想一想：

票据贴现与银行的一般贷款业务相比，有何不同？

4. 证券投资业务

证券投资业务是指银行购买各种有价证券的经营活动。我国商业银行的证券投资有着特别规定，目前投资的对象主要是政府债券，因为政府债券具有安全性高、流动性强的特点，在资金不足时还可以向中央银行再抵押、再贴现，是较好的二级准备金。银行证券投资相对其他资产业务来说，营利性较好，但也有一定的风险。我国商业银行主要是购买中央政府债券。《中华人民共和国商业银行法》规定，商业银行在中华人民共和国境内不得向非银行金融机构和企业投资，不得从事信托投资和股票业务。

（三）其他业务

商业银行的其他业务包括中间业务和表外业务。

1. 中间业务

中间业务也称为"中介业务""居间业务"，是指商业银行不运用或较少运用自己的资金，代为客户办理支付和其他委托事项，并从中收取手续费的业务。其特点主要是：成本低、效益高、风险少，以接受客户委托的方式开展业务，不构成商业银行表内资产、表内负债，充分利用了商业银行的资源。

> **相关链接**
>
> **我国商业银行中间业务暂行规定**
>
> 中国人民银行关于落实《商业银行中间业务暂行规定》有关问题的通知中对九大类中间业务的规定：
> （1）支付结算类中间业务，包括国内外结算业务；
> （2）银行卡业务，包括信用卡和借记卡业务；
> （3）代理类中间业务，包括代理证券业务、代理保险业务、代理金融机构委托、代收代付等；
> （4）担保类中间业务，包括银行承兑汇票、备用信用证、各类银行保函等；
> （5）承诺类中间业务，主要包括贷款承诺业务；
> （6）交易类中间业务，例如，远期外汇合约、金融期货、互换和期权等；
> （7）基金托管业务，例如，封闭式或开放式投资基金托管业务；
> （8）咨询顾问类业务，例如，信息咨询、财务顾问等；
> （9）其他类中间业务，例如，保管箱业务等。

下面介绍几种商业银行中间业务：

（1）结算业务。结算即货币结算，是指各经济单位之间由于商品交易、劳务供应和资金转移等经济往来所引起的货币收付活动。结算业务是商业银行最传统、最古老的中间业务，主要包括：

①现金结算。现金结算是直接使用现款进行的结算。我国目前的现金结算主要用于单位与个人之间、个人与个人之间的经济往来以及单位与单位之间的零星小额的货币收付。

②转账结算。转账结算也称非现金结算，是指结算双方通过开户银行在各自的存款账户上进行划拨款项所完成的货币收付行为。在现代经济和现代信用制度下，大量的货币收付活动均采用银行转账结算的方式。其优点是：可以节省大量的现金使用和现金流通费用；可以保证结算资金的安全；便于经济往来，可以加速经济单位的资金周转。

转账结算的原则是：恪守信用、履约付款；谁的钱进谁的账，由谁支配；银行不予垫款。

转账结算的纪律是：办理结算的单位，不准出租出借、出让银行账户，不准签发空头支票和过期支票，不准套取银行信用。银行在办理结算时，要严格执行结算办法的规定，需要向外寄发的结算凭证和收到的凭证，要及时处理，不准延误、积压；不准挪用、截留客户和他行的结算资金；未收妥款项，不准签发银行汇票、本票；不准向外签发未办理汇款的汇款回单；不准拒绝受理客户和他行的正常结算业务。

我国目前的结算方式有支票、银行本票、汇兑、托收承付、银行汇票、委托收款、商业汇票和信用证等。其中，适用于同城结算的有支票、银行本票、委托收款、商业汇票等；适用于异地结算的有异地托收承付、委托收款、汇兑、商业汇票等。商业汇票和委托收款是同城、异地均可使用的转账结算方式。

> **小贴士**
>
> **我国首笔跨境贸易人民币结算业务**
>
> 　　2009年7月6日，我国首笔跨境贸易人民币结算业务在中国银行顺利完成。这标志着人民币在国际贸易结算中的地位已经从计价货币提升至结算货币，标志着我国跨境贸易人民币结算业务进入实质运作阶段。2009年7月6日上午，由上海市政府主办、中国银行上海市分行承办的"跨境贸易人民币结算启动仪式"在上海四季酒店隆重举行。在启动仪式上，中国银行上海市分行顺利收到中银香港汇来的我国首笔跨境贸易人民币结算款项，收款企业为上海电气集团下属的上海电气国际经济贸易有限公司，由这家公司在中国香港的商业伙伴汇出。

　　(2) 信用卡结算。信用卡，又称贷记卡，是银行给予持卡人一定信用额度、先消费后还款的信用支付工具。信用卡具有转账结算、汇兑、储蓄、消费贷款功能。

　　借记卡是商业银行提供的具有申办简便、功能众多、先存款后使用、不具备透支功能等特点的支付工具，具有存取现金、转账汇款、刷卡消费、代收代付、资产管理、其他服务等主要功能。

> **相关链接**
>
> **银行卡种类**
>
> 　　按清偿方式，银行卡可分为贷记卡（信用卡）、准贷记卡和借记卡（借记卡可进一步分为转账卡、专用卡和储值卡）。
> 　　按结算的币种不同，银行卡可分为人民币卡和外币卡。
> 　　按使用对象不同，银行卡可分为单位卡和个人卡。
> 　　按使用对象的信誉等级不同，银行卡可分为金卡和普通卡。

　　申请信用卡，应当提供个人身份证件及相关证明复印件通过银行的正规渠道办理，切勿通过中介机构或他人转交申请。

　　使用信用卡，当期非现金交易自记账日至到期还款日（含）为免息还款期，在免息还款期内还清当期全部透支金额无须支付利息。否则，自记账日起按全部透支金额和利率收取利息。

　　使用信用卡还可能涉及相关费用，应当安全使用信用卡并保持良好的个人信用。银行信用卡可通过以下渠道还款：账户绑定自动转账、现金或转账、网上银行、电话自助终端、电话银行、自助设备等。

> **知识拓展**
>
> 　　电子银行业务包括网上银行业务、手机银行业务、电话银行业务以及其他利用电子服务设备和网络由客户通过自助服务方式完成交易的银行业务。
> 　　网上银行业务，是指利用计算机和互联网开展的银行业务。网上银行不受空间、时间的限制，可全天候向客户提供账户查询、转账汇款、投资理财、缴费支付等金融服务。

手机银行业务，是利用移动电话和无线网络开展的银行业务。手机银行是电子银行的新兴渠道，它将账户查询、转账汇款、缴费支付等各种银行业务集中到手机上进行操作。客户可不受时间、地域的限制享受银行提供的金融服务。

电话银行业务，是指利用电话等声讯设备和电信网络开展的银行业务。电话银行通过自助语音和人工座席服务相结合的方式向客户提供账户查询、转账汇款、投资理财以及业务咨询、投诉建议等金融服务。

自助银行，主要是指使用银行的自动柜员机，包括自动取款机、自动存款机、自动登折机等，使客户得到账户查询、取款、存款、转账、修改密码等服务。

银行的自助设备包括自动取款机（ATM）、自动存款机、自动存取款机、自助查询机、自助缴费机等，客户可通过自助方式在相应的自助设备上完成存款、取款、转账和查询等交易。

（3）其他中间业务。

①代理业务。代理业务是指银行以代理人的身份，接受客户的委托，代为办理其指定的经济事务的业务。代理业务包括：代理清理债权、债务；代理保管业务；代理信用签证业务；代理承销与兑付债券业务等。

②信息咨询业务。信息咨询业务包括项目评估、企业信用等级评估、验证企业注册资金、资信证明、企业管理咨询等。

③信托业务。信托业务是商业银行以受托人身份接受委托人的委托，代办管理营运和处理财产的过程。其主要形式有：信托存款、委托贷款、信托投资、委托投资等。我国商业银行不得从事信托投资业务。

④租赁业务。租赁有经营性租赁与融资性租赁，现代租赁是以融资性租赁为主要标志的一种信用方式。商业银行经营的租赁业务一般是融资性租赁，主要有直接租赁、杠杆租赁、转租赁、回租赁等形式。

> **相关链接**
>
> 个人理财，是商业银行为个人投资者提供财务分析、投资顾问等专业服务，以及以特定目标投资者或投资者群为对象，推介投资产品、理财计划，并代理投资者进行投资操作或资产管理的业务活动。
>
> 银行代销基金（保险）业务，是指银行接受基金公司（保险公司）的委托，签订书面代销协议后，代为销售相关产品，受理投资者相关交易申请，同时提供配套服务并依法收取相关手续费的一项代理业务。银行作为代理销售机构，有责任做好销售环节的各项事宜，包括销售人员培训、持证上岗、投资者风险承受能力评估、合规销售、避免销售误导、配合基金/保险公司为投资者提供良好的后续服务等。
>
> 银行理财产品，本质是金融投资产品，在流动性、风险、收益、交易方式等方面与银行传统的储蓄业务有着较大的区别，收益具有不确定性，需谨慎购买。银行理财产品以商业银行为发行主体，商业银行承担产品设计、投资管理、销售等职能；银行代销的金融产品由其他金融机构进行产品设计、投资及管理，商业银行仅承担销售职能。
>
> 银行理财产品种类多：

> （1）按币种不同：分为人民币和外币理财产品。
> （2）按收益类型不同：分为保证收益和非保证收益理财产品。非保证收益理财产品又分为保本浮动收益和非保本浮动收益理财产品。
> （3）按投资方向不同：大致分为货币型、债券型、股票型、信贷资产型、组合投资型、结构型、代客境外理财产品（QDII）等。
> （4）按产品到期日不同：分为有固定到期日和无固定到期日理财产品。

2. 表外业务

表外业务是指商业银行所从事的、按照现行的会计准则不计入资产负债表内，不形成现实资产负债，但能改变损益，从而提高银行资产报酬率的经营业务。这些业务和资产业务、负债业务关系密切，在一定条件下会转变成为资产业务或负债业务，构成了商业银行的或有资产、或有负债。

> **相关链接**
>
> 《商业银行表外业务风险管理指引》规定，表外业务具体包括担保类、承诺类和金融衍生交易类三种类型的业务。
>
> 担保类业务是指商业银行接受客户的委托对第三方承担责任的业务，包括担保（保函）、备用信用证、跟单信用证、承兑等。
>
> 承诺类业务是指商业银行在未来某一日期按照事先约定的条件向客户提供约定的信用业务，包括贷款承诺等。
>
> 金融衍生交易类业务是指商业银行为满足客户保值或自身头寸管理等需要而进行的货币和利率的远期、掉期、期权等衍生交易业务。

（1）贷款承诺。贷款承诺是银行的一种授信方式，即银行向客户承诺在未来的一定时期内，按照约定的条件发放一定贷款，银行为此收取一定的费用。承诺分为可撤销承诺和不可撤销承诺两种。

（2）担保。担保是指银行以保证人的身份接受客户委托，对国内外的企业提供信用担保服务的业务。即商业银行满足交易活动的一方（委托方）的请求，向另一方出具书面担保或签证，保证当委托人不履行合同义务时银行对另一方进行承担约定的赔偿责任。担保有银行承兑汇票、备用信用证、投标保函、履约保函等。

想一想：
从涉及的当事人看，贷款承诺和担保的主要区别在哪里？

3. 中间业务与表外业务的区别与联系

中间业务与表外业务都不在银行的资产负债表中反映，所以从广义的角度讲，它们都是表外业务。国外商业银行通常将中间业务统称为表外业务。广义的表外业务是指所有的中间业务；狭义的表外业务是指构成银行或有负债的风险较高的表外业务。中国商业银行一般将广义的表外业务称为中间业务。

严格来说，表外业务与中间业务是有区别的：从会计处理角度而言，所有的表外业务都属于中间业务。从银行开展业务的角色而言,银行办理传统的中间业务时,一般充当中介人的角色;而银行在办理表外业务时,银行既可以是经纪人,又可以作为自营商;从与表内业务的关系和银行承担的风险角度而言,传统的中间业务一般不发生由表外业务向表内业务的转化,承担风险相对较小,而或有负债性质的表外业务,存在表外业务向表内业务转化的可能,承担风险就大。

二、商业银行的经营与管理

(一) 商业银行的经营原则

1. 安全性原则

安全性是指商业银行在业务经营中尽可能地避免风险损失,保证资金安全。安全性原则对于商业银行来说尤为重要,这是因为:一是商业银行自有资本较少,基本上负债经营,经不起较大的风险损失;二是商业银行经营的对象和环境有特殊性,尤其需要强调安全性;三是银行是国民经济的命脉,商业银行的经营风险损失带来的动荡对社会经济和人民生活的影响是非常大的。

> **实例启示**
>
> **协议透支、变相贷款**
>
> 某年,某发卡银行由于吸存资金较多,为追求更大的商业利润,在没有严格审核某公司资信情况和还贷能力的情况下,与该公司签订了"协议透支书",规定期限为6个月,利率为18%,向其发放"协议透支"贷款30万元。6个月后,该公司资金周转不灵,为防止呆账,银行又不得不追加贷款20万元。一年后,该公司继续亏损,无力偿债,致使此笔"协议透支"最终成为银行呆账,致使银行资金受到损失。
>
> 所谓协议透支,是指银行信用卡部与客户订立书面或口头协议,给予公司卡客户在一定期限内以一定的透支限额,在限额内允许客户透支。协议透支实际上是一种短期贷款,发卡行往往为了追求利润,违反信用卡管理规定,在不能发放贷款的情况下搞"协议透支"来变相发放贷款。
>
> **启示**:该发卡行明显违反《信用卡业务管理办法》的规定,超越业务范围进行"协议透支"。问题关键在于银行缺乏对信用卡透支业务必要的管理和稽核,没有对信用卡大额透支及时查明原因,以确定有无"协议透支"现象。信用卡透支总额应纳入银行贷款计划中,以防止"协议透支"。同时,银行应建立必要的监督和制约制度,以防止有关责任人员权力过大。

2. 流动性原则

流动性一般是指商业银行的清偿能力或支付能力,即银行能够随时应付客户提存或满足借款要求的能力。流动性原则是由商业银行的资金来源和业务经营特点所决定的,要求商业银行在经营过程中提高自身的清偿能力或支付能力。因为法律规定,无论存款人到期支取,还是提前支取,商业银行对存款人要保证支付。如果商业银行不能支付存款人取款时,就会引发大规模的公众挤兑。相反,商业银行贷款一般都是要等到合同到期时才能收回,商业银行在借款人没有违约的情况下,不能提前收回贷款。然而,商业银行的库存现金是有限的。

所以，为了保证商业银行的支付能力，商业银行必须保证资产的适度流动性。商业银行经营资产的流动性是安全性的基础，没有流动性，不可能安全。

3. 营利性原则

营利性是指商业银行经营业务获取利润的能力。追求盈利是商业银行的经营目标，是银行承担风险的重要力量，也是加强管理、开拓业务、改进服务的内在动力。商业银行的盈利是业务收入与业务支出的净额，它主要取决于资产收益、资金成本和其他营业收支等因素。

商业银行经营的安全性、流动性和营利性三个方面既统一又矛盾。银行经营者在进行经营决策时要进行三性的协调，统筹安排，寻求最佳组合，一般应是在安全性和流动性都确有保证的前提下，能够获得最大的盈利（效益），应当把安全性放在第一位。

> **小贴士**
>
> 我国商业银行实行自主经营、自担风险、自负盈亏、自我约束的经营方针。《中华人民共和国商业银行法》规定以安全性、流动性、效益性为经营原则。效益性不仅包括商业银行本身的经济效益，而且包括国家宏观经济和产业政策指导的金融业整体效益，要求银行将自身的盈利与社会效益相结合。商业银行以营利为目的，效益性应该作为商业银行的重要经营原则之一。

（二）商业银行的管理

商业银行的经营管理理论，主要是资产管理理论、负债管理理论、资产负债综合管理理论。

下面主要介绍我国商业银行资产负债比例管理、风险管理及监控指标。

1. 资产负债比例管理

资产负债比例管理是对银行的资产和负债规定一系列的比例，从而实现对银行资产控制的一种方法。银行通过资产负债比例管理，使银行资产实现合理增长，达到稳健经营、清除和减少风险的目的。资产负债比例不能狭义地理解为银行资产与负债的比例，它是综合反映商业银行资产负债管理战略目标和工作策略的比例指标体系，同时，其中一些资产负债指标也是各国政府和中央银行监管商业银行运营的核心内容。1994 年 2 月 15 日，中国人民银行颁发了《关于对商业银行实行资产负债比例管理的通知》，标志着资产负债比例管理在我国商业银行的全面实施。

2. 风险管理

风险管理是现代金融理论的支柱。作为商业银行，风险管理是其经营管理的核心。商业银行的风险管理从资产负债管理深化和完善到资本配置的管理。商业银行风险管理程序包括风险识别、风险估价、风险评价、风险处理；风险管理体系包括组织系统、信息系统、预警系统、监控系统；风险管理技术包括风险预防、风险回避、风险分散、风险转移。

3. 监控指标

我国为加强对商业银行风险的识别、评价和预警，有效防范金融风险，中国银监会系统地提出了对商业银行业务风险的控制办法，已于 2005 年 12 月 31 日颁布了《商业银行风险监管核心指标（试行）》制度，制定商业银行风险监管核心指标，分为三个层次：风险水平、风险迁徙和风险抵补。

相关链接

我国《商业银行风险监管核心指标》

风险水平类指标,包括流动性风险指标、信用风险指标、市场风险指标和操作风险指标,以时点数据为基础,属于静态指标。

风险迁徙类指标,衡量商业银行风险变化的程度,表示为资产质量从前期到本期变化的比率,属于动态指标,包括正常贷款迁徙率和不良贷款迁徙率。

风险抵补类指标,衡量商业银行抵补风险损失的能力,包括营利能力、准备金充足程度和资本充足程度三个方面。

任务3 掌握保险业务

【学习目标】

□ 理解保险的含义及其特征、职能、原则,掌握保险公司的主要业务
□ 学会区分各类金融机构的业务范围,熟知金融保险主要业务知识与技能
□ 具有金融理财、风险防范的意识和业务沟通交往的能力,热爱保险行业相关岗位工作

任务导入

"天有不测风云,人有旦夕祸福。"人们在生活中,面临着种种难以预料的风险,从"茅屋为秋风所破"到"洪水滔天千里汪洋",都可能对个人、家庭、单位造成损失。如何规避这些风险呢?最合理的方法是运用互助共济的原理,将个体面临的风险由群体来分担,这就是保险。

2014年6月25日,中国保险监督管理委员会网站披露,2014年1~5月保险业经营情况:原保险保费收入97 656 733.70万元,其中,财产险29 516 985.85万元,人身险68 139 747.85万元(寿险58 555 317.60万元、健康险7 218 034.41万元、人身意外伤害险2 366 395.84万元);原保险赔付支出29 588 694.30万元,其中,财产险14 163 759.28万元,人身险15 424 935.02万元(寿险12 752 514.64万元、健康险2 172 630.34万元、人身意外伤害险499 790.04万元)。

似乎,这些年来社会对"保险"一词不算太陌生,然而年轻一族真正对保险及其业务了解的不算多,甚至有的人还存在着误解。为什么保险公司对有的损失就不赔偿呢?我们有必要学习保险方面知识。

本任务的学习内容是:保险及其特征、职能、原则,保险的主要业务,保险理赔。

知识准备

风险无处不在，试想，如果重大风险发生，您认为谁最痛苦？当然是爱您的人，那时他们要承受精神上的和生活上的双重痛苦与压力。如果有了保险，至少不会影响家庭生活的质量。

一、保险概述

（一）保险的定义及其特征

保险是指投保人根据合同约定，向保险人支付保险费，保险人对于合同约定的可能发生的事故因其发生所造成的财产损失承担赔偿保险金责任，或者当被保险人死亡、伤残、疾病或者达到合同约定期限、年龄时承担给付保险金责任的商业保险行为。保险具有以下主要特征：

（1）保险是一种补偿行为，即补偿性。投保人向保险人缴付保险费，是为了一旦发生合同约定的可能的灾害事故后，能实现对该风险事故所致经济损失的补偿，从而增强抵御自然灾害和意外事故的能力。

（2）保险是一种互助行为，即互助性。在某一时间内，因风险事故造成经济损失的往往是少数成员，为使补偿得以实现，应运用多数单位和个人的集体力量来分摊损失。保险必须构成团体，结成互助，以众多单位或个人的互助结合为基础。因此，保险是一种社会互助共济的经济形式。

（3）保险是一种法律行为，即法律性。保险人与投保人的权利和义务必须通过签订保险合同加以规定，双方存在契约化的权利对等关系。

> **知识拓展**
>
> **1. 保险合同及保险基本当事人**
>
> 保险合同是投保人与保险人约定保险权利义务关系的协议。保险合同采取保险单形式或者其他保险凭证。保险单就是保险公司与投保人之间签订的一种正式合同。保险人和投保人是保险的基本当事人。投保人是与保险人订立保险合同，并按照合同约定负有支付保险费义务的人。保险人是与投保人订立保险合同，并按照合同约定承担赔偿或者给付保险金责任的保险公司。
>
> **2. 保险标的与保险利益**
>
> 保险标的是作为保险对象的财产及其有关利益，或者是人的寿命和身体。它是保险利益的载体。保险利益是投保人或者被保险人对保险标的具有的法律上承认的利益。
>
> **3. 保险金额与保险费**
>
> 保险金额是保险人承担赔偿或者给付保险金责任的最高限额。保险金额一般通过评估或协商确定。保险费（保费）是订立保险合同后，投保人缴付给保险人的以获得保险保障的代价。

（二）保险的职能

（1）经济补偿。保险能对参加保险的单位或个人因遭遇到自然灾害或意外事故所受损失进行的经济补偿，这是保险本质特征的最基本反映，是保险的固有职能。

（2）分散风险。保险能用集体力量实行互助共济，即把集中在少数单位或个人身上的风险及造成的经济损失，分散给多数单位或多数人来共同承担。它是保险的派生职能，是在经济补偿职能的基础上产生的。

（3）防灾防损。保险人和被保险人面对分散风险与承担风险、支付保险费与给付保险金的相关利益，共同防御灾害、减少损失，这个功能也是保险的派生职能。

（4）融通资金。保险人能把收取的保险费形成的保险基金，通过直接或间接的方式投入社会再生产过程，这一功能是在经济补偿职能的基础上出现的一种特殊职能。

> **小贴士**
>
> 保险作为一种社会化、专业化和商业化的风险损失补偿行业，在风险损失补偿中，具有不可替代的作用。

（三）保险的原则

1. 最大诚信原则

保险作为一种特殊的民事活动，要求当事人具有最大诚信，即最大诚信原则。最大诚信原则渊源于海上保险，它是维持海上保险正常运行的必要条件，其保险标的广泛而复杂，在决定承保之前，保险人不可能对标的一一进行全面彻底了解，主要靠投保人诚实信用行为，决定是否承保和选择适用费率。

2. 保险利益原则

这是保险的一个最重要、最基本的原则。投保人或者被保险人对保险标的必须具有法律上承认的利益，即保险利益，没有保险利益的保险就是赌博，有悖于社会利益和公共秩序，是被各国法律明令禁止的。

3. 补偿原则

补偿原则是指在发生保险事故、致使保险标的损失时，按照保险合同约定的条件，依保险标的实际损失，在保险金额以内行使赔偿的原则。补偿原则只适用于财产保险，不适用于人身保险，因为人身价值是无限的。

4. 近因原则

保险人只对直接由于保险责任范围内的事故造成的损失负有赔偿责任。

实例启示

厦门的朱女士年初购买了一份意外伤害保险。近日，她在骑车途中摔倒，将脚趾划破。当时，朱女士觉得只是皮外伤，做了简单的处理。可是，几天后，朱女士开始发烧，医院诊断是伤口感染引起的破伤风。为此，朱女士总共花费了8 000元医药费。出院后，朱女士找到保险公司理赔。保险公司认为朱女士就诊原因并非完全由意外伤害所导致，其中部分原因是就诊不及时引起伤口感染，决定赔偿一半费用。朱女士不明白，为什么这起意外伤害理赔打折扣呢？

近因原则是保险业的基本原则之一，保险公司承担赔偿责任的范围，应限于以承保风险为近因造成的损失。

朱女士就诊最直接的原因是伤口感染引起破伤风，当然可以理解为引起这些情况的"导火索"，是她意外摔倒划破脚趾。但是这两个原因相比较，导致她住院看病的，还是破伤风。也就是说，如果朱女士在受伤后直接去医院就诊发生的医疗费用，只要是在保险责任范围内的，保险公司理应全额赔偿；如果是发生意外后，没有及时救治导致意外损失扩大部分，保险公司有理由不承担责任。

启示：近因原则已成为判断保险公司是否应承担保险责任的一个重要标准。对于单一原因造成的损失，单一原因即为近因；对于多种原因造成的损失，持续地起决定或有效作用的原因为近因。朱女士没有及时救治导致意外损失扩大部分，保险公司有理由不承担责任。

（四）保险的种类

1. 按保险对象不同划分

财产保险是指一种以财产及其相关利益为保险标的的保险。

人身保险是指一种以被保险人的寿命和身体作为保险标的的保险。

责任保险是指一种保险人代被保险人承担民事法律经济赔偿责任的保险。

信用保证保险是指一种承保被保险方因他人不诚实、不守信或主观原因不履行而造成的经济损失的保险。

2. 按保险实施的形式不同划分

强制保险是由国家通过立法形式规定的保险。

自愿保险是由投保人和保险人在自愿协商的基础上通过订立保险合同产生的一种保险形式。自愿保险是最普遍的保险实施形式。

3. 按保险风险转嫁的方式不同划分

原保险是发生在保险人和投保人之间的保险行为。

再保险是发生在保险人与保险人之间的保险行为。

4. 按保险是否以营利为目的划分

社会保险是基于社会保障政策的需要，不以营利为目的而举办的一种政策保险、福利保险，属于法定保险，一般由社会保障立法予以规范。商业保险是以营利为目的，其资金主要来源于投保人缴纳的保险费，受保险法规范。

想一想：

大家在就业签劳动合同时，经常会提到缴交"五险一金"。这"五险一金"是指什么？"五险"属于自愿保险、商业保险吗？

二、保险的主要业务

（一）我国保险公司业务经营的规定

《中华人民共和国保险法》规定：保险业务由依照本法设立的保险公司以及法律、行政法规规定的其他保险组织经营，其他单位和个人不得经营保险业务。保险公司应当在国务院保险监督管理机构依法批准的业务范围内从事保险经营活动。

保险公司的业务范围：财产保险业务包括财产损失保险、责任保险、信用保险、保证保险等保险业务；人身保险业务包括人寿保险、健康保险、意外伤害保险等保险业务；国务院保险监督管理机构批准的与保险有关的其他业务。

保险人不得兼营人身保险业务和财产保险业务。但是，经营财产保险业务的保险公司经国务院保险监督管理机构批准，可以经营短期健康保险业务和意外伤害保险业务。

（二）财产保险的主要业务

1. 企业财产保险

企业财产保险是我国财产保险的主要险种，是以企业存放在固定地点的财产为对象的保险业务，即保险财产的存放地点相对固定且处于相对静止的状态，包括机器设备、厂房（包括装修）、原材料、产成品等。

2. 家庭财产保险

家庭财产保险简称"家财险"，是以公民个人家庭生活资料作为保险标的的保险。家庭财产保险可分为普通家财保险、长效还本家财保险两种。有些地区还有城镇居民安全用电保险、家用电器超电压责任特约险、家庭财产附加柴草火灾险等险种。

3. 涉外财产保险

涉外财产保险适用于中外合资、合作或外商独资经营的企业和来料加工、补偿贸易、租赁或使用中国银行外汇贷款引进的机器、设备以及驻华使、领馆及外商机构租用的房屋、办公用品和外国在华人员的个人财产。

4. 运输工具保险

运输工具保险指保险人承保运输工具因遭受自然灾害和意外事故造成运输工具本身的损失和第三者责任。险种主要有机动车辆保险、船舶保险、飞机保险、其他运输工具保险。运输工具保险责任范围包括运输工具本身的损失和运输工具发生意外给第三者造成损害应负的赔偿责任。

5. 货物运输保险

货物运输保险指保险人承保货物运输过程中自然灾害和意外事故引起的财产损失。货物运输保险就是按货物在运输过程中遭受的损失，在保险责任范围内给予的经济补偿，主要有国内货物运输保险、国内航空运输保险、涉外（海、陆、空）货物运输保险、邮包保险及各种附加险和特约保险。

6. 工程保险

工程保险是为工程建设风险转嫁需要而设计的综合性保险。它对工程在建设过程中，因保险责任范围内的自然灾害和意外事故造成被保险人的物质或利益损失提供经济赔偿。它是由业主和承包商向保险人支付保险费投保的。工程保险属于财产保险的一部分，但与普通财产险又有所不同。工程保险一般分为强制性保险和自愿保险。

7. 农业保险

农业保险主要有两类：一是种植业保险，是以农业生产单位或个人栽植的各种作物、林木、果实为保险标的的保险；二是养殖业保险，是以家牧场、个人饲养的畜、禽、水生动物为保险标的的保险。

8. 责任保险

责任保险按承保方式分为两类：一是附加承保的责任保险，即把责任保险作为财产保险的组成部分，以附加责任的方式加以承保，不签发单独保单，如机动车第三者责任保险；二是单独承保的责任险，即作为独立的险种承保，签发单独保单的责任保险。责任保险主要包括公众责任险、雇主责任险、产品责任险和职业责任险。

（1）公众责任险，又称普通责任险，它主要承保被保险人在公共场所（如，工厂、办公楼、旅馆、商店、医院、学校、影剧院等公众活动场所）进行生产、经营或其他活动时，因发生意外事故而造成的他人人身伤亡和财产损失，依法应由被保险人承担的经济赔偿责任。其主要有普通责任险、综合责任险、场所责任险、电梯责任险、承包人责任险等。

（2）雇主责任保险，是指被保险人所雇佣的员工在受雇过程中从事与保险单所载明的与被保险人业务有关的工作而遭受意外或患与业务有关的国家规定的职业性疾病，所致伤、残或死亡，被保险人应承担的医药费用及经济赔偿责任，包括应支出的诉讼费用，由保险人在规定的赔偿限额内负责赔偿的一种保险。各类企业、事业单位都可为其所聘用的员工投保雇主责任险。

（3）产品责任险，指产品生产者对其产品造成第三者人身伤害或财产损失所承担的法律责任。我国已颁布了《产品质量法》和《消费者权益保护法》，近年来由于产品责任导致的人身伤害或财产损失的索赔案件屡屡发生，产品的生产者或经销者将被产品责任所产生的法律赔偿责任所困扰，同时，随着我国经济对外交往的扩大，出口商品通常根据国际惯例要求必须投保产品责任险，以满足进口商的要求，一些外资企业在中国开展经营活动时也习惯投保产品责任险。

（4）职业责任保险，是职业责任保险承保各种专业技术人员因工作上的疏忽或过失造成他人的人身伤害或财产损失的经济赔偿责任。如，医生、药剂师、会计师、律师、设计师、工程师、保险代理人及经纪人等的责任保险。

9. 信用保险和保证保险

信用保险和保证保险是保险人为被保险人提供信用担保的保险，都是以被保证人的信用作为保险对象，所承保的是一种信用风险。有合同保证保险、贷款保证保险、投资保险、出口信用保险。

（三）人身保险的主要业务

1. 人寿保险

它是以人的寿命为保险标的、以人的死亡或生存为给付条件的人身保险。它包括三个基本寿险种，即死亡保险、生存保险和两全保险。

（1）死亡保险，是指以被保险人在规定的期间内死亡为给付保险金条件的人寿保险，包括定期死亡保险和终身死亡保险。

（2）生存保险，是以被保险人生存到保险单规定的日期为给付保险金条件的保险。年金保险实际上是一种生存保险，两者的保险责任相同。当被保险人在约定的保险期内生存时，保险人按一定规则定期给付保险金，如果被保险人在保险有效期内死亡，保单终止，保险人不再承担给付保险金的义务。年金保险在实际中是很受欢迎的险种，如养老保险。

（3）两全保险，是生存保险和死亡保险的混合险种。目前寿险公司的绝大多数险种都属于两全保险。在规定的保险期内，被保险人不论生存或死亡，保险人均给付规定的保险金。

2. 健康保险

健康保险，又称疾病保险，指被保险人因病不能从事工作，以及因病造成死亡或残废时，由保险人负责给付医疗费用或保险金的保险。其主要包括：

（1）医疗保险。医疗保险是指提供医疗费用保障的保险，它是健康保险的主要险种。常见的有普通医疗保险、住院保险、手术保险、综合医疗保险、特种疾病保险。

（2）残疾收入补偿保险。残疾收入补偿保险是指提供被保险人在残疾、疾病或意外受伤后不能继续工作时，所发生的收入损失之补偿的保险。

3. 人身意外伤害保险

人身意外伤害保险是以人的身体和劳动能力作为保险标的的保险。它是在被保险人因遭受意外伤害致使死亡、残废、支出医疗费用或暂时丧失劳动能力时给付保险金的人身保险业务。其主要包括普通意外伤害保险和特定意外伤害保险。

想一想：

学生团体平安保险是属于何种保险？您是否投保了？您知道其内容吗？

（四）再保险

再保险亦称分保，是分担保险人风险责任的保险。保险人承保业务后，将承受风险的一部分或全部分给其他保险人。再保险业务的原保险人一般称为分保分出人或分出公司，接受再保险业务的公司称为分保接受人或接受公司。分保分出人应缴纳的保险费称为分保费。再保险是在直接保险的基础上发展起来的。

> **小贴士**
>
> 再保险能使保险人避免因一次事故的损失过大而影响其赔偿义务的履行，因而能保证其业务进行的稳定性。

三、保险理赔

理赔是保险人在承保对象遭受责任范围内的损失时，根据保险条款，核定赔偿金额，予以赔付的行为。

理赔是保险业务经营的最终环节。理赔的原则是要根据承保条件，依照保险条款，结合具体灾情，核定损失，主动、迅速、准确、合理地处理赔偿案件。

保险理赔业务的程序主要有五个工作环节：

（一）出险登记

保险事故一发生，被保险人应当迅速通知保险公司，保险公司接到口头或书面的出险通知，就要填写"出险案件登记簿"。

（二）现场查验

保险公司有关部门要组织（或委托）两位以上查勘人员直赴出险现场，掌握一手资料，根据现场查险和调查取证，判明出险事故真相，写出确定保险人的责任和实际损失的勘查报告，以此作为审查责任的依据。

（三）责任审查

根据被保险人提供的出险经过以及有关证明材料和查勘人员提供的勘查报告，对出险受损情况做详细分析，分清责任，确定是否涉及第三者责任方；同时，根据保险合同载明的承保事项，对保险责任的条款依据、被保险人对受损标的是否具有保险利益、索赔期限和要求是否合法等做出确定性意见。

（四）损失核赔

损失核赔的具体内容有明确赔偿范围，审核投保是否足额，账物是否相符，确定保险标的的受损程度和保险补偿金额等一系列问题。

（五）赔付金额

保险公司经审核，确定其应赔偿的数额或应给付的保险金，随之通知被保险人或受益人领取赔偿金额。倘若保险标的遭受损失，应由第三者负责时，保险人可根据有关法规，在赔偿金额限度内，先行赔付被保险人，随之保险人取得代位权，再向第三者追偿。这被称之为"代位追偿"。

任务4　知晓证券业务

【学习目标】

- □ 了解证券公司业务，知晓证券的发行业务与交易业务
- □ 学会区分各类金融机构的业务范围，熟知证券发行价格确定与交易的规则与程序
- □ 具有金融理财与风险意识、业务沟通交往能力，热爱证券行业相关岗位工作

任务导入

我国有上海证券交易所（以下简称上交所），深圳证券交易所（以下简称深交所）。

在上交所上市的证券包括股票、债券、基金和衍生品四大类。股票分为A股和B股。债券包括国债、地方政府债、企业债券、公司债券、可转换公司债券和债券回购交易等。基金有封闭式基金、开放式基金、交易所交易基金（ETF）。衍生品有期权与权证。截至2014年7月25日，上市公司有964家，A股股票数为955只，B股股票数为53只。在深交所上市股票（含A股、B股、中小板和创业板）、基金、债券、可转换债券、权证、ETF。截至2014年7月25日，上市股票1 622只，基金314只，债券481只。

从物与物直接交易，到钱与物交易，再到虚拟交易，是一个漫长的过程。如今，虚拟交易已经不是新鲜事了。然而，我们知之不多，需要学习有关证券知识。

本任务的学习内容是：证券业务概述，证券发行与交易业务。

知识准备

一、证券业务概述

证券业务，包括证券经纪业务、资产管理、投资银行、投资咨询等。

我国《证券法》规定，经国务院证券监督管理机构批准，证券公司可以经营下列部分或者全部业务：证券经纪，证券投资咨询，与证券交易、证券投资活动有关的财务顾问，证券承销与保荐，证券自营，证券资产管理，其他证券业务。证券公司必须将其证券经纪业务、证券承销业务、证券自营业务和证券资产管理业务分开办理，不得混合操作。

（一）证券经纪业务

证券经纪业务是指证券经营机构通过其设立的证券营业部，接受客户委托，按照客户的要求，代理客户买卖证券的业务。证券经营机构不垫付资金，不赚差价，只收取一定比例的佣金作为业务收入。证券经纪业务可分为柜台代理买卖和证券交易所买卖两种。目前我国没有股票的柜台交易，债券的柜台代理买卖也很少见。

（二）证券承销业务

证券承销业务是指证券经营机构依照协议包销或代销发行人发行的股票以及中国证监会核准的其他具有股票性质、功能的证券的业务。证券承销方式主要有代销和包销两种。

（三）证券自营业务

证券自营业务是指证券经营机构以营利为目的并以自有资金和依法筹集的资金，通过以自己的名义开设的账户买卖有价证券的行为。自营业务分为场内（证券交易所）、场外（如柜台）自营买卖。在我国只允许在证券交易所进行。

（四）证券资产管理业务

证券资产管理业务是指证券公司接受客户的委托，管理和处分委托人的财产，进行证券投资的行为。资产管理业务已成为证券公司的重要业务之一。

> **小贴士**
>
> 证券经营机构,是由证券主管机关批准设立的在证券市场上经营证券业务的金融机构。中国证监会自 2004 年年初开始对证券公司实行分类监管,目前分为四类:创新试点类、规范发展类、存在风险类、进行风险处置类。

二、证券发行与交易业务

(一) 证券发行与交易的基本原则

证券的发行、交易活动,必须实行公开、公平、公正的原则;证券发行、交易活动的当事人,应当遵守自愿、有偿、诚实信用的原则。这是证券发行与交易的两条基本原则。

> **相关链接**
>
> 《中华人民共和国证券法》的基本原则包括:一是公开、公平、公正原则(又称三公原则);二是当事人法律地位平等原则;三是自愿、有偿、诚实信用原则;四是守法原则;五是禁止欺诈、内幕交易和操纵证券交易市场原则;六是证券业与银行业、信托业、保险业分业经营、分业管理原则;七是统一监督管理证券市场的原则;八是自律管理与监督管理结合的原则;九是审计监督的原则。

(二) 证券发行业务

1. 证券发行方式

(1) 私募发行(直接发行),是指由发行人自己办理证券发行所必要的一切手续,并直接对特定的投资人销售证券。私募发行无须印制证券,只需购销双方共同签署发行证券的文件。因此,私募证券一般金额小,无法进入流通市场。私募发行手续简单、费用低廉。

(2) 公募发行(间接发行),是指通过中介机构向投资者推销新发行的证券,间接地从投资者手中筹措资金。公开发行时发行人必须遵守有关事实全部公开的原则,向管理部门和市场提供各种财务报表及资料,以供投资人决策时参考,发行过程比较复杂。因而,公募发行的证券可以进入流通市场转手交易。公募发行时,证券承销又有代销、包销两种主要方式。

> **小贴士**
>
> 代销:证券公司代发行人发售证券。承销机构只充当代理人角色,代发行人销售证券,如销售不完,剩余的证券则退还发行人,销售的风险由发行人承担。
>
> 包销:证券公司将发行人的证券全部购入或者在承销期结束时将售后剩余证券全部自行购入。

2. 证券发行价格

(1) 面额发行,是指证券的发行价格与面值相等的发行方式。如,某债券面值 1 000 元,发行时就以 1 000 元发售。我国目前大多数以此种方式发行,新成立公司首次发行时一般采用此方式。

(2) 溢价发行,是指证券的发行价格高于面值的发行方式。如,面额为 10 元的股票,以 15 元价格出售。在我国，股票和债券都允许溢价发行，股票一般采用溢价发行方式。

（3）折价发行，是指证券的发行价格低于面值的发行方式。如，面额为 1 000 元的债券以 980 元的价格发行。债券可以折价发行，股票不允许折价发行。我国不允许折价发行。

（4）时价发行，是指公司在增资发行时，以当时股票流通市场上的价格发行，通常表现为溢价发行。如，某股票发行时面值为 10 元，现市价为 18 元。现公司拟增资发行股票，就以 18 元的市价发行。这种发行方式适用于业绩较好的公司。

（5）中间价发行，是指公司在发行股票时采用时价和面值之间的中间价格发行，这种发行方式配股价低于市价，使老股东得到优惠。

3. 证券发行程序

证券的发行程序不是完全相同的，但基本程序大体包括：制订发行计划→提出发行申请→确定委托代理→发布发行公告→认购人应募→建立健全企业的组织机构。

（三）证券交易业务

1. 证券交易的一般规则

（1）证券必须合法。经依法核准的上市交易的证券，应当在证券交易所挂牌交易。我国的证券交易所主要有上海证券交易所和深圳证券交易所，国务院证券监督管理机构可以暂停或终止不符合规定证券的上市资格，即所谓"停牌""摘牌"。

> **知识拓展**
>
> 停牌：股票由于某种消息或进行某种活动引起股价的连续上涨或下跌，由证券交易所暂停其在股票市场上进行交易。待情况澄清或企业恢复正常后，再复牌在交易所挂牌交易。
>
> 摘牌：证券上市期届满或依法不再具备上市条件的，证券交易所要终止其上市交易。就是证券交易所停止该股票交易了，以后就不能再在证券公司买卖该股票了。

（2）采用公开的集中竞价交易方式。证券交易集中竞价实行价格优先、时间优先的原则。所谓价格优先，即在买入申报时，买价高的申报优先于买价低的申报；在卖出申报时，卖价低的申报优先于卖价高的申报。所谓时间优先，即在同价位的买卖申报情况下，依照申报时间的先后顺序确定。现在我国上海、深圳两大证券交易所均已实行计算机申报竞价，这种价格高低顺序和时间先后顺序均由计算机处理。

想一想：

甲、乙两人均想购买某股票，甲出价 12.5 元，乙出价 12.6 元，甲、乙两人谁先买到？甲、乙两人均想卖出某股票，同样的出价甲、乙两人谁先卖出？

甲、乙两人均想以 12.5 元购买某股票，甲于 9:50 申报，乙于 10:10 申报，甲、乙两人谁先买到？

（3）证券交易以现货进行交易，即买卖双方必须一方有证券，另一方有资金，双方达成交易后，一方付款取得证券，另一方交出证券取得资金。

（4）证券公司不得为客户垫付资金，不得将证券借给客户交易。

（5）证券交易收费必须合理。

（6）为客户保密。

> **知识拓展**
>
> 融资融券业务，是指向客户出借资金供其买入上市证券或者出借上市证券供其卖出，并收取担保物的经营活动。
>
> 证券公司开展融资融券业务试点，必须经中国证监会批准。未经证监会批准，任何证券公司不得向客户融资、融券，也不得为客户与客户、客户与他人之间的融资融券活动提供任何便利和服务。

2. 证券交易的基本程序

每一笔证券交易都要经历一个过程，这就是证券交易的程序。在不同的证券交易市场证券交易程序不尽相同，但一般都包括"开户→委托→成交→清算→交割→过户"6个基本程序。

（1）开户。要进行证券交易，首先必须开户取得资格。由于一般投资者不能直接到证券交易所进行交易，因此必须委托有交易所会员资格的证券经纪商代为买卖。证券经纪商为了确保投资者的信用和结算方便，一般要求投资者在其处开户，开设的账户有两种：一是证券账户；二是资金账户。当购入证券时，就表现为证券账户上某种证券持有量增加，同时资金账户上的存款相应划出，卖出证券时则正好相反。资金账户要求投资者存入证券交易的资金，资金账户类似于银行的活期存折，投资者可以随时提取存款，同时可以获得活期存款的利息。

（2）委托。开户以后，投资者可以采取柜台当面委托、电话委托、传真委托、网上交易委托等方式向证券商委托买卖证券。委托时需要明确以下事项：证券名称、买进或卖出证券的价格、数量、有效期限等。A股股票交易以手为单位，1手代表100股。投资者买卖的证券数量必须是1手的整数倍（个别例外），如，200股、1 000股等。投资者在委托证券商买卖证券时应在资金户或证券户中具有相应数额的资金或证券。B股股票交易最小单位现在为100股。

> **小贴士**
>
> 上海证券交易所和深圳证券交易所的开市时间均为前市和后市，前市9:30~11:30，后市13:00~15:00；通常每周5天，周六、周日及法定节假日休市。另外，在遇有股价暴跌暴涨或其他意外事件等特殊情况时，交易所有权停市可变更开市时间。

（3）成交，是指证券买卖双方同意交易成立并按规定完成必要手续的行为，它是证券交易过程中的主要行为之一。交易委托后可能出现全部、部分成交和不成交三种情况。

（4）清算，是指证券买卖双方在证券交易所进行的证券买卖成交以后，通过证券交易所将各证券商之间买卖的数量和金额分别予以抵销，计算应收应付证券和应收应付金额的一种程序，包括资金清算和股票清算。

（5）交割，是指证券交易成交后，买主付出价款取得证券，卖主交出证券取得价款的行为。现在一般采用在各自的股票账户、资金账户上收付转账即可，我国目前采用的是T+1交割，即当日买入的股票不能在当日卖出，资金收付与证券交割只能在成交日的下一个营业日进行。

（6）过户，是在记名证券交易中，成交后办理变更股东或债权人有关内容记载的手续。

对于不记名证券,交割之后,交易过程即告结束。过户的目的是保证证券的安全,保护新的持有人的权益。

想一想:

每当我们走进证券公司的证券营业部,总能看到这样的情形:股民们不约而同地将目光注视在前面一个巨大的显示屏上,上面跳动着一排排数字,有的红,有的绿……这就是当天的股市行情显示,内容有证券名称、开盘价、收盘价、最高价、最低价、证券买入价、证券卖出价、成交量、涨跌幅度等内容。

以综艺股份某日某一时刻的牌价为例:

代码	股票名称	买入	卖出	最新	涨跌	成交	最高	最低
600770	综艺股份	15.35	15.36	15.36	2.91	6 902	15.80	15.35

问题: 资料中的行情显示,您看明白了吗?

①买入价是指交易所中一定时期内,投资者愿意购入某一证券的最高限价,如,综艺股份的价格在15.35元报价以下的话,投资者愿意购入。

②卖出价是指交易所中一定时期内,投资者愿意卖出某一证券的最低限价,如,综艺股份的价格在15.36元报价以上,投资者愿意卖出。

③最新价是指某一证券当前价格,如,综艺股份最新价15.36元。

④涨跌是指某一证券当日收盘价与上一个交易日该证券收盘价相对较后的涨跌百分比,如,综艺股份涨跌幅度为2.91%。

⑤成交量是指在交易所中一定时期内成交的某种证券的数量,交易单位为"手",股票100股为1手,债券1 000元为1手,如,综艺股份的成交量为6 902手。

⑥最高价是指某日某种证券在交易所中成交的每股最高价格,如,综艺股份在某日的最高价为15.80元。

⑦最低价是指某日某种证券在交易所中成交的每股最低价格,如,综艺股份在某日的最低价为15.35元。

⑧开盘价是指某种证券在营业日开市后第一笔交易的成交价格。

⑨收盘价是指某种证券最后一笔交易前一分钟所有交易成交价的加权平均数。

⑩股票价格指数是反映各个时期股票价格水平变动情况的指数。在交易行情中也是显示屏上一个非常重要的内容。

相关链接

股票价格指数是在某时点上多种股票的平均价格与某一基期的平均价格相比所出现的价格相对变化的指标。我国的股票价格指数主要有上海证券交易所采用的"上证指数"和深圳证券交易所采用的"深成指数"等。目前,世界上影响较大的有香港恒生指数、伦敦金融时报指数、日本的日经指数以及美国的道·琼斯指数。股票价格指数的高低表示股票价格水平变动的情况,它的涨落一般可以反映出国家政治经济变化的趋势。

股票价格指数持续上涨,俗称"牛市";股票价格指数持续下跌,俗称"熊市"。

任务5　了解信托投资业务

> 【学习目标】
> - 理解金融信托及其特点与职能，了解信托投资公司的主要业务
> - 学会区分各类金融机构的业务范围，熟知信托投资公司的主要业务
> - 具有金融理财意识、沟通交往能力，热爱信托行业相关岗位工作

任务导入

非银行金融机构在整个金融机构体系中占有非常重要的地位。从金融改革的角度来看，我国打破银行垄断金融业务的体制，是从增加非银行金融机构开始的。非银行金融机构改革开放和创新发展的逐步深化，系统性和区域性风险防范能力要求不断提升。信托投资公司财富管理与资产管理行业定位逐步明确，信托投资公司到处可见，业务越来越多。因此，我们有必要学习有关信托知识与业务。

本任务的学习内容是：信托与金融信托，信托投资公司的主要业务。

知识准备

一、信托与金融信托

（一）信托及其类型

1. 信托的概念

信托有"信任"和"委托"两重意思，它是以资财为核心、信任为基础、委托为方式的财产管理制度，可以表述为：财产的所有者为了达到一定的目的，通过签订合同，将其指定的财产委托给信托机构全权代为管理或处理的行为。

信托业务产生初期，是从"他益信托"开始的，如，委托执行遗嘱和办理一些慈善、公益事业等。由委托人指定他人享受信托利益的，称为"他益信托"；由委托人指定由自己享受信托利益的，称为"自益信托"。

2. 信托的主要类型

商业信托是以商品物资为信托对象，如，寄售商店、贸易货栈等的经营活动。

金融信托是以资金财产为信托对象，由各信托机构开展的金融业务。金融信托以代理他人应用资金、买卖证券、发行债券和股票、管理财产为主要内容。

相关链接

公 益 信 托

我国《信托法》规定，为了下列公共利益目的之一而设立的信托，属于公益信托：救济贫困，救助灾民，扶助残疾人，发展教育、科技、文化、艺术、体育事业，发展医疗卫生事业，发展环境保护事业、维护生态环境，发展其他社会公益事业。

（二）金融信托

1. 金融信托的特点

（1）财产是信托的前提，信任是信托的基础。一方面，委托者必须拥有能够自主使用的资产，即拥有财产的所有权，受托者方能接受这项委托，信托行为才能产生。另一方面，信托是建立在委托者对信托者充分信任的基础上而建立起信托关系的。

（2）信托的目的是为了受益人的利益。受托人一旦接受了委托人信托的资产，并将其所得利益归于委托人或其他指定的受益人，受托人不得占为己有，它只能从受托人或受益人那里得到相互约定的信托报酬，即手续费。

（3）受托人一般不承担风险。信托按经营的实际效益计算收益，信托机构不承担经营风险。信托机构是按照委托人的意图对财产进行经营和处置，按实际效益进行核算，收益归受益人占有，亏损风险由受益人承担，受托人不承担赔偿损失。但如果因受托人管理不当或违反信托目的而使信托财产蒙受损失，委托人可要求赔偿，受托人应尽力复原或赔偿。

（4）受托关系是一种多边关系。信托体现了信托机构与委托者、受托者、受益者等方面的信用委托的代理关系。其中，委托人可以是受益人，成为自益信托；委托人以其他第三人作为受益人，成为他益信托。但受托人不能作为信托关系的受益人。信托机构作为受托人处在中介人的位置，信托的多边关系是以委托为前提条件的。

2. 金融信托的职能

（1）财务管理职能。财务管理是信托的首要职能。信托机构接受财产所有者的委托，对信托财产进行必要的管理和处理。信托机构执行的是社会性的"受人之托、代人理财"任务，所以具有财务管理职能。

（2）融资职能，是指筹措资金和融通资金的职能。我国开办信托业务，主要目的在于搞活社会主义现代化建设的资金，为发展生产和加快建设筹措长期、稳定的资金；在国际上，则着眼于吸引外资，引进先进技术和设备。

（3）信用服务职能。金融信托，无论对个人、对法人或团体，都可根据实际需要，提供内容丰富的信用服务。如，对企业单位代理发行债券、股票、代理催收欠款，代理收款付款，信用答证，履行担保和经济咨询等；对个人办理执行遗嘱、生前监护和特约代理等。可以说，社会有什么需要，金融信托机构就可以办理什么信托服务项目。

3. 金融信托的基本要素

信托是一种经济行为，达成一项信托必然涉及3个方面的关系人：

（1）委托人，是财产的所有者，是要求办理信托的当事人。

（2）受托人，是有信誉、有经营管理能力的信托机构。

(3) 受益人，是信托财产利益的享受者，可以是委托人指定的单位或个人，也可以是委托人确定的一个组织或多数人（如奖励基金或社会福利基金的获得者），也可以是委托人自身。

4. 金融信托的办理

办理金融信托业务的机构有信托公司、信托银行和商业银行设立的信托部。目前，我国商业银行不得从事信托业务。

办理信托必须由委托人与受托人双方订立合同，这在法律上才能被承认和生效。信托合同应包括信托财产的名称、数量、信托的起止时间、受益对象、委托人要求的事项和达到的目标、信托财产及其收益和处理方式、手续费如何支付等。信托合同由委托人与受托人双方签字盖章才有效。

> **小贴士**
>
> 信托有一个基本前提，即委托人必须拥有该项财产的所有权，受托人才能承诺这项信托。

二、信托投资公司的主要业务

（一）信托存款业务

信托存款分为普通信托存款和特约信托存款。

普通信托存款，是存款人不指定存款用途，由金融信托机构负责管理运用，存款人根据存款期限长短，除得到一般定期存款的利息外，还可以得到一定的红利。

特约信托存款，是存款人指定投资或贷款的范围、对象以及取得收益的方法，金融信托机构除收取约定的信托费外，所有损益责任由存款人自负。企业、企业主管部门和机关、团体、事业单位等，将资金委托给金融信托机构向特定的企事业单位办理放款和投资，都属于特约信托存款。

（二）资金信托业务

资金信托业务，是金融信托机构接受委托人的委托，对其货币资金进行自主经营，并向委托人指定的受益人支付营运收益或按约定款项收取一定劳务费的业务。资金信托的资金，必须是单位可自主支配的资金或单位和个人所有的资金。

资金信托业务有以下种类：单位资金信托、公益基金信托、社保基金信托和个人特约信托。

（三）委托贷款业务

委托贷款业务也称为特定资金信托，是指金融信托机构接受委托人的委托，在委托人存入的委托存款额度内，按其指定的对象、用途、期限、利率与金额等发放贷款，并负责到期收回贷款本息的一项金融信托业务。委托贷款业务的委托人，可以是单位，也可以是个人。委托贷款有委托固定资产贷款和委托流动资金贷款两种。

（四）委托投资业务

委托投资业务，是委托人将资金事先存入金融信托机构作为委托投资基金，委托金融信托机构向其指定的联营或投资单位进行投资，并对投资的使用情况、投资单位的经营状况及利润分红等进行管理和监督的一种金融信托业务。委托投资业务主要有"指定委托投资"和"任意委托投资"两种。我国信托机构办理的委托投资基本上都是指定委托投资。

（五）信托投资业务

信托投资业务，是信托机构运用信托存款、自有资金、发行债券所得资金，以投资者的身份直接对生产、经营企业进行投资。它主要有两种方式：一是股份投资；二是合作投资。

（六）不动产与动产信托业务

它是在动产和不动产买卖的过程中，在买方资金不足或卖方对买方信用不够了解的情况下，将财产所有权转移给受托人，并从受托人处获得融资或信用担保，最终实现动产和不动产的销售业务。

项目小结

（1）中央银行有着自己特殊的业务活动原则，负债业务、资产业务和其他业务是其一般性业务，制定和执行货币政策是中央银行的重要职责。

（2）商业银行主要业务分为负债业务、资产业务和其他业务。负债业务主要有自有资本、存款业务和其他负债业务；资产业务主要包括现金资产业务、贷款业务、票据贴现业务、证券投资业务；其他业务包括中间业务和表外业务。现代商业银行将安全性、流动性和营利性作为最重要的经营原则。

（3）保险作为一种社会化、专业化和商业化的风险损失补偿行业，是一种补偿行为、互助行为和法律行为，具有经济补偿、分散风险、防灾防损和融通资金的职能。保险的基本原则包括最大诚信原则、保险利益原则、补偿原则和近因原则。保险包括人身保险、财产保险两大类。办理保险业务必须签订保险合同。

（4）证券业务包括证券经纪业务、资产管理、投资银行、投资咨询等。我国的证券公司必须将其证券经纪业务、证券承销业务、证券自营业务和证券资产管理业务分开办理。证券的发行、交易活动必须实行公开、公平、公正原则，应当遵守自愿、有偿、诚实信用原则。证券交易集中竞价实行价格优先、时间优先原则。

（5）信托是以资财为核心、信任为基础、委托为方式的财产管理制度。它具有财务管理、融资、信用服务职能。信托主要有信托存款、资金信托、委托贷款、委托投资、信托投资、不动产与动产信托业务等业务。

练习与实训

一、填空题

1. 中央银行的一般业务包括_____、_____、_____。

2. 商业银行业务分为_____、_____、_____。
3. 商业银行三大传统业务是_____、_____、_____。
4. 我国商业银行资本金主要包括_____、_____、_____、_____。
5. 商业银行的存款按支取方式一般可分为_____、_____、_____三大类；储蓄存款根据存款期限不同可分为_____、_____。
6. 我国银行储蓄的原则是_____、_____、_____、_____、_____。
7. 按保障形式不同，贷款分为_____、_____、_____。
8. 担保包括_____、_____、_____三种形式。
9. 商业银行对企业信用分析的基本内容有_____、_____、_____、_____。
10. 按实施形式不同，保险分为_____、_____。
11. 贴现实付金额等于票据_____减去_____。
12. _____原则是保险的一个最重要、最基本的原则，_____原则只适用于财产保险，不适用于人身保险。
13. 人寿保险是以人的寿命为_____、以人的死亡或生存为给付条件的人身保险，包括_____、_____、_____三个基本寿险种。
14. 证券发行价格有_____、_____、_____、_____、中间价发行。
15. 金融信托具有_____、_____、_____的职能。

二、选择题（不定项）

1. 下列各项中，属于中央银行业务的有（   ）。
   A. 货币发行   B. 经理国库资金
   C. 资金清算   D. 证券投资
2. 我国商业银行的经营原则是（   ）。
   A. 安全性   B. 流动性
   C. 效益性   D. 营利性
3. 不良贷款的种类有（   ）。
   A. 正常   B. 关注
   C. 次级   D. 可疑
   E. 损失
4. 信用卡的功能有（   ）。
   A. 转账结算   B. 汇兑
   C. 储蓄   D. 消费信贷
5. 下列属于中间业务的有（   ）。
   A. 结算   B. 代理
   C. 担保   D. 贷款承诺
6. 风险管理技术包括（   ）。
   A. 风险预防   B. 风险回避

C. 风险分散　　　　　　　　　　D. 风险转移
7. 证券业务包括（　　）。
   A. 证券经纪　　　　　　　　　　B. 资产管理
   C. 投资银行　　　　　　　　　　D. 投资咨询
8. 证券的发行方式有（　　）。
   A. 私募发行　　　　　　　　　　B. 公募发行
   C. 平价发行　　　　　　　　　　D. 时价发行
9. 保险合同双方当事人是指（　　）。
   A. 受益人　　　　　　　　　　　B. 被保险人
   C. 保险人　　　　　　　　　　　D. 投保人
10. 证券交易集中竞价实行的原则有（　　）。
    A. 时间优先　　　　　　　　　　B. 价格优先
    C. 申报优先　　　　　　　　　　D. 关系优先
11. 我国境内的证券交易所上市交易的股票有（　　）。
    A. A股　　　　　　　　　　　　B. B股
    C. 中小板　　　　　　　　　　　D. 创业板
12. 投资者可以采取（　　）方式向证券商委托买卖证券。
    A. 柜台当面委托　　　　　　　　B. 电话委托
    C. 传真委托　　　　　　　　　　D. 网上交易委托
13. 达成一项信托，必然涉及的关系人有（　　）。
    A. 委托人　　　　　　　　　　　B. 受托人
    C. 受益人　　　　　　　　　　　D. 公证人
14. 办理融资租赁一般要签订的合同有（　　）。
    A. 购货合同　　　　　　　　　　B. 租赁合同
    C. 贷款合同　　　　　　　　　　D. 保险合同
15. 下列业务可以向商业银行办理的有（　　）。
    A. 储蓄存款　　　　　　　　　　B. 住房贷款
    C. 信用卡　　　　　　　　　　　D. 贴现

三、判断题

1. 中央银行业务是以营利为目的，参与商业银行业务的竞争，办理单位、个人的存款、贷款业务，并给付利息；中央银行最重要的负债业务是存款业务，对政府的贷款、再贴现是中央银行最主要的资产业务。（　　）
2. 货币发行是货币从中央银行发行库通过商业银行业务库流向社会的。现在市面有那么多人民币新钞，说明中国人民银行在大量发行货币。（　　）
3. 中央银行买卖的证券主要是公司股票，基本目的在于营利。（　　）
4. 代理国库、集中办理票据交换、集中清算交换差额、组织异地资金转移是国有大型商业银行的业务。（　　）
5. 在商业银行中，负债业务是资产业务的前提条件，存贷款是最主要业务，现金是流

动性最强的非营利性资产,贷款是最重要的营利性资产。   (   )

6. 信用贷款比抵押贷款风险小,抵押是权利的担保;贴现是票据的买卖,实际上是信用业务,是商业银行对持票人的负债。   (   )

7. 证券投资是中央银行的负债业务,证券买卖是商业银行的资产业务。中央银行、商业银行可以买卖政府债券、企业债券和股票。   (   )

8. 商业银行的中间业务和表外业务都构成了商业银行的表内资产、表内负债。(   )

9. 贷记卡不具备透支功能,借记卡功能众多、有透支功能。   (   )

10. 定期存款的利率比活期存款的高,期限越长,利率越高。   (   )

11. 经济补偿是保险本质特征的最基本反映,是保险的固有职能;商业保险是以营利为目的,其资金主要来源于投保人缴纳的保险费。   (   )

12. 保险公司都可以兼营人身保险业务和财产保险业务;原保险是发生在保险人之间的保险行为;保险单不能算是保险合同;投保人、被保险人不能成为受益人。   (   )

13. 要进行证券交易,首先必须开户(资金、证券账户),取得资格,然后才可以进行委托。   (   )

14. 信托的前提是财产、基础是信任,受托人不能作为受益人。我国商业银行目前不得从事信托业务。   (   )

15. 金融信托具有财务管理、融资、信用服务的职能。   (   )

四、简答题

1. 我国银行转账结算的原则、结算方式、纪律要求有哪些?
2. 保险的特征、职能、原则是什么?
3. 我国保险公司(财产、人寿)业务经营的范围是怎样规定的?

五、业务计算题

1. 一客户持一张面额为10万元,尚需90天后到期的票据来银行贴现,年贴现率为5%,银行应付款额是多少?

2. 假如甲公司持有一张202×年1月20日签发的100万元的银行承兑汇票,于202×年5月20日到期,承兑行为A银行,出票人为乙公司。请计算、回答下列问题:

(1) 如果为融通资金,甲公司于202×年2月19日向其开户行B银行贴现,假设贴现利率为10.2%,那么开户行B银行收取的贴现利息和实付贴现额分别是多少?

(2) 如果B银行再于202×年3月11日将该银行承兑汇票转贴现给C银行贴现,假设贴现利率为9.8%,那么C银行收取的贴现利息和实付贴现额分别是多少?

(3) 如果C银行于202×年4月10日向中国人民银行办理再贴现。假设贴现利率为8%,那么中国人民银行收取的贴现利息和实付贴现额分别是多少?

3. 投保某种财产,保险金额是30万元,保险费率是2%,则应缴纳的保险费额是多少?

六、案例分析题

1. 某地政府为了加速经济发展,决定再上一个投资5 000万元的大项目,可是资金不足,镇长找到当地农业银行,希望给予贷款。银行行长没有表态,因为该镇政府前几年搞了几个工程项目都没成功,欠银行几千万元贷款无力偿还。可该镇长却对行长再次表示:"反正银行的钱是国家的钱,不用白不用,再说,即使损失了,银行多印些票子就行了。"

针对上述情况,结合商业银行和中央银行的相关理论知识回答下列问题:

(1) 您认为银行行长应当如何给予答复?

(2) 请说明这样答复的理由。

2. 2012年8月20日中保网(中国保险报)报道:近日,福建漳州人保财险在"投保单非被保险人签字"的情况下,运用法律法规,成功胜诉,为公司减赔42万元。

福建漳州人保财险承保的一私家车发生交通事故,造成多人死伤。经查,该私家车投保为家庭自用,但实际却是非法营运,漳州人保财险据此拒赔,但车主提出签字并非其真实签字(经笔迹鉴定确非被保险人本人签名)。根据《保险法》规定"保险除外责任未经明确告知投保人的为无效",对此车主向法院抗辩漳州人保财险拒赔理由不成立。

福建漳州人保财险在上级公司法律部支持下,转从"法律规定"角度寻找突破。根据《保险法》第五十二条规定,保险公司不承担赔偿责任。经过与一、二审法院充分沟通,最终漳州人保财险主张的免责事由成立。

请根据《保险法》回答下列问题:

(1)《保险法》第五十二条中是如何规定的?

(2) 请您对漳州人保财险主张的免责事由成立做出说明。

3. 通过到证券机构调查或网上查询,了解我国的股票价格指数。要求:列出上海、深圳证券交易所的股票价格指数和其他常用的指数。

4. 现有长江、长城两公司,分别要向工商银行东方支行申请流动资金贷款500万元和600万元。长江公司有发展前景,但目前处于严重亏损;长城公司属于盈利大户。请您分析回答:东方支行应该将贷款贷给谁?为什么?

七、技能实训题

1. 利用校内金融实验室或校外实习基地,在学校老师或基地实训教师指导下,分组进行实训、实习,练习有关基本业务的操作,写出操作业务的事项。

2. 利用金融实验室或在计算机室,老师指导学生下载安装证券交易(模拟或实际)软件,了解其功能与使用方法,并进行证券交易模拟操作,写出操作业务的事项。

3. 个人或分组(建议5人为一组、推选1名组长),通过走访金融机构进行实地调查,了解当地金融机构金融业务(如,开户与账户管理、存款、贷款、结算、证券交易、外汇交易、保险、理财产品营销等)的开展情况。以小组为单位进行汇报交流讨论,写一篇关于当地某一金融机构业务开展情况的调查报告。

项目七
国际金融基础

【案例导入】

2013年年末倒数第二个交易日，人民币兑美元汇率再创新高，即期汇率逼近6.06，中间价报6.1024；但年末交易仍比较冷清。专家分析认为，2014年人民币汇率总体仍会升值，"汇率破6"是大概率事件，预计2014年汇改将小步慢走，升值趋势不变。

延续2013年12月27日人民币兑美元汇率中间价升值的趋势，2013年12月30日，中间价继续升值26个基点至6.1024，再创历史新高，为年内第40次创新高。伴随中间价的走高，人民币兑美元即期价格也水涨船高，收盘报6.0618同样创新高。

交通银行首席经济学家连平认为，中美之间贸易不平衡的存在，使人民币兑美元仍有持续升值的压力。

"人民币升值对出口企业不利，会侵蚀中国的出口竞争力，造成出口企业倒闭，进而引发就业压力。"刘东亮分析称，"这种担心不无道理，但事实是，自2005年汇改以来，人民币兑美元已经升值了约36%，迄今却并没有发生大规模的出口企业破产倒闭潮，贸易顺差反而从2005年的1 021亿美元，上升至2 342亿美元（截至今年前11个月），这表明，中国出口部门对汇率的抗压性比想象中要强得多。"

资料来源：李震：《人民币汇率创新高，逼近6.06》，广州日报，2013年12月31日AII2版。

思考：1. 什么是汇率？人民币兑美元即期汇率6.06，意味着什么？
2. 汇率变动对中国经济会产生什么影响？

【项目目标】

本项目讲述外汇与汇率、国际收支与国际储备、国际结算和国际信贷知识，让您知晓国际金融相关内容

知识目标

熟知外汇、汇率和我国外汇和汇率制度，掌握汇率标价与换算；理解国际收支平衡，了解国际收支平衡表与国际储备的构成；熟知国际结算含义，掌握国际结算工具与方式，熟知换汇相关规定；熟知国际信贷含义，了解国际信贷主要形式与业务

技能目标

学会汇率的换算和汇率与经济关系的分析,正确认识国际收支的平衡性与国际储备的合理性,对国际结算与国际信贷业务会选用、能操作

素养目标

培养学生的金融风险与服务意识,具备理财、国际经济交往、国际信贷融资的金融服务能力

任务1 熟悉外汇与汇率

【学习目标】

- □ 熟知外汇、汇率和我国外汇和汇率制度,掌握汇率标价与换算;了解汇率变动及其影响
- □ 知晓汇率标价方法,学会汇率的换算和汇率与经济关系的分析
- □ 具有国家金融主权意识,树立人民币币值稳定与经济安全信心

任务导入

在国内的商店买东西,您会很自然地使用人民币,因为人民币是我国的法定货币。如果有一天,您要到美国去旅游,在美国消费,人民币就行不通了,您就必须用美元支付,因为美元是美国的法定货币。所以,您在出国之前,就必须先把人民币兑换成美元,那应该花多少人民币才能兑换到一美元呢?美国政府开动印钞机大量印发美元,对我们有影响吗?要想知道这些,必须先学习外汇、汇率知识。

本任务的学习内容是:外汇,汇率,汇率制度。

知识准备

一、外汇

(一)外汇概述

1. 外汇的含义

外汇有广义和狭义之分。广义的外汇指一切以外国货币表示的支付手段和金融资产。狭义的外汇是指以外国货币表示的用于国际结算的支付手段;狭义外汇强调的是能够在国际结算体系中被普遍接受的支付手段。各国外汇管理法规中所说的外汇一般指广义外汇。

我国的《外汇管理条例》规定,外汇的具体形式有以下几种:

(1)外国货币,包括钞票和铸币;

(2) 外币有价证券，包括政府公债、国库券、公司债券、股票、息票等；

(3) 外币支付凭证，包括票据、银行存款凭证、邮政储蓄凭证等；

(4) 特别提款权，欧元；

(5) 其他外汇资金，包括黄金。

2. 外汇的条件

并非所有的金融资产都能成为外汇，充当外汇必须具有一定的前提条件，这些条件表明外汇具有一定的特征：一是普遍接受性，即外汇是以外国货币来表示的在国际上能普遍接受的资产；二是自由兑换性，即外汇是可以自由兑换成其他支付手段的外币资产；三是可偿性，即外汇必须是在国外能得到偿付的货币债权。

3. 外汇的种类

(1) 按是否可以兑换，分为自由外汇、有限自由兑换外汇和记账外汇。

①自由外汇是可以自由兑换其他货币，或是可以向第三者办理支付的外国货币及其支付手段。目前，世界上属于自由兑换的货币有很多，其中，使用最广泛的是美元、欧元、英镑、日元。

②有限自由兑换外汇是指未经货币发行国批准，不能自由兑换成其他货币或不能对第三国进行支付的外汇。世界上有一大半国家的货币属于有限自由兑换的货币，包括人民币。

③记账外汇也称双边外汇、协定外汇、清算外汇，是指记账在双方银行指定账户上的外汇，它不能兑换成其他货币，也不能对第三者进行支付。它是在两国政府间签订支付协定下规定使用的。例如，甲、乙两国间贸易支付协定规定，双方相互进出口贸易的货款，均通过在双方银行开立的专门账户，按指定货币作为记账外汇记入账户，到一定时期，按双方账面的债权债务差额，按照规定以现汇或货物清偿。

(2) 按照外汇来源和用途划分，外汇有贸易外汇和非贸易外汇。

①贸易外汇是一国出口贸易收入的外汇和进口贸易支出的外汇，以及与进出口贸易有关的从属费用外汇，如，运费、保险费等。

②非贸易外汇是指进出口贸易以外所收支的各项外汇，如，旅游、港口、航空等方面收支的外汇。

(3) 按外汇买卖交割期限划分，外汇有即期外汇和远期外汇。

①即期外汇又称现汇，是用于即期支付的外汇。一般要求成交双方在两个营业日内交割完毕。

②远期外汇又称为期汇，是在外汇市场上用来远期付款交割的外汇，是买卖双方先按商定汇价签订合同，并预约未来某一天办理实际交割的外汇。

> **小贴士**
>
> 主要国家和地区货币名称符号代码
>
> | 人民币 | 日元 | 美元 | 欧元 | 英镑 | 港币 | 澳大利亚元 | 加拿大元 |
> | --- | --- | --- | --- | --- | --- | --- | --- |
> | CNY | JPY | USD | EUR | GBP | HKD | AUD | CAD |

(二) 我国的外汇管理

外汇管理是指一国政府授权国家货币金融管理当局或其他国家机关，对外汇收支、买卖、借贷、转移以及国际间的结算、外汇汇率和外汇市场等实行的管制。其目的在于保持本国的国际收支平衡，限制资本外流，防止外汇投机，促进本国经济健康发展。

我国外汇管理体制基本上属于部分外汇管制，对经常项目实行可兑换；对资本项目实行一定的管制；对金融机构的外汇业务实行监督管理。

想一想：
外汇包括外币，那么，外币一定就是外汇吗？人民币是自由外汇吗？

二、汇率

出国、出境就需要换外汇。如果将外汇当作一种商品，那么，换汇实际上就是买卖外汇的过程。由于各国货币所代表的价值量不同，因此，彼此间不能简单地以1∶1进行，这就要涉及本国货币与外国货币的折算，即汇率问题。

（一）汇率及其标价方法

汇率是指两种货币的折算比率，是以一种货币表示的另一种货币的价格，又称汇价、外汇行市。汇率的标价方法有三种：

1. 直接标价法（应付标价法）

直接标价法是用一定数量（1或100等）的外国货币为标准，折算为若干单位本国货币的表示方法。

这种标价法是外国货币数额固定不变，本国货币的数额则随着两国币值和货币供求关系的变化而变动。如果折成本国货币的数量增多，则表示外汇汇率上升，本币币值下降；反之，则表示外汇汇率下降，本国币值上升。在这种标价法下，外汇汇率的涨跌与本币数量的增减成正比，从中能直接看出外汇的价格。世界上多数国家采用直接标价法，我国也是。

想一想：
2013年7月22日，1美元＝6.1387元人民币；2014年7月22日，1美元＝6.2088元人民币。美元汇率、人民币汇率分别是上涨还是下跌？人民币升值对中国学生出国留学有好处吗？

2. 间接标价法（应收标价法）

与直接标价法相反，间接标价法是用一定数量（1个或100个）的本国货币为标准，折算成一定数量的外国货币的标价方法。

这种标价法是本国货币数额表示不变，外国货币数额随两国币值及外币供求关系的变化而变动。如果折成外国货币的数额比以前增多，即表示外汇汇率下降，本币币值上升；反之，则表示外汇汇率上涨，本币币值下降。在这种标价法下，外汇汇率的涨落与外币数额的多少成反比，不能直接看出外汇的价格。

英国和美国就采用间接标价法，但美元对英镑仍使用直接标价法。

> **小贴士**
>
> 直接标价法和间接标价法所表示的汇率涨跌的含义正好相反，所以在引用某种货币的汇率和说明其汇率高低涨跌时，必须明确采用哪种标价方法，以免混淆。

3. 美元标价法

美元标价法又称纽约标价法，是指以一定单位的美元为标准，折合成若干数额的其他国家货币，即用其他国家的货币来表示美元的价格，非美元货币之间的汇率则通过各自对美元的汇率套算出来。这种标价法是美元的单位始终不变，美元与其他货币的比值是通过其他货币数量的变化体现出来的。美元标价法由美国在1978年制定并执行。目前是国际金融市场上通行的做法。

（二）汇率的种类与换算

1. 按制定汇率的不同划分

（1）基本汇率。是指本国货币与关键货币的比率。目前，世界各国一般均以美元的汇价作为基本汇率。

> **小贴士**
>
> 所谓关键货币，是指该国在国际收支中使用最多的、外汇储备中比重最大的、在国际上被普遍接受的、可以自由兑换的货币。

（2）套算汇率。也叫交叉汇率，是指两种不同的货币根据基本汇率套算出来的汇率。

我国外汇管理局对外公布人民币对美元、日元、欧元和港元的基准汇率，但我国的基本汇率是针对美元的，人民币对日元、欧元和港元的基准汇率是经过套算得来的。

> **算一算**
>
> 2013年4月16日，USD1 = JPY82.49，EUR1 = JPY106.67，则美元对欧元汇率是多少？

2. 从银行买卖外汇的角度划分

（1）买入汇率也称为买入价，是银行向同业或客户买入外汇时所使用的汇率。在直接标价法下，外币折合成本币后，有两个不同的价位，低价位的就是买入价；在间接标价法下，本币折合成外币数量较多的就是买入汇率。

一般来说，外国现钞不能在本国流通，只有将外钞兑换成本币，才能够购买本国的商品和劳务，因此，买入汇率分为外汇买入汇率和外币现钞买入汇率，即外汇买入价和外币现钞买入价。由于现钞和现汇的不同，银行买卖现钞时要承担保管、利息、费用等因素，一般现钞买入价要低于外汇买入价。

（2）卖出汇率也称为卖出价，是银行向客户或同业卖出外汇时所使用的汇率。在直接标价法下，外币折合本币数量多的就是卖出价，在间接标价法下，本币折合外币数量少的就是卖出汇率。买入汇率和卖出汇率之间有一个差价，卖出汇率高于买入汇率，这个差价是银行买卖外汇的收益，一般是1%~5%。外汇卖出价和外币现钞卖出价相同。

（3）中间汇率也称为中间价，是外汇买入价和外汇卖出价的平均数。中间价一般适用于对外汇行情走势的分析。

> **算一算**
>
> 如果银行公布100美元兑换人民币价格为：现钞买入价620元，现汇买入价624元，卖出价630元，那么，中间价是多少？要换1 000美元需要付给银行多少元的人民币？

3. 按国际汇率制度的不同划分

（1）固定汇率，是指两个国家的货币比价基本固定，汇率只能在一定幅度内波动，汇率变动的幅度很小。这是因为金本位制下决定汇率的基础是两国货币的含金量。在纸币流通条件下的固定汇率，则只能根据两国的货币比价加以基本固定，并把它的波动幅度界定在一定的幅度之内。

（2）浮动汇率，是汇率不固定，也不规定汇率波动的上下限，汇率随着外汇市场上的供求状况自由涨落，各国政府或其货币管理当局原则上无义务进行干预。这是目前各国普遍实行的汇率制度。但如果汇率剧烈波动，国家一般都会加以干预或操纵，这就是有管理的浮动汇率制度。我国目前实行的就是这种制度。

4. 按外汇买卖交割期限不同划分

（1）即期汇率，也称为现钞汇率，是外汇买卖双方成交后在当日或两个营业日内进行交割时的汇率。

（2）远期汇率，是指外汇买卖成交后，在约定的到期日进行交割所使用的汇率。远期汇率与即期汇率之间的差额称为远期差价，如果远期汇率高于即期汇率，称升水，表示远期外汇比即期外汇贵；反之称贴水，表示远期外汇比即期外汇便宜；如远期汇率等于即期汇率，称平价。

在直接标价法下：远期汇率 = 即期汇率 + 升水

或 = 即期汇率 - 贴水

在间接标价法下：远期汇率 = 即期汇率 - 升水

或 = 即期汇率 + 贴水

5. 按银行营业时间划分

（1）开盘汇率，是银行在每一个营业日开始时的外汇买卖汇率，也称开盘价。

（2）收盘汇率，是银行在一个营业日结束时的外汇买卖汇率，也称收盘价。

6. 按照国家对外汇管理的宽严程度划分

（1）官方汇率，也称法定汇率，是国家外汇管理当局公布实行的汇率，一切外汇交易均应按照官方汇率进行。实行计划经济的国家一般都制定官方汇率。

（2）市场汇率，是由外汇市场上的供求关系决定的汇率，它随外汇市场供求关系的变化而变化。

想一想：

远期汇率就是在约定日期交割时的市场即期汇率吗？

（三）汇率变动及其影响

1. 决定汇率的基础

汇率是两国货币的比价，因而货币的币值是决定汇率的基础。对比中的任何一国货币的币值变动，汇率就会发生相应的变动。不同的货币制度有着不同的汇率决定基础，在纸币流通条件下，汇率是以两国纸币实际代表的价值量为依据，汇率决定的基础是购买力平价，汇率随市场供求的变化而浮动。

2. 影响汇率变动的因素

在纸币制度下，影响汇率变动的主要因素有：

（1）国际收支状况。国际收支是影响汇率变动的一个直接因素。一般来说，一国国际收支出现逆差，对外债务增加，引起外汇需求增加，会引起外汇汇率上升和本币汇率下降。相反，会引起外汇汇率下降和本币汇率上升。

（2）货币流通状况。货币流通状况，即是否通货膨胀，是决定汇率的基本因素。如果一国的货币流通不均衡，如出现通货膨胀，本币币值下降，则会引起外汇汇率上升，本币汇率下降；如出现通货紧缩，本币汇率则会上升，外汇汇率下降。

（3）国内外利率水平的差异。一国利率水平的高低，取决于借贷资本的供求状况。利率的高低，会使国际间的短期资本发生移动，从而影响资本项目平衡，进而影响汇率。当一国利率较高时，会吸引外国资本流入该国，从而减少对外汇的需求，使外汇汇率下降，本币汇率上升。

> **知识拓展**
>
> 影响汇率变动的其他因素还有：一国的经济增长水平、政府干预、宏观经济政策、季节性因素、市场预期心理、金融投机、信息因素、政局动荡等。

3. 汇率变动对一国经济的影响

（1）汇率变动对国际贸易收支的影响。当一国货币的汇率上升、外汇汇率下降时，也即本币升值、外币贬值，意味着进口相同数量的商品所需要的本币减少了，出口相同数量商品获得的外汇所兑换的本币也减少，在其他条件不变的情况下，将不利于出口，有利于进口。如果本币汇率下降、外汇汇率上升，则情况相反。汇率变动对非贸易收支也会产生影响。

（2）汇率变动对国际资本流动的影响。当一国货币汇率下降、外汇汇率上升时，为避免货币贬值所造成的损失，资本特别是短期资本会流向国外。当本国货币汇率上升时，情况则相反。

（3）汇率变动对国内物价的影响。当本币汇率下跌时，出口增加，国内商品供应因出口而产生供求紧张，物价上涨；相反，本币汇率上升时，则物价下跌。

（4）汇率变动对国际储备的影响。汇率变动对一国储备的影响，可以表现为对国际储备存量和增量的影响。一方面，从对存量的影响来看，如果储备货币的汇率上升，外汇储备的实际价值增加；反之，则减少。另一方面，从国际储备的增量来看，如果本币贬值，将刺激出口，使外汇储备增加；反之，则减少。

（5）汇率变动对国际债务的影响。对一国来说，如果偿还债务的货币汇率下降，使国际债务的实际价值减少，从而减轻债务负担；反之，则加重债务负担。

（6）汇率变动对国内就业和国民收入的影响。本币汇率下跌，刺激出口，会促进国内就业扩大和国民收入增多；反之，本国汇率上升，会减少国内就业和国民收入。

汇率变动对非贸易收支、资源配置、国际经济关系也会产生影响。

议一议：

结合当前实际，讨论汇率变动对我国经济有哪些主要影响？

三、汇率制度

（一）汇率制度及其类型

汇率制度（汇率安排），是指一国货币当局对其货币汇率的变动所做的一系列安排或规定。汇率制度作为汇率的基本原则，包括：确定规定汇率的依据，规定汇率波动的界限，规定维持汇率应采取的措施，规定汇率应怎样调整等内容。

目前，国际汇率制度主要有以下三种：

1. 浮动汇率制度

浮动汇率制度是指一国不再规定其货币的汇率浮动幅度，货币当局也不再承担维持汇率波动界限的义务，而是听任外汇市场的供求变化来决定货币汇率水平的汇率制度。我国现行的汇率制度是浮动汇率制度。

2. 钉住汇率制度

钉住汇率制度是指一国货币与其他某一种或某一篮子货币之间保持比较稳定的比价，即钉住所选择的货币。本国货币随所选货币的波动而波动，但相互之间的比价相对固定或只在小范围内浮动，一般幅度不超过1%。被钉住的一般是主要工业国家的货币或IMF的特别提款权。目前，大部分发展中国家实行的是钉住汇率制。按照钉住货币的不同，钉住汇率制可分为钉住单一货币和钉住一篮子货币。

3. 联系汇率制度

联系汇率制（简称联汇）是一种固定汇率制，即将本币与某特定外币的汇率固定下来，并严格按照既定兑换比例，使货币发行量随外汇存储量联动的货币制度。

知识拓展

中国香港的联系汇率制度

中国香港的联系汇率制度是其货币制度的基石。政府设立一个外汇基金；有发行本币现钞资格的银行须按固定汇率（7.8 港币等于 1 美元）在外汇基金存入 100% 的外汇储备，换取无息的"负债证明书"，作为发行港币的依据；其他持牌银行向发钞银行取得港币时，也要以百分之百的美元向发钞银行进行兑换。这样，港币与美元的汇率就联系起来了。但是，在中国香港公开的外汇市场上，港币汇率是由市场供求状况决定自由浮动的。

（二）我国的人民币汇率制度

我国目前实行以市场供求为基础，参考一篮子货币进行调节，有管理的浮动汇率制度，包括三个方面的内容：一是以市场供求为基础的汇率浮动，发挥汇率的价格信号作用；二是根据经常项目主要是贸易平衡状况动态调节汇率浮动幅度，发挥"有管理"的优势；三是参考一篮子货币，即从一篮子货币的角度看汇率，不片面地关注人民币与某个单一货币的双边汇率。

现在，人民币汇率不再钉住单一美元，而是按照我国对外经济发展的实际情况，选择若干种主要货币，赋予相应的权重，组成一个"货币篮子"。同时，根据国内外经济金融形势，以市场供求为基础，参考"一篮子货币"计算人民币多边汇率指数的变化，对人民币汇率进行管理和调节，维护人民币汇率在合理均衡水平上的基本稳定。

任务 2　了解国际收支与国际储备

【学习目标】
- [ ] 理解国际收支、国际收支平衡的含义，了解国际收支平衡表与国际储备的构成
- [ ] 正确认识国际收支的平衡性与国际储备的合理性，学会初步分析判断
- [ ] 具有风险意识，培养动态平衡、合理储备的辩证思维

任务导入

2006年2月底，我国外汇储备已达到8536亿美元，已超过日本成为全球外汇储备最多的国家。截至2014年6月末，中国外汇储备增至3.99万亿美元，稳居头号宝座。在许多人眼里，这应当是彰显中国实力的好消息，可您再仔细观察政府高级官员以及经济学家的评论，总会和"国际收支失衡"连在一起，并未透出多少兴奋，更多的是一种冷静，一个引起众人思考的问题是：我国近年的国际收支为什么总是顺差？外汇储备为什么增长那么快？外汇储备是不是越多越好？

本任务的学习内容是：国际收支，国际收支平衡，国际储备。

知识准备

一、国际收支

国际收支是指一个国家或地区在一定时期内其居民与国外非居民之间全部对外往来的系统记录。

理解国际收支，应当把握以下三个层次的内涵：

（1）国际收支所反映的内容是以经济交易为基础的，而不是以外汇交易为基础的。就其形式，主要有物物（商品、劳务之间）交换、实物和货币的交换、金融资产与金融资产的交换、无偿的商品转移和无偿的金融资产转移。

想一想：

我国某企业以补偿贸易的方式从美国进口一批设备，并未涉及外汇收支，是否应登记在国际收支中？

（2）国际收支是一个流量概念。它记录的是在一段时期（通常为一年）内，一国与他国所发生的各项经济往来情况，是一个事后的概念。

（3）记载的经济交易是居民与非居民之间发生的。判断一项经济交易是否属于国际收支内容，所依据的不是交易双方的国籍，而是交易双方是否分属居民与非居民的范围。

> **小贴士**
>
> 居民，是指在一个国家的经济领土内居住达一年或一年以上的、具有一个经济利益中心的机构单位，包括个人、政府、企业和非营利机构等。居民是一个经济上的概念，是以地理区域为标准、而不是以国籍标准来划分的。

二、国际收支平衡

（一）国际收支平衡表

国际收支平衡表是一国根据交易内容和范围设置项目和账户，并按照复式记账法对一定时期内的国际经济交易进行系统的记录，对各笔交易进行分类、汇总而编制出的分析性报表。它是用来说明该国的国际收支状况的统计报表。

国际收支平衡表是按照"有借必有贷、借贷必相等"的复式记账法进行记录编制的，一切引起本国外汇收入项目都列为贷方，反之列为借方。当收入大于支出而出现盈余时，就是国际收支顺差；反之，就是逆差。

国际货币基金组织出版的《国际收支手册》（第五版），对国际收支平衡表的编制所采用的概念、准则、管理、分类方法以及标准构成都做了统一说明。我国国际收支平衡表的主要内容：

1. 经常项目（账户）

反映一国与他国之间实际资源的转移，是一国国际收支平衡表中最基本、最重要的项目。如果经常项目差额有盈余，那就意味着这个国家的国外财富净增加，表示一国对外有净投资，包括商品和劳务。

（1）货物和服务。

①货物，是经常账户的第一大项目，主要记录进出口商品发生的外汇收支等。

②服务，是经常账户的第二大项目，包括运输、旅游、通信服务、建筑服务、保险服务、金融服务、计算机和信息服务、专有权利使用费和特许费、咨询、广告与宣传、电影与音像、其他商业服务、别处未提及的政府服务。

（2）收益。包括职工报酬、投资收益。

（3）经常转移。经常转移记录的是居民和非居民之间单方面的、没有得到回报的实际资源或金融资产变化，如，无偿援助、侨民汇款、捐款等。根据实施的主体不同，分为各级政府、其他部门。

2. 资本和金融项目账户

资本和金融项目账户是指对资产所有权在国际间流动行为进行记录的账户，包括资本项目和金融项目。

（1）资本项目。资本项目包括资本转移和非生产、非金融资产的收买或放弃。

（2）金融项目。金融项目是指一国或地区的国外资产和负债。根据投资类型或功能，分为直接投资、证券投资、其他投资。

3. 储备资产

储备资产是指一个国家由官方所持有的国际储备资产，包括货币黄金、特别提款权、在基金组织的储备头寸、外汇、其他债权。

4. 净误差与遗漏

国际收支账户运用的是复式记账法，因此，所有账户的借方总额和贷方总额应相等。由于不同账户的统计资料来源不一、记录时间不同以及一些人为因素等原因，会造成结账时出现净的借方或贷方余额，这时就需要人为设立一个抵消账户，数目与上述余额相等而方向相反。错误和遗漏账户就是这样一种账户。

想一想：

外商来华投资的投资款项和投资收益应记录在国际收支平衡表中的什么项目中？我国政府购买美国国债的本金和利息应如何记录？

（二）国际收支平衡与失衡

国际收支平衡表是根据复式簿记原理来编制的，从理论上看，国际收支永远都是相等的，但这只是形式上会计的平衡。实际上，一国的国际收支经常存在不平衡，总会出现不同程度的顺差或逆差。

那么，应如何判断一国的国际收支是平衡还是不平衡？

目前，国际上通用的方法是将国际收支平衡表上的各个项目区分为两种不同性质的交易，即自主性交易和调节性交易。自主性交易是指交易者出于自身的交易动机和需要进行的交易，包括经常项目和资本项目中的长期资本收支。调节性交易是指在自主性交易产生不平衡时所进行的用以调节其不平衡而发生的弥补性交易，包括资本项目中的短期资本和国际储备项目的变动。

通常判断一国国际收支是否平衡，主要看自主性交易是否实现了收支平衡。自主性交易的收入和支出相等，即被视为国际收支平衡。平衡是暂时的和相对的。国际收支失衡对经济会产生不利影响，应当采取适当措施进行调节控制。

想一想：

什么是实质性平衡、调节性平衡？

三、国际储备

（一）国际储备及其特征

国际储备是一国货币当局持有的，用于国际支付、平衡国际收支和维持其货币汇率的资产的总称。国际储备的特征：一是官方持有性，即能随时地、方便地被政府得到；二是流动性，即及时变为现金的能力；三是普遍接受性，即在外汇市场上或在政府间清算国际收支差额时要被普遍接受。这也是一种资产成为国际储备资产必须具备的三个条件。

（二）国际储备的构成

按照IMF的统计口径，国际储备主要由四种形式的资产构成：

（1）外汇储备，是指一国货币当局持有的以国际货币表示的流动资产，主要采取国外银行存款和外国政府债券等形式。外汇储备是当今国际储备的主体，美元是最主要的储备货币。

（2）黄金储备，是指一国货币当局持有的货币性黄金。在国际金本位制度下，黄金储备是国际储备的典型形式。由于黄金长期以来一直被人们认为是最后的支付手段，而且世界上有着发达的黄金市场，黄金可以很方便地出售成为外汇，因此，国际货币组织依然把黄金作为储备资产。

想一想：
现在的黄金储备和货币发行有关系吗？黄金首饰算黄金储备吗？

（3）特别提款权，是指国际货币基金于1969年创设的一种账面资产，并按一定比例分配给会员国，用于会员国政府之间的国际结算，并允许会员国用它换取可兑换货币进行国际支付。

（4）在IMF的储备头寸，是指该组织会员国可自由提取的普通提款权。这是指基金组织用成员国所缴纳的份额向国际收支困难的成员国提供的资金。

以上是狭义的国际储备，也就是自有储备。广义的国际储备还包括借入储备，主要有备用信贷、互惠信贷协议和本国商业银行的对外短期可兑换货币资产。

案例分析

至2014年6月止，中国的黄金储备是1 054.1吨，居世界第六，中国外汇储备接近4万亿美元，在世界各国中最多，占了世界外汇储备的近三分之一，位居世界第二。日本的外汇储备为1.1万亿美元。那么外汇储备是怎么形成的呢？我国目前实行的是银行结售汇制度，企业和个人的大部分外汇收入要卖给银行，需要时再向银行购买。外商对中国投资也需要通过银行将外币资金转换成人民币资金，实际上也是将外汇卖给银行。银行在保留一定额度用于日常业务的外汇后，要将剩余的外汇卖给中央银行，外汇一旦被央行购买就成为国家的外汇储备。我国外汇储备的激增主要原因是我国经济和对外贸易的高速发展以及外国对我国投资的持续增加。外汇储备过多，会影响货币流通，可能会导致通货膨胀。

思考： 外汇储备越多越好吗？

提示： 外汇储备就其影响来说具有两面性，既有有利的一面，又有不利的一面。

任务3　掌握国际结算

【学习目标】
- 熟知国际结算含义，掌握国际结算的支付工具与主要方式，熟知换汇相关规定
- 明确国际结算的支付工具与主要方式的适用性，学会加以运用
- 具有金融服务意识、为国际经济交往服务的能力

任务导入

2012年，中国的贸易总额首次超过美国，成为世界贸易规模最大的国家。根据中国海关2013年1月发布的数据，中国2012年贸易总额为38 667亿美元，已经超越美国。根据美国商务部的贸易统计，美国2012年的商品贸易总额比前一年增加了3.5%，达到38 628.59亿美元。这再次证明了中国在世界经济中的地位。

在国内贸易中，买卖双方的货款结算可以通过现金或银行的转账结算方式完成，那么在对外贸易中，因为路途远、时间长，而且由于汇率的变动还有货币贬值的风险，那么应该使用什么货币？采用什么结算方式才能降低收汇的风险呢？

本任务的学习内容是：国际结算概述、国际结算的支付工具、国际结算的主要方式、个人购汇。

知识准备

一、国际结算概述

国际结算是指通过货币的收付，了结和清算国际间由于政治、经济和文化等活动而产生的债权债务关系。

理解国际结算要注意：一是不同国家的各类行为主体之间的行为；二是一种货币收付行为；三是这种行为的目的是结清不同主体间的债权债务关系。

国际结算可以从不同角度按不同标准进行分类：

（1）按结清债权债务关系是否直接使用现金，可分为现金结算和非现金结算。现在的国际结算一般都使用非现金结算。

（2）按债权债务产生的原因，可分为贸易结算和非贸易结算。以国际贸易为基础的结算是贸易结算，贸易结算是国际结算中最重要的组成部分。

（3）按付款方式，可分为现汇结算和记账结算（非现汇结算）。现汇结算是通过两国银行对贸易和非贸易往来使用可兑换货币进行的逐笔结算；记账结算是指两国银行使用记账外汇

进行的定期结算。

> **小贴士**
>
> 一国的主权货币不可能通行无阻。国际结算与国内结算的工具、方式是有所不同的。

二、国际结算的支付工具

国际货款的收付大多使用非现金结算,在国际贸易中,作为货款的支付工具有货币和票据,以票据为主,即使用金融票据来进行结算。

(一) 货币

国际货款的收付可以采用卖方国家的货币或买方国家的货币,也可以采用第三国的货币。在当前普遍实行浮动汇率制的前提下,货币币值经常出现上浮或下浮的情况,上浮的货币称为"硬币",下浮的货币称为"软币"。

想一想:
我国在出口商品时,选择货币时应选择硬币还是软币?进口时又怎样选择?为什么?

(二) 票据

票据是出票人签发委托付款人或承诺自己在见票时或票据指定日期无条件支付确定金额给收款人或持票人的书面文件。票据包括汇票、本票、支票。

1. 汇票

汇票是一个人向另一个人签发的要求见票时或在将来的固定时间,或可以确定的时间,对某人或其指定的人或持票人支付一定金额的无条件的书面命令书。汇票本质是债权人提供信用时开出的债权凭证。其流通使用要经过出票、背书、提示、承兑、付款等法定程序,若遭拒付,可依法行使追索权。

(1) 按出票人不同,可分为银行汇票和商业汇票。银行汇票的出票人和付款人都是银行,商业汇票的签发者为企业或个人。

(2) 按付款时间不同,可分为即期汇票和远期汇票。即期汇票在提示时或见票即付。远期汇票是特定期限或特定日期付款的汇票。

(3) 按有无附单据,可分为光票和跟单汇票。光票不附单据,而跟单汇票附货运单据。

(4) 按承兑人不同,可分为银行承兑汇票和商业承兑汇票,前者是由银行承兑的远期汇票,后者是由企业或个人承兑的远期汇票。

2. 本票

本票是一个人向另一个人签发的,保证于见票时或定期或在可以确定的将来的时间,对某人或其指定人或持票人支付一定金额的无条件的书面承诺。简言之,本票是出票人对受票人承诺无条件支付一定金额的票据。本票可分为银行本票和商业本票。在国际贸易中,大都是银行本票。

3. 支票

支票是以银行为付款人的即期汇票，即存款人签发给银行的无条件支付一定金额的委托或命令，出票人在支票上签发一定的金额，要求受票的银行于见票时，立即支付一定金额给特定人或持票人。出票人在签发支票后，应负票据上的责任和法律上的责任，即对收款人担保支票的付款，不准开空头支票。

> **小贴士**
>
> 票据是一种有价证券，表示对财产的所有权或债权。因此，谁拥有票据，谁就拥有票据上的所有权力。

三、国际结算的主要方式

各国之间的债权债务关系须通过一定形式的货币支付来结清，这就是国际结算方式。目前，有三种基本方式：

（一）汇款

汇款也称汇付，是付款人通过银行或其他途径主动将款项汇交收款人。汇付是顺汇的方法，即资金的流向与支付工具的传递方向相同。汇付可分为三种：电汇、信汇、票汇。在汇付业务中，通常有四个当事人：汇款人、收款人、汇出行、汇入行。

在货到付款的前提下，卖方将面临买方不能按期付款的信用风险。因此，汇款的性质是商业信用。

（二）托收

托收是指出口人出具汇票委托银行向进口人收取货款的一种支付方式。托收方式以商业信用为基础，属于逆汇。在托收方式中，涉及以下当事人：委托人、托收行、代收银行和付款人。

托收的性质为商业信用，银行不承担付款人必须付款的义务。出口人收款的保障取决于进口人的信用。因此，出口方在选择托收方式结算时，前提条件是买卖双方相互信任。

（三）信用证

信用证是银行根据进口方的要求和指示，向出口方开立一定金额、在一定期限内按规定条件付款的书面承诺。它是在商业信用出现危机的基础上产生的一种支付方式，信用证付款是一种银行信用，它是当前国际结算的主要方式。

信用证的当事人：开证申请人、开证银行、通知银行、受益人、议付银行和付款银行。

信用证的主要特点：

(1) 信用证付款的条件下，开证银行是第一付款人。

(2) 信用证是独立于买卖合同之外的一种自足的文件。

(3) 信用证项下付款是一种单据的买卖。

> **小贴士**
>
> 出口商交货后提出的单据，只要做到与信用证条款相符，"单证一致、单单一致"，银行就保证向出口商支付贷款。进口商付款后取得代表货物的单据。

四、个人购汇

个人购买外汇是境内居民个人因私购汇的业务简称，是指居民个人因指定范围用途而向银行申请购买外汇的业务。

我国《个人外汇管理办法实施细则》已于 2007 年 2 月 1 日正式实施。

个人购汇包括有实际出境行为的购汇和无实际出境行为的购汇两种。前者指探亲会亲、境外就医、其他出境学习、商务考察、被聘工作、出境定居、国际交流、境外培训、外派劳务、旅游、自费留学等，后者指缴纳境外国际组织会费、境外直系亲属救助、境外邮购等经常项目购汇。

境内居民个人购汇实行年度总额管理，年度总额为每人每年等值 5 万美元。年度总额不得跨公历年度使用。外汇局对居民个人购汇实行指导性限额及核销管理。购汇金额在规定限额以内的，居民个人可以持规定的证明材料，直接到银行办理；购汇金额在规定限额以上的，居民个人应当持相应的证明材料向外汇局申请，由外汇局进行真实性审核，凭外汇局的核准件和规定的证明材料到银行办理。

除了购买外币现钞这种传统方式，客户在购汇后可将所购外汇转换为汇票、旅行支票、信用卡等携出境外。个人携带外币现钞出境的，不得超过 5 000 美元等值外币。

想一想：
假如你要到美国留学，到银行可申购多少美元？以银行公布的什么价格购买？

任务 4 熟悉国际信贷

> **【学习目标】**
> ☐ 熟知国际信贷含义，了解国际信贷主要形式与业务
> ☐ 认知国际信贷业务，初步学会国际信贷业务流程操作
> ☐ 具有融资风险意识，能正确对待国际信贷融资

> **任务导入**
>
> 三峡工程是世界上最大的水电工程，左岸电站 14 台机组采用国际竞争性招标方式采购，采取了融资和商务同步招标的办法，充分利用竞争机制，成功地引进了协议金额达 112 亿美元的长期信贷，贷款覆盖面广、期限长、条件优惠，不仅满足了商务合同 10 年

执行期间的支付，而且缓解了三峡二期工程建设资金筹措和三期工程建设中还贷的压力，为今后利用外资提供了可借鉴的经验。中国改革开放以来，采取了多种形式进行国际融资，引进资金、技术、管理，为我国的经济发展提供了强大动力。

本任务的学习内容是：国际信贷的含义，国际信贷的主要形式。

知识准备

一、国际信贷的含义

国际信贷，即国际间以多种方式互相提供的信贷，通常是指一个或几个国家政府、国际金融机构以及公司企业，向其他国家的政府、金融机构、公司企业以及国际机构提供的贷款。国际信贷反映了国家之间借贷资本的活动，是国际经济活动的一个重要方面。国际信贷促进了国际经济、贸易的发展，缓解了资金短缺的问题，推动了生产国际化和经济全球化。把握国际信贷概念，应注意以下两点：

（1）信贷的当事人有贷款人（即债权人）和借款人（即债务人）两方，而国际信贷的借贷双方不在同一国家。

（2）国际信贷的标的物既可以采用货币资本形态也可以采用商品资本形态。即以银行信贷、出口信贷、项目贷款、政府贷款、国际金融机构贷款、国际债券发行等货币形态的信贷和以补偿贸易、国际租赁等商品资本形态的信贷。

国际信贷机构有企业、国际商业银行、政府、国际金融组织。

国际信贷类型有国际商业信用、国际银行信用、国际债券信用、政府信用。

二、国际信贷的主要形式

（一）国际商业信用

国际商业信用是指进口商以延期付款方式向出口商提供的信用。除了延期付款外，还有补偿贸易和来料加工两种形式。

（1）来料加工贸易，是指出口国企业提供原材料、设备零部件，必要时提供设备，利用进口国的厂房、劳动力等，按要求在进口国企业进行加工装配，成品归出口国企业所有，进口国企业获得加工费收入。承接对外加工装配贸易的企业有两类：一是承接方为中国企业或合资企业；二是国外委托方在国内直接投资设厂。

（2）补偿贸易，又称产品返销，指交易的一方在对方提供信用的基础上，进口设备技术，然后以该设备技术所生产的产品，分期抵付进口设备技术的价款及利息。由于补偿贸易的持续时间较长，多数情况下金融机构要直接或间接参与。补偿贸易与一般贸易方式相比，具有以下两个基本特征：一是信贷是进行补偿贸易必不可少的前提条件；二是设备供应方必须同时承诺回购设备进口方的产品或劳务，这是构成补偿贸易的必备条件。

想一想：

国内信用与国际信用有什么异同？

（二）国际商业银行信贷

国际商业银行信贷是指一国银行或银团向另一国银行、大企业或政府提供的货币贷款。它分为短期信贷和长期信贷两种，主要特点是金额大、期限长，资金用途不受贷款银行限制、不与特定项目相连，利率较高且有时要借款人所属国家的政府担保。进口国和出口国双方银行为进出口商提供的信用有出口信贷、进口信贷，但主要形式是出口信贷。

出口信贷是国际贸易中的一种中长期信贷形式，是指一国政府为增强出口商品竞争能力，支持和扩大本国大型、成套设备出口，由其银行对出口商或进口商（或其银行）提供信用的融资方式。其主要特点是：用贷款购买出口国商品，贷款利率低于国际金融市场利率，期限为中长期，贷款金额一般只占合同金额的80%左右。出口信贷分为买方信贷和卖方信贷。买方信贷是出口国银行将款项贷给进口方，用以支付出口商的货款；卖方信贷是出口国银行将款项贷给出口企业，支持出口企业以延期付款方式出口商品。

> **知识拓展**
>
> 国际贸易信贷有国际贸易短期信贷与国际贸易中长期信贷两大类。
>
> 国际贸易短期信贷分为：商业信用与银行信用、对进口商的信贷与对出口商的信贷、保付代理等。
>
> 国际贸易中长期信贷分为：出口信贷、福费廷、混合信贷等。

（三）外国政府信贷

外国政府信贷是指一国政府利用财政资金向另一国提供的优惠贷款。它具有援助性、利率低、期限长、政治性较强、附加条件较多、贷款用途受限等特点。这类贷款有项目贷款、商品贷款、无息贷款、计息贷款、混合贷款、单一贷款等。

（四）国际金融机构信贷

国际金融机构信贷是指联合国所属的国际金融机构和区域性开发银行对其成员国提供的贷款。其特点是：期限较长、利率较低、信贷条件优惠，贷款对象是其成员国，并承担一定义务、认缴一定的份额，贷款用途特定等。国际金融机构信贷主要有：

1. 国际货币基金组织贷款

贷款种类有普通贷款、出口波动补偿贷款、缓冲库存贷款和信托基金贷款等。

2. 世界银行集团（世界银行、国际金融公司、国际开发协会）贷款

世界银行贷款主要有项目贷款和非项目贷款、部分贷款和联合贷款、窗口贷款等。

3. 区域性开发银行贷款

如亚洲开发银行的贷款主要有项目贷款、部门贷款、开发金融机构贷款和私营部门贷款等。

> **知识拓展**
>
> 硬贷款：是世界银行向会员国提供的贷款条件较严、贷款期限较长、利率比市场利率稍低的贷款，也称为贷款。
>
> 软贷款：是国际开发协会（世界银行的一个附属机构）向低收入发展中国家提供的优惠贷款，也称为信贷。

（五）国际债券融资

国际债券融资是指一国政府、公司企业、银行及其他金融机构，在国际债券市场上发行以外国货币或境外货币为面值的债券进行的融资。国际债券可分为外国债券和欧洲债券两种。前者是债券发行地和债券面值的货币同属于外国的债券，发行时需经发行地国家金融管理当局批准；而后者是债券发行地和债券面值的货币属于不同国家的债券，发行时不受某一国金融管理当局的管理。

（六）国际项目融资

国际项目融资是指以境内建设项目的名义在境外筹措资金，并以项目自身的收入资金流量、自身的资产与权益，承担债务偿还责任的融资方式，也是无追索或有限追索的融资方式。其主要特征是：政府提供间接保证；融资安排以项目为导向，依赖于项目的现金流量和资产，而非项目投资人本身的资产和实力；项目贷款人的追索权受到限制；融资结构复杂、融资时间长、融资成本高、风险分担。其主要方式有：BOT方式（即"建设—经营—转让"）和国际融资租赁。国际项目融资是一种特殊的融资方式。

项目小结

（1）外汇，广义上指一切以外国货币表示的支付手段和金融资产，具有普遍接受性、自由兑换性、可偿性的特征。外汇可以从不同角度分类。外汇管理是一国政府实行的一种管制，我国基本上属于部分外汇管制。

（2）汇率是指两种货币的折算比率，是以一种货币表示的另一种货币的价格。汇率标价有直接标价法、间接标价法和美元标价法，我国使用直接标价法。汇率可以从不同的角度分类。

（3）货币的币值是决定汇率的基础。在纸币流通条件下，汇率决定的基础是购买力平价。汇率变动受各种因素影响，对一国的经济产生影响。

（4）汇率制度是一国货币当局对汇率的变动所做的一种安排，主要类型有浮动汇率制度、钉住汇率制度、联系汇率制度。我国人民币汇率制度是以市场供求为基础、参考一篮子货币进行调节、有管理的浮动汇率制度。

（5）国际收支是指一个国家或地区在一定时期内其居民与国外非居民之间全部对外往来的系统的货币记录，主要内容包括经常项目（账户）、资本和金融项目账户、储备资产、净误差与遗漏。一国的国际收支经常会出现不同程度的顺差或逆差，判断是否平衡主要是看自主性交易是否平衡。国际收支失衡会产生不利影响，应当加以调节控制。

（6）国际储备是一国货币当局持有的，用于国际支付、平衡国际收支和维持其货币汇率的资产的总称，其特征是官方持有性、流动性、普遍接受性。国际储备主要由外汇储备、黄金储备、特别提款权、在IMF的储备头寸构成。

（7）国际结算的支付工具有货币和票据，以票据为主；票据包括汇票、本票、支票。国际结算的主要方式有汇款、托收、信用证，信用证是国际结算的主要方式。

（8）国际信贷是国际间互相提供的信贷，主要内容包括国际商业信用、国际商业银行信贷、外国政府信贷、国际金融机构信贷、国际债券融资、国际项目融资。

练习与实训

一、填空题

1. 外汇具有_____、_____、_____的特征。
2. 汇率的标价方法有_____、_____和_____。
3. 外汇中间价是_____和_____的平均数。
4. 我国目前实行的是有管理的_____汇率制度。
5. 国际收支平衡表是按照_____、_____的复式记账法进行记录编制的。
6. 国际结算的支付工具有_____和_____，以_____为主；票据包括_____、_____、_____。
7. 国际结算方式有_____、_____和_____。
8. 国际信贷的类型有_____、_____、_____、_____。

二、选择题（不定项）

1. 下列属于外汇的有（　　）。
   A. 外币　　　　　　　　B. 外币支付凭证
   C. 外币有价证券　　　　D. 特别提款权
2. 一国货币和关键货币的汇率是（　　）。
   A. 基本汇率　　　　　　B. 套算汇率
   C. 交叉汇率　　　　　　D. 中间汇率
3. 当一国国际收支出现盈余时，一般称作（　　）。
   A. 国际收支顺差　　　　B. 国际收支逆差
   C. 国际收支赤字　　　　D. 国际收支平衡
4. 国际收支平衡表中最基本、最重要的项目是（　　）。
   A. 经常项目　　　　　　B. 资本项目
   C. 储备资产　　　　　　D. 净误差与遗漏
5. 在国际贸易中使用最多的结算方式是（　　）。
   A. 汇付　　　　　　　　B. 托收
   C. 信用证　　　　　　　D. 延期付款

三、判断题

1. 除美国实行间接标价法外，其他国家都实行直接标价法。　　　　　　（　　）

2. 现在世界各国普遍实行浮动汇率制度。（   ）
3. 人民币汇率不再盯住单一美元。（   ）
4. 货币的币值是决定汇率的基础，在纸币流通条件下，汇率是以两国纸币实际代表的价值量为依据的，汇率决定的基础是购买力平价。（   ）
5. 目前我国境内居民个人购汇实行年度总额管理，年度总额可以跨公历年度使用，允许个人携带外币现钞出境的不超过 50 000 美元的等值外币。（   ）
6. 所谓国际收支平衡，是指自主性交易和调节性交易的平衡。判断一国国际收支是否平衡，主要是看调节性交易是否实现了收支平衡。（   ）
7. 银行的外币现钞买入价高于外汇买入价。（   ）
8. 在直接标价法下，汇率升降与本币币值成正比，与外币币值成反比。（   ）
9. 托收和汇款在性质上都属于商业信用，但汇付是顺汇，托收属于逆汇；信用证是以银行信用为基础的。（   ）
10. 国际信贷的借贷双方不在同一国家，信贷标的物既可以采用货币资本形态，也可以采用商品资本形态。（   ）

四、简答题

1. 影响汇率变动的因素有哪些？汇率变动对哪些方面会产生影响？
2. 主要国际信贷形式中各有哪些信贷业务？

五、业务计算题

1. 表 7-1 是中国银行 2013 年 4 月 10 日公布的外汇牌价（人民币/100 外币），请您算出中间价。

表 7-1　　　　　　　　　中国银行外汇牌价
2013 年 4 月 10 日

币　种	现汇买入价	现钞买入价	卖出价	中间价
美元（USD）	618.06	613.11	620.54	
港币（HKD）	79.62	78.99	79.93	
日元（JPY）	6.2183	6.0264	6.2620	
英镑（GBP）	946.24	917.02	953.84	

2. 某日，外汇市场美元对港元的汇率是：USD/HKD　7.7920/7.7990，请计算 HKD/USD 的买价、卖价是多少？

六、案例分析题

临近 9 月，国外大学即将开学，很多留学生开始换汇准备出国。随着人民币等货币币值变动，外币汇率波动较大，再说个人购汇携带出境又有规定，换汇出境就多了很多"学问"，需要搞清楚相关问题。

1. 个人换汇的金额控制是多少？如果超过了个人的控制金额怎么办？
2. 银行当天汇率为：现汇买入价 618.06，现钞买入价 613.11，现汇卖出价 620.54，现钞卖出价620.54。假定需要购买4万美元，那么需要多少人民币？

3. 所购买的4万美元外汇，可以携带多少出境？剩下的怎么办？

七、技能训练题

个人或分组（建议5人为一组，推选1名组长），通过对当地从事外汇业务的商业银行参观调查，了解银行挂牌的外汇汇率行情和外汇业务的开展情况，通过问卷调查等方式了解居民购买外汇的用途。

要求：人人参与调查或查询，最后以个人或小组（组员向小组汇报、交流、讨论）的名义写一篇关于外汇与汇率情况的调查报告。

项目八
金融风险与金融监管

【案例导入】

财税携手合作揪出青海"第一贪"

广受关注、被称作青海"天字号"第一案的陈某贪污案近日在西宁市中级人民法院公开审理，窃取国库资金1 500多万元的陈某一审被判死刑。

这起案件不仅是青海省有史以来最大的贪污案，也是我国金融系统贪污国库资金数额最大的案件。陈某原系中国人民银行西宁市中心支行国库处干部，1992年6月至1998年5月，他利用工作之便，通过假退库、截留收入、涂改伪造票据、假拨款等手段，先后12次伙同他人将国库资金划入个人或私营企业账户，累计贪污1 549.3万元。案发后，反贪部门虽全力追赃，但目前只追回了220多万元赃款及部分物品，给国家造成了巨大损失。

在法庭上，陈某对自己的罪行供认不讳。

陈某第一次作案是在1992年6月，他将上缴到国库的税款以退税为由，与单位一同事合作，将其中的5万元划往他在中国银行西宁分行营业部开设的个人储蓄账户上，提出每人分取一半。第一次作案轻而易举就成功了。据他自己说，原本打算干一次就洗手不干了，但过了好长时间，事情没有人发现，胆子又大了，于是就开始了第二次、第三次……1996年11月，在离第六次作案近两年后，陈某又一次将手伸向国库。从这次起，他的作案手段更为直接。他将上缴国库的税款622.3元，涂改为1 600 622.3元，将虚增的160万元以自制假发票做退库处理。将款划入与合伙人袁某共谋以虚名开设的青海省计算机中心在西宁市商业银行开发城市信用社账户上，后将款转出并提取现金。这次作案成功后，陈某更加狂妄和大胆，作案金额越来越大。仅2年贪污数额就超过千万元。

1999年元月，青海财税两家对账时发现金额相差太大，以致惊动了省领导。单位开始进行认真地对账，陈某知道事情再也包不住了，以看病为由逃离了西宁，同年5月被逮捕归案。

资料来源：《广州日报》，2001年1月28日．

问题：什么是金融风险？风险从何而来？为什么陈志清作案能屡屡得逞？

项目八 金融风险与金融监管

【项目目标】

本项目讲述金融风险、金融调控与金融监管，让您知晓金融与经济的关系

知识目标

理解金融风险及其特征，了解金融风险的产生原因及防范管理；理解金融调控、货币政策与金融监管的要义，熟知我国的金融调控、货币政策与金融监管

技能目标

认识金融风险防范与管理，能说明金融风险、金融宏观调控政策与金融监管对经济运行的影响

素养目标

培养学生金融政策、风险与防范的意识，正确看待金融风险、金融政策与经济关系

任务1 知晓金融风险

【学习目标】

□ 理解金融风险及其特征，了解金融风险的产生原因及防范管理
□ 认知金融风险，能说明金融风险防范与管理要领
□ 具有风险意识，正确对待金融风险问题

任务导入

核武器代表着近代武器的最高级，金融危机的破坏力不亚于核武器。一旦金融危机爆发，必然破坏整体经济运作和社会经济秩序，甚至引发经济危机，影响世界经济，使经济发展停滞和社会动荡。在历史上，金融危机屡见不鲜，远至1929年的全球经济大危机，近至1997年东南亚的金融危机、2008年由美国次贷危机引发的金融危机，再次印证了金融在现代经济中的核心地位和金融危机对经济的破坏性作用。

金融风险带来经济损失甚至社会动荡，也给我们带来教训。我们应当知晓什么是金融风险？金融风险产生的原因是什么？如何防范与管理？

本任务的学习内容是：金融风险概述，金融风险管理。

知识准备

一、金融风险概述

（一）金融风险的含义

风险是遭受损失的不确定性或可能性，它存在于经济活动的各个领域，金融领域更是存

在风险问题。金融风险是指经济主体在金融活动中遭受损失的不确定性或可能性。理解金融风险，应当注意以下四点：

（1）金融风险是与损失联系在一起的；
（2）金融风险是金融活动的内在属性；
（3）金融风险的存在是金融市场的重要特征；
（4）金融活动的参与者都是金融风险的承担者。

（二）金融风险的特征

1. 客观性

金融领域是市场竞争最激烈、风险程度也最高的领域。只要金融活动存在，金融风险就不以人的意志为转移而客观存在。可以说，金融风险是金融活动的伴生物，它的实质根源在于金融活动所必有的时空差。

2. 隐蔽性

由于金融活动自身的特点，其风险往往被掩盖，不易及时发现。如，银行的金融风险往往只有通过资产结构、负债结构以及它们彼此的比较才能发现，往往被日常的资产、负债的单方面活动所掩盖。金融风险一旦爆发，又具有突发性、加速性的特征。

3. 扩散性

金融风险不同于其他风险的最显著特征是金融机构的风险损失或失败，不仅影响自身的生存和发展，而且会导致其他金融机构以及众多投资者和储蓄者的损失或失败，以致引起社会的动荡，具有"多米诺"骨牌效应。

4. 可控性

虽然存在不确定因素带来的风险，但就微观意义上的某一金融机构而言，并不是说风险就不能抵御和控制。恰恰相反，可以通过采取增加资本金，调整风险性资产来增强抵御风险的能力，并及时以转移、补偿等方式将风险控制在一定的范围和区间内。通过分析资产负债可以提前发现问题，预先采取措施。

（三）金融风险的类型

1. 按金融风险的形态划分

（1）信用风险，又称违约风险，是指债务人无法还款或不愿还款而给债权人造成损失的可能性。

（2）流动性风险，是指获取现金或现金等价物的能力出现了故障的风险。

（3）利率风险，是指由于利率变动导致经济主体收入减少或成本增加的风险。

（4）汇率风险，是指由于汇率变化使行为人遭受损失的可能性。

（5）操作风险，是指由于企业或金融机构内部控制不健全或失效、操作失误等原因导致的风险。

（6）法律风险，是指金融机构等因没有遵守法律条款，或法律条款不完善而引致的风险。

（7）政策风险，是指因国家政策变化而给金融活动参与者带来的风险。

（8）国家风险，是指由于国家政治、经济社会等方面的重大变化而给经济主体造成损失的可能性。

2. 按金融风险的性质划分
（1）系统性风险，是指发生波及地区性和系统性的金融动荡或严重损失性的金融风险。
（2）非系统性风险，是指由于内部和外部的一些因素的影响使个别经济主体遭受损失甚至倒闭的可能性。
3. 按金融风险的层次划分
（1）宏观金融风险，是指国家整个国民经济和整个金融体系面临的风险。
（2）微观金融风险，是指金融活动的参与者如居民与企业、金融机构等面临的风险。
4. 按金融机构的类别划分
金融风险可分为银行风险、证券风险、保险风险、信托风险等。
5. 按金融风险的地域划分
金融风险可分为国内金融风险、国际金融风险。
6. 按金融风险的主体划分
金融风险可分为金融机构风险、企业金融风险、居民金融风险和国家金融风险。

想一想：
把钱存在银行，是不是有风险？如果存在家里，是不是没有风险？

二、金融风险管理

（一）金融风险的原因

金融风险的产生与许多因素有关，原因很复杂，在不同国家、不同时期、不同领域可能有所不同。

1. 经济体制

金融风险的产生与经济体制密切相关。在高度集中的计划经济体制下，金融的地位不是很重要，金融活动也不频繁，虽然也存在一定的风险，但并不严重。市场经济则是一种风险经济，在市场经济体制下，金融风险无处不在，无时不有。市场经济越发达，金融的地位越重要，金融风险也就越突出。

2. 金融监管

金融监管与金融风险则是此消彼长的关系。一方面，放松监管或监管不力必然产生、加大金融风险；另一方面，金融风险的大量出现又加大了金融监管的难度，使金融监管当局难以应付。

3. 金融内控

从微观经济主体的角度来看，内部控制不严是导致产生金融风险的重要原因。如果没有一个健全的内部控制机制和良好的公司治理结构，缺乏权力制衡机制、激励约束机制和制度约束与防范，就为金融风险的产生提供了制度上的生成基础。

4. 金融创新

一方面，许多金融创新工具具有风险管理的功能，换句话说，许多金融创新就是为了管理金融风险的需要而进行的；另一方面，每一种金融创新本身都存在风险，也可以说在一定程度上加剧了金融风险，增大了金融体系的不稳定性。

5. 金融投机

金融投机可以引发、加剧金融风险，严重时可以引致金融危机。投机资本的手法不外乎是短期的低进高出或高出低进，于是金融资产的价格，如股价、汇价等，在投机资本的操纵下短期内暴涨暴跌，人为地形成金融风险。特别是在金融工具日益丰富和投资技巧日渐熟练的今天，投机者往往会通过杠杆操作而产生扩张效应，破坏力更大，从而导致金融风险发展成为金融危机。

6. 金融环境

金融风险的产生并非完全源于金融体系内部，金融风险与金融环境也密切相关。金融环境的改变可能加大金融风险甚至引发金融投机；当然，也可能降低金融风险，提高金融体系的稳定性。金融环境的改变会影响到金融活动参与者的利益，进而影响他们的行为。

（二）金融风险的防范

防范，是一项事前预防与控制工作。金融风险的防范，主要工作策略如下：

一是要健全法制。"无规矩不成方圆"，市场经济就是法制经济，加强对金融风险的防范，首先要加强金融立法，强化法律意识，健全金融法制。

二是要普及国民金融意识和风险意识。金融业是个高风险行业，金融市场是个高风险市场，必须广泛开展国民的金融意识和风险意识教育，使国民了解和认识金融知识及金融风险，提高金融风险识别能力和防范、承受能力。

三是要实施信用与风险评级制度。建立和实施信用与风险评级制度，是防范金融风险的又一有效措施。通过建立健全多层次的信用和风险评级制度，能够提高社会各经济主体信用等级和风险状况的社会透明度，从而为金融交易活动公平、有序地进行提供良好的社会环境。

四是要加强金融改革与创新。金融改革与创新是防范金融风险的积极、主动性措施。金融业的发展必然伴随着如何防范金融风险的课题，而金融改革与创新则是解决这一课题，促进金融业健康发展的有效途径。

五是要加强金融监管。要建立金融监管制度体系，以形成内外统一监管机制，来防范和控制金融风险。

（三）金融风险的管理

1. 金融风险的管理过程

金融风险的管理是一个过程，涉及事前、事中与事后，包括以下四个步骤：

（1）金融风险的识别，是指在进行实地调查研究之后，运用各种方法对潜在的各种风险进行系统归类和实施全面分析研究，它是金融风险管理的重要基础和基本前提。

（2）金融风险的衡量，是指运用概率论统计方法对金融风险的发生及其后果加以估计，给出一个比较准确的概率水平，从而为金融风险管理奠定可靠的数学基础。

（3）金融风险管理方案的实施，是指在识别和衡量金融风险的基础上，针对所面临的金融风险损失问题，寻求切实可行的措施或工具来进行管理的系列方法。

（4）金融风险的控制，是指在金融风险管理方案实施后的检查、反馈和调整。

议一议：

"不要把鸡蛋放在一个篮子里"的经济学含义是什么？

2. 金融风险的管理方法

（1）风险回避，是指考虑到金融风险事件存在与发生的可能性，主动放弃和拒绝实行某项可能导致风险损失的方案，即对所有可能出现的金融风险的事件和活动尽可能回避，以直接消除风险损失。这是一种简单易行、全面、彻底的风险处理方法，而且较为经济、安全，保险系数很大。但为了避险常常要放弃某项计划，具有消极防御的性质。

（2）控制损失，是指在损失发生前全面消除金融风险损失可能发生的根源，竭力减少导致损失事件发生的概率，并在损失发生后减轻损失程度。它是金融风险管理中最积极、最主动的风险处理方法。主动预防和积极实施抢救比单纯回避风险更具积极意义。

（3）风险留存，是指经济实体自行设立基金，自行承担风险损失发生后财务后果的处理方式。经济实体采用风险自留技术，在一个较长时期内，能够聚集一部分潜在损失补偿金。根据经验分析，自留的风险准备金多用于较小额度的损失，其发生频率也有一定的规律可循。因此，采用金融风险自留技术在较长时期内有助于经济实体货币资金的节约和储蓄。

（4）风险转移，是指经济实体将其面临的金融风险有意识地转移给与其有经济利益关系的另一方承担。如可以通过支付额外的保险费，替代如果不上保险可能遭受的更大损失；或者将投资分散于多种风险资产而非一种资产，从而降低其拥有一种资产所面临的风险。金融风险转移对各经济实体来说有着积极的作用，因为它可以在一定程度上减少甚至消除金融风险。但从全社会的角度来看，金融风险转移并没有多大积极作用，它只是把金融风险从一方转移到另一方而已，并未消除。

> **小贴士**
>
> 风险回避与控制损失是在损失发生之前，实施各种控制工具，消除各种隐患，将损失的后果减少到最低程度；风险留存与风险转移是在金融风险事件发生后已经造成损失时，运用财务工具进行补偿。

任务 2　了解金融调控与监管

【学习目标】

☐ 理解金融调控、货币政策与金融监管的要义，熟知我国的金融调控、货币政策与金融监管

☐ 能说明金融风险、金融宏观调控政策与金融监管对经济运行的影响

☐ 具有金融政策、风险防范意识，正确看待金融宏观经济调控与经济关系

> **任务导入**
>
> 美国金融危机发生后国际社会强烈呼吁强化金融监管,改革国际金融秩序。2009年6月17日,美国奥巴马政府公布金融监管改革计划,构建新的监管体制框架:成立金融服务管理理事会(FSOC),负责宏观审慎监管;强化美联储的监管权力,由美联储对一级金融控股公司进行并表监管;在财政部设立全国保险办公室(ONI),弥补保险业监管在联邦层面的真空;取消证券交易委员会对投资银行的监管,并将监管权力转移至美联储。证券交易委员会和商品期货交易委员会专注于市场监管和投资者保护;成立消费者金融保护局,以此来加强对消费者的金融保护。奥巴马政府的改革计划一经推出,便引起激烈的争论和多方面的批评。
>
> 金融监管不力,是当前国际金融危机爆发和蔓延的重要根源之一。我国金融宏观调控与监管由谁来负责?对哪些方面实施监管?这是我们应当了解的。
>
> 本任务的学习内容是:金融宏观调控,货币政策,金融监管。

知识准备

"一行三会"是我国金融调控与监管体系的主要组成部分,它构成了中国金融业分业监管的格局。

一、金融宏观调控

金融宏观调控是以中央银行或货币当局为主体,以货币政策为核心,借助于各种金融工具调节货币供给量或信用量,影响社会总需求进而实现社会总供求均衡,促进金融与经济协调稳定发展的机制与过程。

金融宏观调控的主要特征:一是调控客体的金融性与调控主体的行政性相统一;二是金融调控目标与国家宏观调控目标个性与共性的统一;三是金融调控手段经济性属性与市场经济体制间接管理要求相统一。

金融宏观调控是宏观调控的关键性环节,处于重要的枢纽地位,是整个宏观调控的命脉。金融宏观调控搞好了,货币币值就有了稳定的可能性,经济波动就会减小,就会为整个国民经济的健康发展创造一个良好的金融环境。金融宏观调控问题已不只是一个国内的经济管理问题,而且成为国家经济安全的重大问题,金融宏观调控在宏观调控中也越来越具有举足轻重的作用。

金融宏观调控最终要达到的目标是总供给与总需求的平衡、经济结构的合理调整。要做到这一点,金融宏观调控有赖于金融政策特别是货币政策的贯彻和实施,需要运用恰当的金融宏观调控政策工具。

在我国,中国人民银行为国务院组成部门,是中华人民共和国的中央银行,是在国务院领导下制定和执行货币政策、维护金融稳定、提供金融服务的宏观调控部门。

二、货币政策

(一) 货币政策的含义

货币政策,是指中央银行为实现其特定的经济目标而采取的控制和调节货币供应量或信贷规模的方针和措施的总和。

货币政策是一项宏观经济政策，是调节社会总需求的政策，是间接调控政策，是长期连续的经济政策，这是货币政策的基本特征。

货币政策有以下几种类型：

（1）扩张型货币政策。这是指中央银行通过增加货币供应量，使利率下降，从而增加投资，扩大总需求，刺激经济增长。其主要措施是降低法定准备金率，降低再贴现利率，在公开市场业务上多购进证券等。

（2）紧缩型货币政策。这是指中央银行通过减少货币供应量，使利率升高，从而抑制投资，压缩总需求，限制经济增长。措施是扩张型货币政策中所采用措施的反向操作。

（3）调节型货币政策。这是指中央银行根据不同时期国家的经济目标和经济状况，不断地调节货币供应量。其具体内容是：当超额准备金的需求和货币的需求增长时，中央银行增加准备金供给；反之，则相反。

（4）非调节型货币政策。这是指中央银行并不根据不同时期国家的经济目标和经济状况不断地调节货币需求，而是把货币供应量固定在预定水平上。各国中央银行一般不采用这种类型的货币政策。

想一想：

我国近年来实行什么样的货币政策？

（二）货币政策目标

货币政策目标，是中央银行调节货币和信用的出发点和归宿点。它既是制定和执行货币政策的根本依据，也是衡量货币政策实施效果的基本标准。

货币政策目标是货币政策的首要问题，分为最终目标和中间目标。

1. 货币政策最终目标

货币政策最终目标也称战略目标，是国家宏观经济要实现的总目标。目前，世界各国普遍以四大宏观经济目标作为中央银行货币政策的最终目标。

（1）稳定物价，是指物价水平在短期内没有显著的或急剧的变动，呈现出相对稳定的状态。这里的物价水平是指一般物价水平。

（2）充分就业，是指凡有工作并愿意工作的人都能在较合理的条件下，随时找到适当的工作。一般以失业率指标来衡量劳动者的就业程度。

（3）经济增长，是指国民生产总值的增长必须保持一定的速度，避免经济的停滞或后退。

（4）国际收支平衡，是指一个国家与其他国家之间在一定时期内全部经济往来的收入与支出相抵基本平衡。

这四个目标之间存在着一定的矛盾关系，要同时实现四个目标是很困难的，这就需要中央银行根据一定时期的国家宏观目标，适时调整，解决主要矛盾，以达到四个目标之间的协调。

议一议：

稳定物价、充分就业、经济增长相互之间的关系。

2. 货币政策中间目标

货币政策中间目标也称为中期目标，是与货币政策最终目标相联系的金融指标，是货币政策最终目标在实现过程中的一定时期内可以衡量和控制的目标，包括操作目标与中介目标。发达国家选择的货币政策中间目标主要有银行准备金、利率、基础货币、货币供应量等。

（三）货币政策工具

货币政策工具是指中央银行为实现货币政策目标所运用的手段或措施。货币政策工具的类型主要有：

1. 一般性货币政策工具

一般性货币政策工具包括存款准备金政策、再贴现政策和公开市场业务，俗称"三大法宝"，是影响整个经济最为重要的工具，主要是对社会的货币信用进行总量调控。

（1）法定存款准备金政策，是指中央银行通过提高或降低商业银行缴存中央银行的存款准备金比率（存款准备金率）来增加或减少商业银行的存款准备金，从而控制商业银行的信用创造能力，以达到调节货币供应量的一种货币政策。法定存款准备金政策是一种强有力的政策工具，优点是具有较强的控制货币和信贷规模能力，见效快且操作简便；局限性是调控效果太强烈，对整个经济和社会心理预期会产生显著影响。因而不宜常用，要适时调整。

想一想：

法定存款准备金率是由谁来调整公布的？

（2）再贴现政策，是指中央银行通过提高或降低再贴现率的办法，扩大或缩小商业银行的贷款规模，促使信用扩张或收缩的一种政策措施。

再贴现政策的作用在于通过提高或降低再贴现率，以影响商业银行的资金成本和超额准备，进而影响其信贷规模，改变商业银行的贷款或投资意向。它能克服存款准备金政策过于强烈的欠缺，但也有局限：中央银行处于被动地位，在控制货币供应量方面的效果不十分明显；调整再贴现率通常不能影响利率水平，不能改变利率的结构；再贴现率调整不能太频繁。

（3）公开市场业务，是指中央银行在公开市场上买进或卖出有价证券，从而放松或收紧银根，扩张或收缩信用，增加或减少货币供应量的一项业务。

公开市场业务已成为西方国家最重要的货币政策工具之一，因为它具有其他货币政策工具所不具备的特点：一是央行可以按任何规模进行，克服了存款准备率政策过于强烈的欠缺；二是央行可以主动操作，克服了再贴现政策被动的缺陷；三是灵活、多变、极富弹性。其局限性：受多种因素干扰，可能会抵消该政策工具的作用力，在一定程度上需要商业银行和社会公众的密切配合，该工具的操作可能有不均匀的时滞现象存在。

> **小贴士**
>
> ### 引导资金流动的神奇魔法
>
> 法定存款准备金率——银行信贷的紧箍咒
> 再贴现率——银行信贷的风向标
> 公开市场业务——货币的搬运工
> 利率政策——信贷市场的一剂猛药
> 汇率政策——防范国际市场波动的良方

2. 选择性货币政策工具

选择性货币政策工具是指中央银行针对某些特殊的经济领域或特殊用途的信贷而采用的工具。选择性货币政策工具对货币政策与国家经济运行的影响不是全局性的而是局部性的，但也可以作用于货币政策的总体目标，它是一般性政策工具的必要补充，常见的有：

（1）消费信用控制。主要是规定以分期付款方式购买耐用消费品时，第一次付款的最低金额；规定用消费信用购买商品的最长期限；规定可用消费信用购买的耐用消费品的种类，对不同消费品规定不同的信贷条件，等等。

（2）证券市场信用控制。主要包括：规定以信用方式购买证券时第一次付款的额度，规定法定保证金比率。第一次付款的额度和法定保证金比率越高，商业银行对经纪人的信贷规模就愈小；反之，则愈大。其目的在于过度投机。

（3）不动产信用控制，即对金融机构在房地产方面的贷款进行限制，以抑制房地产投机。

（4）优惠利率，是指中央银行对国家产业政策要求重点发展的经济部门或产业，规定较低的贷款利率，以支持其发展。

（5）预缴进口保证金，即中央银行要求进口商预缴相当于进口商品总值一定比例的保证金，以抑制进口的过快增长。

3. 补充性货币政策工具

除以上常规性、选择性货币政策工具外，中央银行有时还运用一些补充性货币政策工具，对信用进行直接控制和间接控制，包括：

（1）信用直接控制，是指中央银行依据法令，运用行政手段，对商业银行及其他金融机构的业务活动进行各种直接干预而采取的各种措施，主要有信用分配、直接干预、流动性比率、利率限制、特种贷款等。

（2）信用间接控制，是指中央银行凭借其在金融体制中的特殊地位，通过与金融机构之间的磋商、宣传等，指导其信用活动，以控制信用，其方式主要有窗口指导、道义劝告等。

想一想：

您认为，要抑制过高的房价应当采取哪些货币政策措施？

（四）货币政策作用过程

货币政策作用过程如图 8-1 所示。

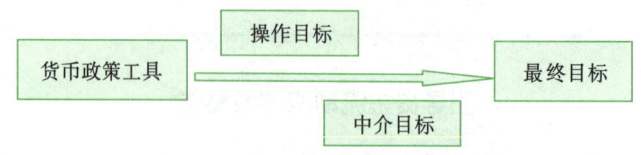

图 8-1 货币政策作用过程

1. 货币政策传导

中央银行运用货币政策工具实现货币政策的最终目标，需要一个传导过程。首先，中央银行通过公开市场业务、贴现政策和调整法定存款准备金率等货币政策工具，调节商业银行及其他金融机构的贷款能力和货币供给量，控制金融市场的资金融通条件；其次，各金融机构和金融市场根据中央银行的货币政策，一方面调整自身的行为，另一方面相应调整企业和居民个人的投资与消费；最后，企业和居民个人对投资与消费支出的调整必然引起产量、物价和就业的变动。如果这个变动的趋势是经济增长、物价稳定、就业增加，则说明中央银行运用货币政策工具实现了货币政策的目标。

2. 货币政策效应

货币政策调控效应，主要是通过中央银行确定适宜的货币政策目标，选择相应的货币政策工具和货币政策标的，最后作用于与货币政策目标相应的实际经济变量等一系列复杂过程而实现的。但是，由于各种限制因素的存在，货币政策的实施有时不能达到或不能完全达到政策制定者的预期效果，从而对经济运行和经济发展造成不利影响。所以，分析和评价货币政策的效应，实际上就是对货币政策的有效性和局限性进行分析和评价。

货币政策的有效性，是指货币政策在其作用空间对实现宏观经济目标的促进程度。即货币供应量与实际经济变量紧密相关和货币政策传导机制规范、顺畅，货币政策就应该是有效的。但从实践来看，货币政策仍然具有局限性，导致因素主要有两个：一是货币政策时滞，包括认识时滞、决策时滞和效应时滞；二是货币流通速度的变动，它对货币供应量的变动有相当重要的影响。

（五）我国的货币政策

2013年12月中央经济工作会议指出，做好2014年经济工作，必须继续实施稳健的货币政策。要保持货币信贷及社会融资规模合理增长，改善和优化融资结构和信贷结构，提高直接融资比重，推进利率市场化和人民币汇率形成机制改革，增强金融运行效率和服务实体经济能力。

1. 我国的货币政策目标

（1）最终目标。保持货币币值的稳定，并以此促进经济增长。我国的货币政策目标是单一目标。

（2）中间目标。我国把货币供应量作为货币政策的中间目标。操作指标主要监控基础货币、银行的超额储备率和银行间同业拆借市场利率、银行间债券市场的回购利率；中介指标主要监测货币供应量和以商业银行贷款总量、货币市场交易量为代表的信用总量。目前，我国又把社会融资规模列作货币政策的中间目标的新指标。

案例分析

社会融资规模 央行政策的新"风向标"

2011年正式统计和发布的社会融资规模是被用作取代 M_2 作为货币政策的中间调控目标而推出的。经过一年多的运行,央行认为社会融资规模已经成为宏观调控的新指标。

为了突出社会融资规模的重要性,央行将之从8月金融统计数据中分离出来单独且稍早发布,这才让各界重新审视这个指标。

要重视、使用社会融资规模这一指标,就要对它有一个正确的了解。概括起来讲,社会融资规模是因"势"、因"时"而生的产物,其替代 M_2 作为货币政策的中间调控目标顺应了国内金融发展的趋势。

近年来,我国金融总量快速扩张,金融结构多元发展,金融产品和融资工具不断创新,证券、保险类机构对实体经济资金支持加大,商业银行表外业务对贷款表现出明显替代效应。新增人民币贷款已不能完整反映金融与经济关系,也不能全面反映实体经济的融资规模。所以,社会融资规模是因"势"而生。

社会融资规模也是因"时"而生。金融危机后,各国货币当局普遍认识到,随着金融管制的逐步放松和金融创新的发展,传统的货币供应量、信贷规模等中介目标已不能满足中央银行货币政策操作和宏观审慎管理的需要,中央银行需要监测更广义的信用。社会融资规模是对此次国际金融危机反思的产物,符合危机后加强宏观调控和综合、统一的金融监管的新要求。

与货币供应量、信贷规模等指标相比,社会融资规模能更准确、更全面地反映全社会的融资状况和流动性水平。社会融资规模不仅能从总量上反映金融系统性风险,还能反映金融风险在不同金融机构、不同金融市场之间的传导,从而有利于强化对系统重要性金融机构、市场和工具的监管,最终达到防范整个金融体系系统性风险的目的。

资料来源:中国经济网,2012年9月14日。

思考: 1. 为什么要把社会融资规模列作货币政策的中间目标的新指标?
   2. 上述中的"势""时"指什么?

2. 我国的货币政策工具

在过去较长时期内,我国货币政策以直接调控为主。1998年以后,取消了贷款规模控制,主要采取间接货币政策工具调控货币供应总量。现阶段,我国的货币政策工具主要有公开市场操作、存款准备金、再贷款与再贴现、利率政策、汇率政策、道义劝告和窗口指导等。

相关链接

我国货币政策的相关法律规定

《中华人民共和国中国人民银行法》中做了明确的规定:

第三条 货币政策目标是保持货币币值的稳定,并以此促进经济增长。

> 第五条 中国人民银行就年度货币供应量、利率、汇率和国务院规定的其他重要事项做出的决定，报国务院批准后执行。
>
> 第二十三条 中国人民银行为执行货币政策，可以运用下列货币政策工具：
> （1）要求银行业金融机构按照规定的比例交存存款准备金；
> （2）确定中央银行基准利率；
> （3）为在中国人民银行开立账户的银行业金融机构办理再贴现；
> （4）向商业银行提供贷款；
> （5）在公开市场上买卖国债、其他政府债券和金融债券及外汇；
> （6）国务院确定的其他货币政策工具。
>
> 中国人民银行为执行货币政策，运用前款所列货币政策工具时，可以规定具体的条件和程序。

三、金融监管

（一）金融监管及其必要性

金融监管是指金融监管当局依据国家法律、法规的授权对整个金融业实施的监督管理。金融监管本质上是一种具有特定内涵和特征的政府规制行为。

狭义的金融监管是指中央银行或其他金融监管当局的监督管理；广义的金融监管还包括金融机构的内部控制和稽核、同业自律性组织的监管、社会中介组织的监管等。

纵观世界各国，无不客观地存在着政府对金融体系的管制。加强金融监管的必要性体现在：维护信用、金融体系的稳定，保护存款人和投资者的利益，防止金融垄断，促进金融机构之间的公平竞争、避免利益冲突。

（二）金融监管目标与原则

金融监管的首要目标是维护金融体系的稳定。

金融监管的总体目标是在一定的约束条件下追求最佳的效果，在稳定、公平、效率三者间寻找均衡。

金融监管的具体目标是保证金融机构经营的安全性和稳定性，鼓励金融机构进行有效的适当竞争，保证金融活动各方的正当权益，造就高效的金融信息系统。

金融监管应当遵循依法监管、公开公正、效率性、独立性、协调性和综合管理的基本原则，注重配套使用行政、经济、法律的管理手段以及不同管理方式和管理手段进行监管，坚持监督管理与自律管理、外部强制管理与自我约束相结合。

（三）金融监管方式与内容

1. 金融监管方式

（1）公告监管，是指政府对金融业的经营不做直接监督，只规定各金融企业必须依照政府规定的格式及内容定期将营业结果呈报政府的主管机关并予以公告。公告监管是金融监管中最宽松的监管方式。

（2）规范监管，是指国家对金融业的经营制定一定的准则，要求其遵守的一种监管方式。对金融企业经营的若干重大事项都有明确的规范，强调金融企业经营形式上的合法性，具有较大的可操作性，但未触及金融企业经营的实体。

（3）实体监管，是指国家订立有完善的金融监督管理规则，金融监管机构根据法律赋予的权力，对金融市场尤其是金融企业进行全方位、全过程有效的监督和管理。它比公告监管和规范监管更为严格、具体和有效。

2. 金融监管内容

传统的金融监管只是对国内银行业和非银行金融机构。但随着金融工具的不断创新，金融监管的对象逐步扩大到一国的整个金融体系。监管的内容一般包括：对金融机构市场准入的管理，对业务经营活动的监督和检查，对违反金融法规机构的处理，防范和化解金融风险的措施等。

商业银行的监管是重点，主要内容包括市场准入与机构合并、银行业务范围、风险控制、流动性管理、资本充足率、存款保护以及危机处理等方面。

小贴士

金融监管的"三道防线"

预防性管理、存款保险制度和紧急援助，被称为金融监管的"三道防线"。预防性管理是最经常、最有效、连续和大量的监督管理活动；存款保险是一种辅助性、补偿性手段；紧急援助是金融业防范风险的最后一道防线。

（四）我国的金融监管

1. 我国的金融监管体制

金融监管体制是指金融监管职责和权力分配的方式和组织制度，又包括集中监管体制和分业监管体制。

我国已基本建立了以中国人民银行为核心，以商业银行为主体，多种金融机构并存，分工协作的金融机构体系，逐步形成了银行、证券、保险业分业经营、分业管理的金融监管体制。

我国《中国人民银行法》《银行业监督管理法》《商业银行法》《证券法》《保险法》《信托法》《证券投资基金法》《票据法》及有关金融行政法规、部门规章、地方法规、行业自律性规范和相关国际惯例中有关金融监管内容共同组成了中国现行的金融监管制度体系，这标志着中国现代金融监管框架基本确立。

2. 我国金融监管机构的职责

2003年10月，经修订的《中国人民银行法》保留了中国人民银行为履行其央行职责所必要的金融监管权力。至此，形成了我国目前的金融监管体制。目前，我国实行金融分业经营体制，并依据《中国人民银行法》《商业银行法》《证券法》《保险法》和《银行业监督管理法》的规定实施具体的金融监管。从体制上看，我国的金融监管体制应属于"一元多头"，即金融监管权力集中于中央政府，由中央政府设立的金融主管机关和相关机关分别履行金融监管职能，即银监会、证监会、保监会分别监管银行、证券、保险机构及市场，中国人民银行、审计机关、税务机关等分别履行部分国家职能。在这种分业监管体制中，中国人民银行处于核心地位，是全国金融业的最高主管机关，它不仅负责银行业和信托业的监管，还要从宏观上对证券业和保险业的监管予以指导，以保证整个金融业的健康发展；银监会负责对银行业的监管，证监会作为国务院证券监督机构对全国证券市场实行集中统一的监督管理；保监会负责对全国保险业和保险市场的统一监管。同时，我国法律还规定金融业的自律监管以及社会监管作为辅助监管。自律监管包括金融机构自我监管和行业自律监管，社会监管主要是指中介机构的监管。

2018年3月，十三届全国人大一次会议表决通过了关于国务院机构改革方案的决定，设立中国银行保险监督管理委员会。

2018年4月8日上午，中国银行保险监督管理委员会正式挂牌，中国银行业监督管理委员会和中国保险监督管理委员会成为历史。

其中，银保监会主要职责：依照法律法规统一监督管理银行业和保险业，维护银行业和保险业合法、稳健运行，防范和化解金融风险，保护金融消费者合法权益，维护金融稳定。

> **小贴士**
>
> 中国银行业协会、中国证券业协会、中国期货业协会、中国证券投资基金业协会、中国保险行业协会、中国银行间市场交易商协会、中国信托业协会、中国财务公司协会是全国性金融行业自律组织体系，都负有一定的金融监管职责。
>
> 国务院派出的国有重点金融机构监事会以财务监督为核心，对国有重点金融机构的财务活动及董事、行长（经理）等主要负责人的经营管理行为进行监督，确保国有资产不受侵犯。

项目小结

（1）金融风险是指经济主体在金融活动中遭受损失的不确定性或可能性。金融风险具有客观性、隐蔽性、扩散性和可控性的特征。金融风险种类多，产生的原因是多方面的，应当加强金融风险的防范与管理。

（2）金融宏观调控是宏观调控的关键性环节，最终要达到的目标是总供给与总需求的平衡、经济结构的合理调整。中国人民银行是金融宏观调控部门。

（3）宏观金融政策主要包括货币政策、利率政策和汇率政策。货币政策最终目标是稳定物价、充分就业、经济增长、国际收支平衡，政策工具有一般性货币政策工具、选择性货币政策工具和补充性货币政策工具三大类，中央银行通过运用政策工具作用来实现最终目标。

（4）我国货币政策的最终目标是保持货币币值的稳定，并以此促进经济增长，中间目标是货币供应量和社会融资规模，政策工具主要有公开市场操作、存款准备金、再贷款与再贴现、利率政策、汇率政策等。

（5）金融监管是指金融监管当局依据国家法律、法规的授权，对整个金融业实施的监督管理。监管的首要目标是维护金融体系的稳定。我国金融分业监管体制，"一行三会"是我国的金融监管机构，都具有金融监管职能，依照相关法律规定各司其职，分工合作，共同承担金融监管职责。

练习与实训

一、填空题

1. 金融风险有_____、_____、_____和_____特征。
2. 金融风险按其性质可分为_____和_____。
3. 金融风险管理的方法主要有_____、_____、_____、_____。
4. 金融宏观调控是以_____为主体,以_____为核心的,最终要达到的目标是_____的平衡、_____的合理调整。
5. 宏观金融政策包括_____、_____、_____。
6. 金融监管应当遵循_____、_____、_____、_____、_____和综合管理的原则。
7. 金融监管方式有_____、_____、_____。

二、选择题(不定项)

1. 具有"多米诺"骨牌效应,指的是金融风险的( )特征。
   A. 客观性　　　　　　　　　B. 隐蔽性
   C. 扩散性　　　　　　　　　D. 可控性
2. 金融风险管理包括的步骤有( )。
   A. 金融风险的识别　　　　　B. 金融风险的衡量
   C. 金融风险管理方案的实施　D. 金融风险的控制
3. 货币政策的基本特征是( )。
   A. 宏观经济政策　　　　　　B. 调节社会总需求的政策
   C. 间接调控政策　　　　　　D. 长期连续的经济政策
4. 中央银行货币政策目标是( )。
   A. 稳定物价　　　　　　　　B. 充分就业
   C. 经济增长　　　　　　　　D. 国际收支平衡
5. 货币政策工具的"三大法宝"是( )。
   A. 法定存款准备金政策　　　B. 再贴现政策
   C. 公开市场业务　　　　　　D. 存款业务
   E. 贴现业务　　　　　　　　F. 证券市场信用控制
6. 下列关于金融监管的表述中,正确的是( )。
   A. 金融监管是金融监督和金融管理的总称
   B. 金融监管是指中央银行或其他金融监管当局的监督管理
   C. 金融监管包括金融机构的内部控制和稽核
   D. 金融监管包括同业自律性组织与社会中介组织的监管

三、判断题

1. 金融风险是金融活动的伴生物，有金融活动就必然会发生金融风险，一旦发生也就无法控制、无能为力了。（　　）
2. 金融宏观调控是宏观调控的关键性环节，处于重要的枢纽地位，是整个宏观调控的命脉；中国人民银行是我国的金融宏观调控部门。（　　）
3. 货币政策工具是货币政策的首要问题。我国货币政策的最终目标是保持高就业率来促进经济高增长，中间目标是贷款供应量和社会融资规模。我国目前实施扩张的货币政策。（　　）
4. 一般性货币政策工具的调控效果强烈、见效快。中央银行运用货币政策工具实现货币政策最终目标十分有效、直接，不受任何因素的影响。（　　）
5. 金融监管本质上是一种具有特定内涵和特征的政府规制行为，金融监管的首要目标是维护金融体系的稳定，我国实行金融分业监管体制。（　　）

四、简答题

1. 产生金融风险的原因是什么？如何防范金融风险？
2. 中央银行货币政策的工具有哪些？我国货币政策的中间目标、工具是什么？
3. 金融监管一般包括哪些内容？对商业银行监管主要包括哪些内容？

五、案例分析题

海南发展银行的关闭

1998年6月21日，中国人民银行发表公告，关闭刚刚诞生2年零10个月的海南发展银行。这是新中国金融史上第一次由于支付危机而关闭一家有政府背景的商业银行。

海南发展银行成立于1995年8月，是海南省唯一一家具有独立法人地位的股份制商业银行，其总行设在海南省海口市，并在其他省市设有少量分支机构。它是在合并原海南省5家信托投资公司的基础上，吸收了40多家新股东后成立的。成立时的总股本为16.77亿元，海南省政府以出资3.2亿元成为其最大股东，资产规模达160多亿元。1997年年底按照省政府意图海南发展银行兼并28家有问题的信用社，从而进一步加大了其不良资产的比例。但是合并后成立的海南发展银行，并没有按照规范的商业银行机制进行运作，而是大量进行违法违规的经营。其中，最为严重的就是向股东发放大量无合法担保的贷款。股东贷款实际上成为股东抽逃资本金的重要手段。有关资料显示，海南发展银行成立时的16.77亿股本在建行之初，甚至在筹建阶段，就已经以股东贷款的名义流回股东手里。

海南发展银行从开业之日起就步履维艰，不良资产比例大，资本金不足，支付困难，信誉差。公众逐渐意识到问题的严重性，开始出现挤兑行为。随后的几个月的挤兑行为耗尽了海南发展银行的准备金，而其贷款又无法收回。为保护海南发展银行，国家曾紧急调拨了34亿元资金求援，但只是杯水车薪。为控制局面，防止风险漫延，国务院和中国人民银行当机立断，宣布1998年6月21日关闭海南发展银行。

资料来源：易纲. 货币银行学. 上海人民出版社，1999.

问题思考：

1. 海南发展银行成立不久就关闭的主要原因是什么？
2. 海南发展银行关闭给我们哪些启示？

六、技能实训题

个人或分组（建议5人为一组），通过走访当地的金融机构、企业、亲友等进行调查，了解当地金融监管机构设立情况、金融危机对当地企业和金融经营机构带来影响情况。

要求：人人参与调查或查询，最后以个人或小组（组员向小组汇报、交流、讨论）的名义写一篇关于金融监管或金融风险方面的调查报告。

参考文献

1. 曾康华. 财政与金融（修订版）. 中国财政经济出版社，2009.
2. 朱海洋. 财政与金融. 上海交通大学出版社，2005.
3. 刘金章，孙可娜. 现代金融理论与实务. 清华大学出版社，北京交通大学出版社，2006.
4. 邱成学. 金融基础. 中国财政经济出版社，2005.
5. 李艳芳. 金融市场. 东北财经大学出版社，2005.
6. 翟建华. 保险学概论. 东北财经大学出版社，2004.
7. 郑在柏. 财政与金融基础知识. 中国财政经济出版社，2006.
8. 黄达. 金融学. 中国人民大学出版社，2009.
9. 李国平. 推开金融之窗. 经济日报出版社，2010.
10. 刘继楼. 一看就懂的金融学. 中国工人出版社，2012.
11. 刘彦斌. 理财工具. 中信出版社，2009.
12. 徐景泰. 财政与金融基础知识. 中国财政经济出版社，2010.
13. 石毓符. 中国货币金融史略. 天津人民出版社，1984.
14. 刘辉. 每天学点金融学大全集. 立信会计出版社，2011.
15. 武庆新. 我的第一本金融学入门书. 北京工业大学出版社，2012.
16. 朱树健. 我的第一本漫画金融书. 人民邮电出版社，2013.
17. 沈文全. 金融基础知识. 机械工业出版社，2010.
18. 陈利荣. 金融基础（第2版）. 高等教育出版社，2009.
19. 宋效中. 个人投资理财一本通. 机械工业出版社，2009.
20. 裘燕南. 金融基础. 华东师范大学出版社，2011.
21. 张洽，梅园. 生活中的金融学大全集. 同心出版社，2012.
22. 谢海涛. 我最需要的金融常识书. 上海财经大学出版社，2011.
23. 中国人民银行、中国银监会、中国证监会、中国保监会、中国外汇管理局、中国钱币博物馆、中国印钞造币、人民网、金融时报、中国金融网、中国经济网及各大商业银行、保险公司等金融机构网站。